U0924228

图书在版编目（CIP）数据

普惠大脑：一本书读懂普惠金融资产／罗明雄，侯少开，于进勇著．—北京：中国财政经济出版社，2018.4

ISBN 978－7－5095－7972－5

Ⅰ.①普…　Ⅱ.①罗…　②侯…　③于…　Ⅲ.①金融体系－研究－中国　Ⅳ.①F832.1

中国版本图书馆CIP数据核字（2017）第325428号

责任编辑：马立祥　　　　责任校对：张　凡

封面设计：田　宵

中国财政经济出版社出版

URL：http：//www.cfeph.cn

E－mail：cfeph@cfeph.cn

（版权所有　翻印必究）

社址：北京市海淀区阜成路甲28号　邮政编码：100142

营销中心电话：010－88191537　北京财经书店电话：64033436　84041336

中煤（北京）印务有限公司印刷　各地新华书店经销

710×1000毫米　16开　20.25印张　256 000字

2018年4月第1版　2018年4月北京第1次印刷

定价：88.00元

ISBN 978－7－5095－7972－5

（图书出现印装问题，本社负责调换）

本社质量投诉电话：010－88190744

打击盗版举报热线：010－88191661　QQ：2242791300

编委会

编委成员 李少恺　魏　来　张琬晴　熊建文
谷沐雨　李　思　万　琴　倪雨婷
张玲玲　荣　甜　杨　京　国　强
张　睿

金融科技使普惠金融由公益变为生意

经济学是研究在市场自由分配框架下如何推动资源的优化配置的学科。金融作为经济配置的超级媒介，本质是把资源等价于资金，实现资源的标准化、可计价、可存储、可流通，进而实现资源跨时间、跨空间、跨行业的优化配置，从而更好实现帕累托最优。毫无疑问，经济和金融的核心是通过逐利的行为实现配置。

21 世纪以来，普惠金融以正确的方式出现在各类政策文件之中。小微企业、“三农”金融等每年都被不断地被提及，实务中衍生了担保模式、联保模式等多种业态，但限于属地化、个性化等特点，客户单价较低、单一业务成本太高导致难以实现规模化发展，风险也难以把控，小微“三农”融资难、融资贵、融资慢的问题一直难以解决。普惠金融概念提出多年以来，无论是国家层面还是民间推动，都难以实现规模发展。

一、普惠金融难以规模发展的传统原因

一是中国经济发展存在两大融资黑洞：“地方政府融资平台”和“涉房融资”。中国巨大的货币发行量并未进入中小企业实体经济，而是形成了实质上的“流动性陷阱”。鉴于地方政府融资平台的预算软约束、基建扩张冲动和不可能实质违约（地方政府可以借新还旧，循环发债），各类银信合作和银证合作的理财资金进入了地方政府融资平台，宽口径计算的地方债务在 30 万亿元左右。同时，鉴于房价上涨趋势，房地产企业开发贷款、住房按揭贷款涉及房产的上下游，信贷总量在 50 万亿元左右。两大黑洞把央行发行的 M2 大量吸入，传统金融市场和民间金融市场的二元化的

市场结构隔离实质上导致了民间资金的稀缺。

二是影子银行体系及民间掮客体系导致了融资链条的拖长，层层加价增加了终端资金成本。由于央企、国企等高信用平台可以利用短融、中票等金融工具来实现低成本融资，其可以通过委托贷款、直接债务融资工具、银信合作等多种渠道把多余资金放给高信用成本企业。融资渠道中的担保、信托、资管、基金公司等均系加价体系环节。与此同时，民间资金掮客也在层层加价，信息不对称导致大量中小微企业借贷效率低下，融资成本高企。

三是风险定价机制欠缺。目前国内民间融资由于缺乏完善的风险定价机制，融资方需通过外部增信（担保或保险）或者内部增信（房产、车辆抵押等）手段进行融资，由于没有完整的征信体系和风险评估模型，个人及中小企业信用借款成本经常达到年化30%到50%，甚至更高。信息不对称导致的风险溢价令借款人无法承受。

四是一级权益市场不活跃。债券融资的目的是解决企业的流动性融资需求，股权融资能够解决企业的战略布局、科技研发等长期性经营发展需求，一级权益市场的服务短缺导致了债权市场的过度需求，过多企业把流贷之外的长期发展资金需求寄托于债权融资，从而使得企业陷入财务规划的期限错配。

二、普惠金融难以规模发展的本质原因

普惠金融本质上还是金融，金融的本质逻辑是风险定价，拆解开来需要解决规模化、低成本获客问题和针对申请客户的规模化风险定价能力，而该业务快速扩张的风险定价问题在大数据出现之前没有有效解决。因此，互联网出现之前，线下ROI不够；大数据出现之前，反欺诈和风险定价能力不足。

智能时代的普惠金融是利用大数据、云计算和人工智能等新技术、新

方法和新模型全方面收集多方面数据信息，对资产（收益）的不确定性进行迅速、可靠地计量，并对这种不确定性进行管理（确定是否放贷、利率多少等）、披露和预警提示。

随着大数据在金融领域的渗透，普惠金融由原先的公益性小额信贷逐渐转变成具有商业价值的普惠金融业务，形成了基于互联网应用的数字普惠金融。普惠金融业务连接了资产端和资金端，通过资产端对底层借款人的筛选和大数据风控，为资金端提供优质放款对象。大数据促使普惠金融资产由传统的无场景、无数据、无交易的“三无”模式变成了具有底层应用场景、能够合理定价、利率覆盖风险的智能普惠资产。

三、普惠金融大市场的到来

自 2013 年互联网金融元年以来，诸多互联网金融企业一直聚焦于资金端金融电商业务，而真正从数据的风险定价角度解决问题才是互联网金融改变传统金融的本质。由于政策推动（国家支持普惠金融）、市场推动（普惠金融属于蓝海市场）、技术推动（大数据风控技术的成熟以及产业链的成熟），2016 年以后，智能时代的普惠金融已经到来。

一是大额资产不再是无风险资产，无论是上市公司融资、地方政府平台、房地产项目融资，都是针对集团的整体授信。2016 年以来，债券市场违约不断，以乐视、辉山乳业、侨兴集团为代表的大型企业的不断违约打破了大型项目必然刚性兑付的“一厢情愿”。从逻辑上讲，大型项目融资有以下缺陷：第一是难以把控资金用途，对任何个体的授信变为对集团的整体授信，本质逻辑脱离了借贷业务对企业真实经营的考察而过度关注增信措施。第二是难以把控企业整体风险。随着企业股债联动、一二级市场交叉、非标融资不披露等问题不断浮现，企业的整体信用状况难以把控。第三是经济下行的情况下，实体经济的萎缩导致针对大型项目中长期发展预期的不确定性。

二是小微资产成为蓝海市场。相比大型项目融资，小微企业、“三农”、个人信用融资符合金融大数法则的理念，收益的不确定性取决于风险控制的不良率与收益率之间的差值。同时，针对不同区域的客群属性具备较为稳定的不良率控制，会产生较为稳定可预期的收益率。同时，随着人们收入水平的上升，中国已经由投资驱动的生产型经济逐步转化为消费驱动的需求型经济，消费和小微企业在经济中的比重逐步扩大，小微企业、个人个体的决策理性从大数法则上大于大型企业的决策理性和不确定性。而基于机器学习的神经网络能够实现对传统固化的 FICO 或 IPC 技术的有效突破，基于数据的授信分析为更加高速的自动迭代风控模型，从而实现更好的反欺诈和风险定价。

连交所作为提供金融资产交易登记、托管、交易、结算、咨询和订制等服务的交易场所，致力于成为广大金融机构和非金融机构参与金融资产交易的市场组织者和基础设施服务的提供商。连交所开设了普惠金融资产交易和金融科技服务两大业务板块。连交所及其兄弟公司银企通企业征信公司开发的普惠大脑系统能够针对金融机构提供数据基础服务、集成服务和金融科技解决方案。

《普惠大脑》一书通过对普惠金融业务的介绍，为读者详细阐述了普惠金融的发展历程、普惠金融业务的成因、互联网技术对普惠金融的支持、普惠金融资产的类型、普惠金融业务的政策环境等问题。尤其是从实务出发，详细解析了普惠金融资产的六个大类——现金类、消费场景类、车贷类、供应链金融类、车贷类、农村金融类，详细介绍各个普惠金融资产的定义、发展历程、行业状况、业务流程，便于读者了解普惠金融业务。

本书共分为五章，第一章从整体上对普惠金融的概念、发展历程、业务和普惠金融资产做了较为详细的介绍，以明晰普惠金融业务的范畴和形成原因；第二章详细叙述了普惠金融业务的支持体系，即第三方支付、第三方征信、电子签约等互联网金融业务；第三章阐述了普惠金融资产的六大类业务，详细介绍各个普惠金融资产的定义、发展历程、行业状况、业务流程等；第四章从国家政策的目标、现状、内容、趋势等角度详细剖析了普惠金融业务的政策环境，分析了普惠金融业务的政策合规性；第五章从普惠金融业务未来发展趋势的角度，对普惠金融业务做了前瞻性预测。

本书的目标读者为以普惠金融业务为重点发展业务的银行从业者、互联网金融从业者、金融学者、政府普惠金融监督部门以及对普惠金融业务有兴趣的读者。本书不仅能为互联网金融从业者、银行从业者提供普惠金融业务知识性的补充和指导，使其了解普惠金融行业发展的现状、普惠金融资产的类型和业务流程，还能为金融学者、普惠金融兴趣读者提供知识上的梳理和研究上的帮助。

2017 年初，本人与连交所副总裁侯少开、京北投资合伙人于进勇开始撰写《普惠大脑》一书，先后调研了大批国内一线普惠金融资产平台，由于行业金融产品创新、模式革新等方面发展极为迅速，期间几次推翻提纲，多次易稿，终于形成了普惠资产手册式的教科书。在本书的写作过程中，要感谢编委们：李少恺、魏来、张婉晴、熊建文、谷沐雨、李思 、万琴、倪雨婷、张玲玲、荣甜、杨京、国强、张睿。由于行业模式多样、规模宏大，难免挂一漏万，存在不完整、不准确之处，还请多多批评指正，不吝赐教。

罗明雄

2018 年 2 月

目录 Contents

第1章　普惠金融

1.1　概述

1.1.1　普惠金融

联合国在对2005年的“国际小额信贷年”的宣传中正式提出普惠金融（Financial Inclusion）的概念，将其定义为“以可负担的成本为有金融服务需求的社会各阶层和群体提供适当、有效的金融服务，小微企业、农民、城镇低收入人群等弱势群体是其重点服务对象”。其主要包括4个方面的内容，见表1－1。

表1－1　　普惠金融的内容

家庭和企业	以合理成本获取广泛金融服务
金融机构	机构稳健，内控严密，接受市场监督，健全审慎监管
金融业	金融业可持续发展，长期提供金融服务
金融服务	增强金融服务竞争性，提供多样选择

普惠金融的重点在于为弱势群体提供金融服务上的平等，这要求金融服务具有一定成本内的可获得性，有稳健的金融机构和可持续发展的金融业态。普惠金融包含两个基本要素：一是“为社会所有阶层和群体特别是中小企业和低收入者服务”，二是“商业可持续原则基础上”可负担的成本。前者强调机会平等，后者则明确普惠金融必须遵循市场化运作规则。

弱势群体的机会不平等主要来自金融排斥（Financial Exclusion）。金融排斥指社会中的某些群体没有能力进入金融体系，没有能力以恰当的形式获得必要的金融服务的现象。例如失业群体，收入低、住房差、身体不健康、贫穷和家庭分裂等问题的某些群体，这些群体缺少足够的途径或方式接触金融机构，也缺乏获得必要金融服务的能力。金融排斥现象首先在美国被观察到，随着20世纪90年代以来的萧条和金融危机，银行业开始注重“价值最大化”，进入了为质量而战的竞争中，各金融机构不断细分市场，搜索更为安全的市场，更为偏向有影响力的、有权力的群体，而排除那些贫困的、处于劣势的群体，并关闭了其在一些农村及边远地区的分支机构，导致这些地区金融机构缺乏，产生金融排斥。我国金融排斥的现象多发生于农村，农村地区金融机构数量少，金融服务覆盖面有限，金融排斥现象严重。

普惠金融发展面临的另一主要问题是商业可持续问题。过去十年中国政府做出的诸多努力，包括城乡中小银行、政策性银行、小额信贷公司等，都没有完全遵循“商业可持续”的原则。普惠金融的各项政策措施，大多以公益性为导向，金融机构按照政府政策进行部署，提供金融服务的积极性差，时间短，市场性低，难以形成长期可持续的普惠金融业态。

对金融排斥和商业可持续问题的解决，是普惠金融发展的核心任务。普惠金融并不等于政策性金融、扶贫金融或公益金融，而是要通过市场化机制，实现利率覆盖风险，走向商业上的可持续性。而实现这一任务的历史性机遇，就是利用互联网技术进行普惠金融交易（见表1－2）。

表1－2　普惠金融发展的核心任务与历史机遇

核心任务	内容
金融排斥	最大限度降低金融排斥现象，金融服务大众化
商业可持续	金融服务业态可持续，利率覆盖风险
历史机遇	数字普惠金融

1.1.2　数字普惠金融

数字普惠金融是指以数字化方式提供的普惠金融服务，即利用互联网技术进行普惠金融交易。随着互联网技术的不断发展和移动互联网用户的飞速增长，互联网覆盖面越来越大，互联网产品有着巨大的市场规模和用户数量。2017 年 12 月，我国移动互联网用户数量达到 12.7 亿，覆盖了全国 91.37% 的人口（见图 1－1）。2016 年底移动互联网市场已超过 8 000 亿元的市场规模，比上一年增长 100.54%，有着巨大的市场体量和增长潜力（见图 1－2）。

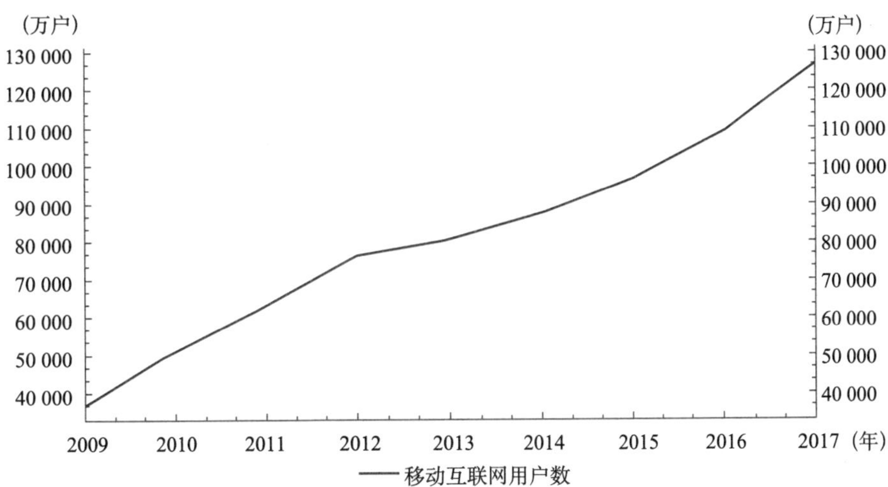

图 1－1　中国移动互联网用户数

资料来源：Wind 资讯。

“互联网＋”是把互联网技术与经济社会各领域进行模式整合，以变更生产销售方式、提升效率，形成更广泛的、以互联网为基础设施的经济社会发展新形态。互联网金融是以使用先进网络技术手段降低金融服务成本，改进服务效率，提高金融服务覆盖和可获得性的新型金融发展模式，其目标与普惠金融的发展目标有很大的重叠。普惠金融的宗旨是通过金融创新，使边远贫穷地区、小微企业和社会低收入人群能够获得价格合理、方便快捷的金融服务，不断提高金融服务的可获得性。互联网金融为普惠金融的实现提供了一条可行的路径。

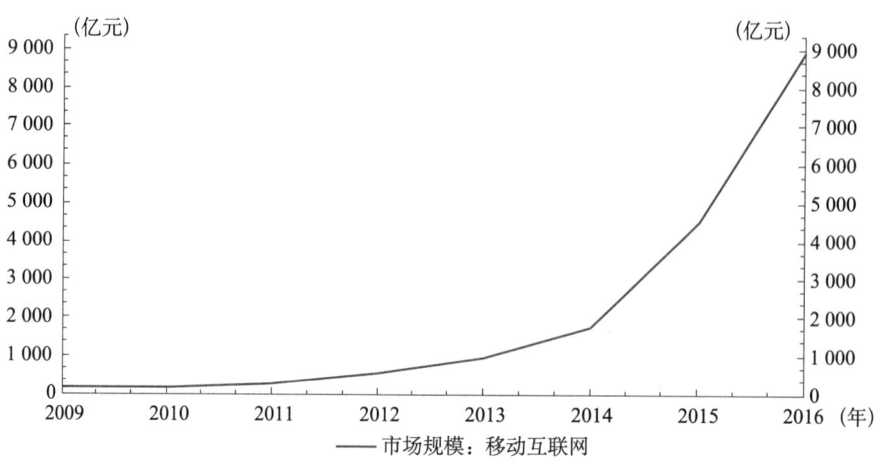

图 1－2　中国移动互联网市场规模

资料来源：Wind 资讯。从 2011Q4 开始，移动互联网市场规模包括手机和平板电脑两类移动设备上创造的市场规模总和。从 2012Q2 开始，中国移动互联网市场规模统计移动购物的营收规模。

以互联网金融为代表的数字化金融已渗透到数字货币、金融信息、移动支付、金融服务移动化等领域，产生了巨大的社会效益和经济效益。借助于互联网技术，数字普惠金融具有“成本低、速度快、覆盖广”的优势。一方面，移动终端能够带来巨大的客流量，不但可以扩大服务的覆盖范围，还可以降低获客成本。截至 2017 年 12 月，中国移动互联网月接入流量已达到 33.92 亿 GB，与 2016 年同期相比增长 194.60%。另一方面，以大数据分析替代传统金融机构的人工尽职调查并且帮助完成风险定价的技术日趋成熟。这两方面的潜力都可以大大强化普惠的特性，从而让金融服务面向小微企业和低收入者不仅可行，而且可持续（见图 1－3）。

从互联网金融出现以来，中国在数字普惠金融领域取得了巨大的成就。北京大学数字普惠金融指数从 2011 年的 40 上升到 2015 年的 200，年均增长 53%。分省指数呈现较大的差异，但差距在迅速缩小，2011 年上海的指数为 80，而西藏只有 16，相差近 5 倍。2015 年则缩小到 1.5 倍。地、县两级分指数也证实了数字普惠金融地区差异迅速缩小的事实（见表 1－3）。

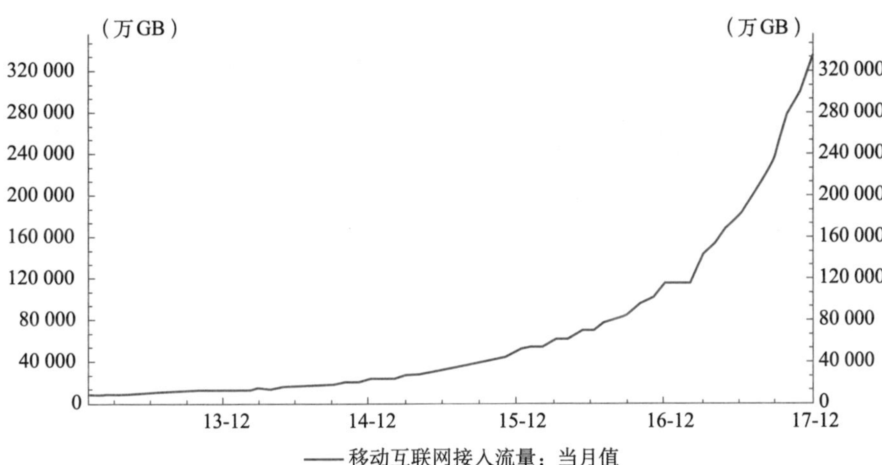

图 1－3　中国移动互联网月接入流量

资料来源：Wind 资讯。

表 1－3　　2011—2015 年各省普惠金融指数

省份	2011 年	2012 年	2013 年	2014 年	2015 年
北京市	79.41	150.65	215.62	235.36	276.38
天津市	60.58	122.96	175.26	200.16	237.53
河北省	32.42	89.32	144.98	160.76	199.53
山西省	33.41	92.98	144.22	167.66	206.3
内蒙古自治区	28.89	91.68	146.59	172.56	214.55
辽宁省	43.29	103.53	160.07	187.61	226.4
吉林省	24.51	87.23	138.36	165.62	208.2
黑龙江省	33.58	87.91	141.4	167.8	209.93
上海市	80.19	150.77	222.14	239.53	278.11
江苏省	62.08	122.03	180.98	204.16	244.01
浙江省	77.39	146.35	205.77	224.45	264.85
安徽省	33.07	96.63	150.83	180.59	211.28
福建省	61.76	123.21	183.1	202.59	245.21
江西省	29.74	91.93	146.13	175.69	208.35
山东省	38.55	100.35	159.30	181.88	220.66
河南省	28.40	83.68	142.08	166.65	205.34
湖北省	39.82	101.42	164.76	190.14	226.75
湖南省	32.68	93.71	147.71	167.27	206.38
广东省	69.48	127.06	184.78	201.53	240.95
广西壮族自治区	33.89	89.35	141.46	166.12	207.23
海南省	45.56	102.94	158.26	179.62	230.33
重庆市	41.89	100.02	159.86	184.71	221.84

续表

省份	2011 年	2012 年	2013 年	2014 年	2015 年
四川省	40.16	100.13	153.04	173.82	215.48
贵州省	18.47	75.87	121.22	154.62	193.29
云南省	24.91	84.43	137.90	164.05	203.76
西藏自治区	16.22	68.53	115.10	143.91	186.38
陕西省	40.96	98.24	148.37	178.73	216.12
甘肃省	18.84	76.29	128.39	159.76	199.78
青海省	18.33	61.47	118.01	145.93	195.15
宁夏回族自治区	31.31	87.13	136.74	165.26	214.70
新疆维吾尔自治区	20.34	82.45	143.40	163.67	205.49

资料来源："北京大学数字普惠金融指数报告"，北京大学数字普惠金融中心。

北京大学数字普惠金融指数由三个部分构成：覆盖范围、使用深度和数字支持程度，地区差异最大的是使用深度，最小的是数字支持程度。这说明落后地区尚有较大的发展潜力。

但是中国的数字普惠金融渗透程度有限，行业不成熟，还没有形成完整的普惠金融体系。数字普惠金融本身所具有的交易成本低、覆盖范围广等优势，相比于普惠金融的目标，仍然具有模式不成熟、数字技术应用不完善、风险隐患较多等问题，实现普惠金融的目标仍面临很多困难。现将数字普惠金融发展的优劣势总结如表 1 -4 所示。

表 1 -4　　数字普惠金融发展的优劣势

项目	内容
优势	覆盖范围广
	交易成本低
	降低了信息不对称程度
	扩展了金融服务边界
	提升了金融服务的质量
	扩大了消费需求
不足	普惠程度依然较低
	数字技术应用不完善
	风险高发
	存在数字安全隐患
	缺乏覆盖面广、效率高的全国征信系统
	监管不到位

1.2 发展历程：从公益到生意

1.2.1 普惠金融发展历程

普惠金融这个概念最初是联合国在“国际小额信贷年”的宣传中提出来的，后来经中国小额信贷联盟在国内的推广，普惠金融概念正式进入中国。次年，前中国人民银行官员焦瑾璞（现任上海黄金交易所理事长）在一个论坛上正式使用了这个概念。2012年6月，国家主席在墨西哥举办的二十国集团峰会（G20）上指出普惠金融问题本质上是发展问题。他希望各国加强沟通和合作，提高各国消费者保护水平，以共同建立一个惠及所有国家和民众的金融体系，确保各国民众享有现代、安全、便捷的金融服务。

2013年底，党的十八届三中全会通过的《中共中央关于全面深化改革若干重大问题的决定》提出，要从11个方面进一步推进金融领域改革，其中包括发展普惠金融的战略部署。

2015年7月1日，《国务院关于积极推进“互联网+”行动的指导意见》正式发布，将“互联网+普惠金融”列为重点行动之一。该指导意见指出：促进互联网金融健康发展，全面提升互联网金融服务能力和普惠水平，鼓励互联网与银行、证券、保险、基金的融合创新，为大众提供丰富、安全、便捷的金融产品和服务，更好地满足不同层次实体经济的投融资需求，培育一批具有行业影响力的互联网金融创新型企业。

2015年7月18日，中国人民银行等十部委联合发布《关于促进互联网金融健康发展的指导意见》，进一步明确了促进互联网金融健康发展的总体要求、监管分工、业态模式、配套措施等。该互联网金融指导意见指出，互联网金融对促进小微企业发展和扩大就业发挥了现有金融机构难以替代的积极作用，为大众创业、万众创新打开了大门。

2015年年底，国务院发布《推荐普惠金融发展规划（2016—2020年）》，明确指出普惠金融的要素为立足机会平等要求和商业可持续原则，通过加大政策引导扶持、加强金融体系建设、健全金融基础设施，以可负担的成本为有金融服务需求的社会各阶层和群体提供适当、有效的金融服务。该文件同时确定农民、小微企业、城镇低收入人群和残疾人、老年人等其他特殊群体为普惠金融主要服务对象。

财政部2016年印发的《普惠金融发展专项资金管理办法》要求，中央财政安排专项转移支付资金，从县域金融机构涉农贷款增量奖励、农村金融机构定向费用补贴、创业担保贷款贴息及奖补、政府和社会资本合作（PPP）项目以奖代补四个方面支持普惠金融发展。

2017年《政府工作报告》指出，“鼓励大中型商业银行设立普惠金融事业部”。在此之前，农业银行和邮政储蓄银行已经设立‘三农’金融事业部，而国家开发银行和农业发展银行已经设立扶贫金融事业部，这都为主管部门的政策制定积累了宝贵的经验。目前，工、农、中、建、交五大国有商业银行已按照《关于印发〈大中型商业银行设立普惠金融事业部实施方案〉的通知》（银监发［2017］25号）出台了具体的改革方案，并挂牌成立了总行普惠金融事业部。

普惠金融在中国已经经过了较长时期的发展，形成了四个发展阶段。根据焦瑾璞等（2015）的研究，自20世纪90年代至今，我国普惠金融已经从最初的公益性小额信贷逐步扩展为包括支付、信贷等多业务在内的综合金融服务，并由于互联网技术的广泛应用而获得新的发展形式。具体见表1－5所示。

表 1-5　　普惠金融发展阶段

发展阶段	标志性事件	主要特征
公益性小额信贷（20 世纪 90 年代）	1993 年，中国社科院农村发展研究所在河北易县建立了中国首家小额信贷机构——扶贫经济合作社，以改善贫困户的经济状况和社会地位	小额信贷主要资金来源是个人或国际机构的捐助以及软贷款，致力于改善农村地区的贫困状况，体现普惠金融的基本理念
发展性微型金融（2000—2005 年）	中国人民银行提出采取“一次核定、随用随贷、余额控制、周转使用”的管理办法，开展基于农户信誉，不需要抵押或担保的贷款，并建立农户贷款档案，农户小额信贷得以全面展开	随着这一时期再就业和创业过程产生的大量资金需求，正规的金融机构开始全面接入小额信贷业务，形成了较有规模的微型金融体系，为促进就业和改善居民生活做出了贡献
综合性普惠金融（2006—2010 年）	2005 年中央“一号文件”明确提出“有条件的地方，可以探索建立更加贴近农民和农村需要、由自然人或企业发起的小额信贷组织”	小额信贷组织和村镇银行迅速兴起；银行金融服务体系逐步将小微企业纳入服务范围；普惠金融服务体系提供包括支付、汇款、借贷、典当等综合金融服务，并有网络化、移动化发展趋势
创新性互联网金融（2011 年至今）	余额宝等新型互联网金融产品为广大群众提供了互联网支付、互联网借贷及互联网理财等丰富多样的金融服务	互联网金融得到迅速发展，形成了所谓“以第三方支付、移动支付替代传统支付，以 P2P 信贷代替传统存贷款业务，以众筹融资代替传统证券业务”的三大趋势

金融服务的核心任务是通过降低信息不对称做风险定价，传统金融部门尽职调查的主要内容就是看潜在债务人的硬信息，辅之以资产抵押和信用担保。而低收入者和小微企业的天生特征就是不稳定性高、硬信息少和几乎没有可抵押资产。这导致普惠金融难以实现，弱势群体往往被传统金融部门忽视。一个低收入者或一个小微企业，既无征信记录又缺信用历史，地理位置还很分散，金融机构难以判断其还款意愿与能力。

但互联网金融的发展为这个难题提供了解决的办法。从 2004 年支付宝上线，特别是 2013 年余额宝上线，中国进入了互联网金融快速发展的阶段。现在支付宝和微信支付都拥有数亿用户，网络借贷和网络投资都形成了较大规模的市场，而互联网金融的主体客户恰恰也是普惠金融的主要目标客户群。互联网金融发展的同时也很大程度上支持了普惠金融的发展。

而随着互联网风控技术的日渐成熟，普惠金融业务也逐渐从公益性的政策导向型业务变为商业性的盈利导向型业务。尤其是对于银行而言，由于互联网风控技术应用对象的广泛性，银行可以借助助贷机构，选择优质的普惠资产面向更大基数的用户放款，并通过助贷机构的增信降低业务风险，实现盈利。银行传统的面向城市小工商业主、农村农民的补贴性信贷业务，开始逐渐转型成面向相同主体的营利性普惠业务。

1.2.2 普惠金融的生意

普惠金融业务是指面向低信用群体进行放贷的信贷业务，既包括纯信用的现金类贷款，也包括抵押类的车抵类贷款。随着互联网技术的发展，原来无法有效覆盖风险的低信用群体，因其普惠金融业务用户授信小、基数广泛、放款分散等特性，辅以覆盖多维度的大数据信用评估、精准的身份校验、行业共享数据库的共债控制等风险控制手段，变为能够产生稳定收益，足以覆盖风险的普惠业务市场主体。普惠金融业务逐渐成为具有较高收益、较低风险的金融生意。

1.2.2.1 银行普惠金融业务

银行普惠金融业务是指以银行为放款主体、以普惠业务用户为放款对象，通过助贷机构进行资金资产匹配、风险控制、运营和技术支持的普惠金融业务。银行普惠金融业务涉及三个主体——银行、助贷机构、普惠业务用户，实际业务中可能还会出现信息中介机构、技术支持机构等其他主体。助贷机构向银行提供获客、风险控制、兜底回购、运营和技术支持等技术和信息服务，银行负责向底层借款人建档开户，实现放款（见图 1－4）。

银行普惠金融业务是应对新时期互联网金融快速发展、银行传统业务

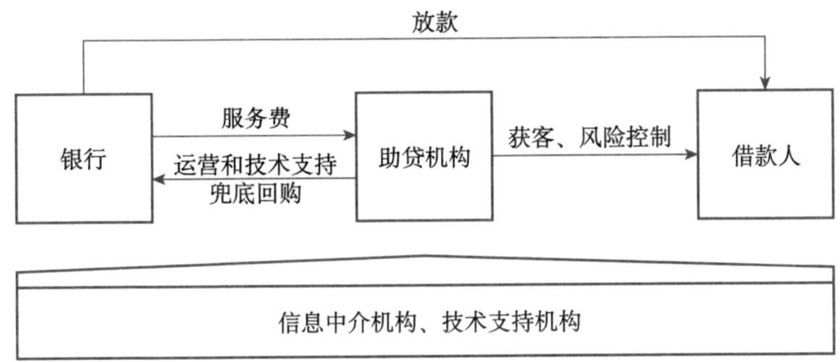

图 1－4　银行普惠金融业务

竞争激烈的新型业务，是城市中小银行、农村村镇银行转型发展、增长盈利的重点业务。经过初期的探索和实践，银行普惠金融业务正逐渐形成成熟的业务模式，具有稳定的业务生态和巨大的市场潜力。当期，银行普惠金融业务面对着一系列的发展机遇，既有来自宏观经济层面的压力，又有来自互联网技术的推动。把握机遇及时进行转型发展、扩展业务，是众多银行新时期向前发展的必由之路。

1.2.2.2　普惠金融业务的发展机遇

随着中国互联网经济的不断增长，风控技术和大数据技术日趋完善，同时经济下行、内需增长，普惠金融业务迎来重要的机遇期。普惠金融业务面向的底层借款人，有着逐步增长的消费能力和还款意愿，风控技术的完善，将更为有效、迅速地寻找更为优质的底层资产，而银行传统业务的激烈竞争，也使得普惠金融业务成为银行业务的新增长点。普惠金融业务的发展机遇具体来说，有四个方面。

（1）经济下行，企业产能过剩，个体消费增长。随着中国经济下行，从高速增长的快车道转向中速发展的慢车道，企业产能过剩的问题不断凸显，成为当前阻碍经济发展，亟须改革的经济问题。国家推行供给侧改革，提高供给体系质量和效率，使供给体系适应需求结构的变化，其重点措施便是去产能、促增长。众多企业因产能过剩问题，累积大量存货资本，生产能力难以适应需求变化，陷入结构调整的困境之中。银行面向企业的信贷业务，因企业产能难以转化而产生了较大的违约风险，银行对放款企业的准入趋于严格，导致银行存款越来越难以放出，同业竞争激烈。

相比企业经营困境，基于互联网的个人消费却保持高速增长，内部需求越来越成为拉动经济增长的主要因素。截至 2017 年，中国总消费支出占 GDP 比重 58.8%，达 48.63 万亿元，比上年提高 1.3 个百分点，中国网络购物规模达到 1.93 万亿元，同比增长 29.53%，占到总消费支出的 3.97%，而且仍然保持高速增长（见图 1－5）。

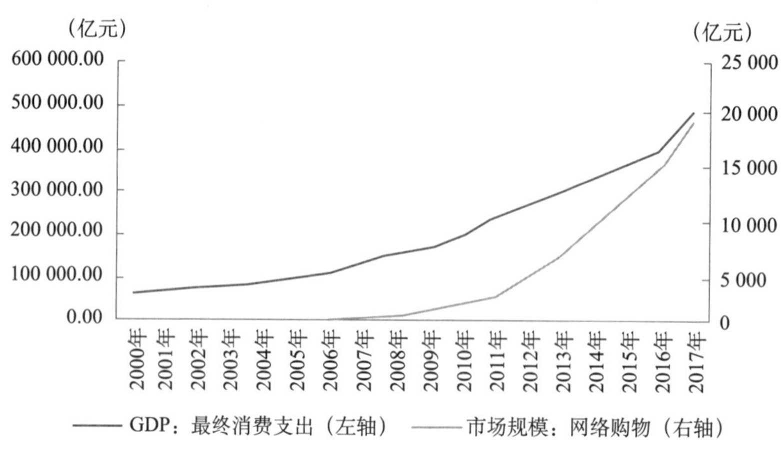

图 1－5　GDP 消费支出和网络购物市场规模

资料来源：Wind 资讯。

个体消费的增长，给个人信贷带来了巨大的需求，个人信贷供不应求。然而传统金融对于低收入、低信用的消费群体，提供的消费信贷相对较少，难以覆盖众多的信贷用户。普惠金融业务即是面向这一类群体，应用大数据风控技术，提供信用贷款和抵押贷款的金融业务。在国内消费需求不断增长，网络购物更加普及的新时期，个体信贷有着巨大的增长潜力和市场前景。

（2）个人、中小企业负债率优于大企业、政府负债率。经济下行压力导致企业经营困难，企业负债率居高不下，资产负债表现较差，尤其是大型企业，财务杠杆高，经常出现举债经营的财务困境，银行信贷面临更高的违约风险，信贷业务扩张困难，而地方政府平台因其长期用债务融资的财政政策，导致地方政府负债水平普遍偏高，加上中央政府对地方政府债务水平的限制，地方政府债务融资的数额有限，银行信贷业务向地方政府的扩张受到限制，业务开展困难。

相比大企业、政府等大负债主体，个人、中小企业因其信贷渠道有限，总体负债率偏低。传统理财观念倡导个人不举债，不向银行等金融机构举债，中小企业、个体工商户也受到传统经商理念影响，缺乏信贷意识，同时个人、中小企业融资难、融资贵，也导致个人、中小企业往往不举债，负债率长期偏低。随着互联网时代的到来，传统理财观念逐步改变，个体消费需求不断增长，借钱消费、平滑收入生命周期的理财观念逐渐深入人心，个体、中小企业信贷需求不断增长。由于其长期存在的低负债率，这类用户的安全性更高，收益更高，风险更小，是普惠金融业务的主体。

（3）传统银行业务竞争激烈。传统银行信贷业务有着严格的客户准入、机构准入，以面向个人的抵押贷款、面向大型企业、地方政府的抵押贷款和信用贷款为主，随着中国银行业的逐步发展，目前已经形成了四大国有银行寡头垄断的竞争格局，大量中小银行填补市场空白。面向大型企业、地方政府的信贷业务基本被大银行垄断，而面向个人的抵押贷款的可利用市场份额也逐渐减少，银行业竞争日趋激烈。

面对大银行的垄断格局，城市中小银行、农村村镇银行竞争力小，业务开展困难，银行内大量的存款资金难以应用，造成资源浪费，利息支出大于利息收入，银行业务营利性差。相比传统信贷业务，普惠金融业务因其放款对象的广泛性、分散性、小额性，有着可控的风险和高额的收益，且普惠金融业务符合国家政策导向，有利于普惠金融目标的实现，是城市中小银行、农村村镇银行转型发展，合理利用存款资源，创收创利的业务增长点。

（4）获客便利、风险可控。普惠金融业务的关键在于风险可控，传统银行信贷业务难以覆盖普惠业务群体的重要原因是风险的不可控性，普惠业务客户群收入偏低、资产偏少，缺乏应有的征信数据，违约风险较高。但是随着互联网技术和大数据技术的发展，银行借助助贷机构，能够实现较为精准的获客和严密的风险控制，通过对普惠业务群体进行身份校验、信用评估，分散放款，可以有效地控制违约风险，将违约风险降低至可接受的水平，同时普惠金融业务相对较高的收益率，能够实现利率覆盖风险的业务目标，将业务总体风险降至微小的级别。

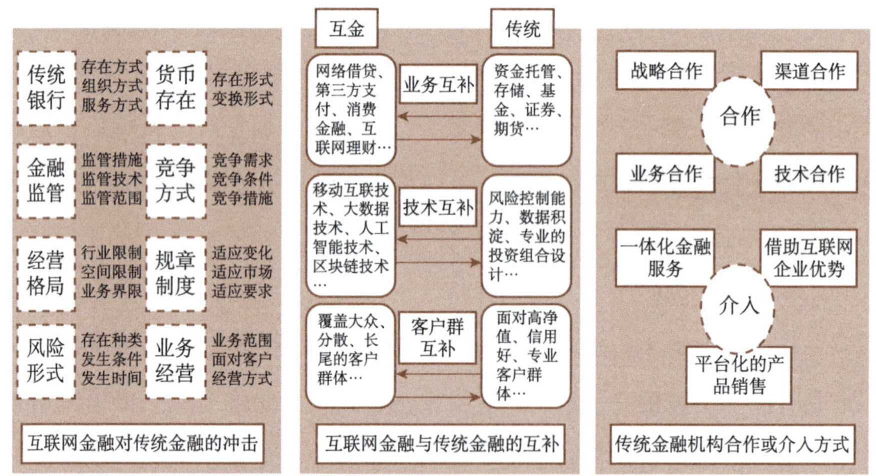

图1－6　传统金融与互联网金融互补格局

1.2.2.3　普惠金融业务核心：普惠金融资产

普惠金融业务的核心是普惠金融资产，也就是具有可交易性质、价格可量化的底层债权（见表1－6）。开展普惠金融业务的第一步就在于获取底层资产，实现放款，以保证资金流转，取得收益。普惠金融资产有着众多的类别，大致可以分为有抵押的抵押贷款和无抵押的信用贷款，既包括信用贷、汽车消费贷，又包括汽车抵押贷、消费场景贷等。每种普惠金融资产具有类似的交易结构和放款流程，有着一定的市场份额，其具体的业务模式、风控标准将在后面详细介绍。

表1－6　　普惠金融业务发展机遇和业务核心

发展机遇	内容
个体信贷需求增长	经济下行，企业产能过剩，个体消费增长
个体负债率低	个人、中小企业负债率优于大企业、政府负债率
传统业务竞争激烈	传统银行业务竞争激烈
风险可控	借助大数据风控将风险控制在微小水平
普惠业务核心	普惠金融资产

本书没有将房贷列入普惠金融资产类别，是因为房贷作为一种特殊的金融资产，其业务不具有普惠金融的性质。房贷可以分为新房抵押贷款和二手房买卖贷款，其中新房抵押贷款已经被大中型银行垄断，普惠业务难以开展，而二手房买卖贷款涉及的金额较大，违约风险较高，不符合普惠金融资产金额小、放款分散的特点，因此不归于普惠金融资产的类别。下面一小节将详细介绍普惠金融资产的定义和分类。

1.3 普惠金融资产

1.3.1 定义

金融资产，是单位或个人以价值形态持有的资产，是一切可以在有组织的金融市场上进行交易、具有现实价格和未来估价的金融工具的总称。普惠金融资产，是依托普惠金融应用场景，具有将底层债权打包形成可交易资产性质，能够产生金融价值、具有可量化价格和未来估价的新型金融资产类型。具体表现为普惠金融应用场景的债权融合。

普惠金融表现为面向低收入者和小微企业的信用贷款、抵押贷款等应用场景的金融服务，其底层债权经过聚合处理，可形成具有交易性质的金融资产，使债权资产具有流动性。

1.3.2 类别

普惠金融资产有众多的应用场景，按照不同的分类标准，可以分成不同的资产类别。

按照有无抵押，普惠金融资产分为有抵押的抵押贷款和无抵押的信用贷款。

按照抵押物的类别性质，抵押贷款分为车抵（车质）类资产、供应链金融类资产。

按照有无具体的消费场景，信用贷款分为信用贷和消费场景贷。信用贷按照贷款主体，分为无特殊主体的信用贷和农村信用贷；无特殊主体的信用贷按照金额大小和期限长短，分为小额信用贷和大额信用贷。消费场景贷按照具体的消费场景，分为3C分期、教育分期、医美分期、融资租赁类资产（见图1－7）。

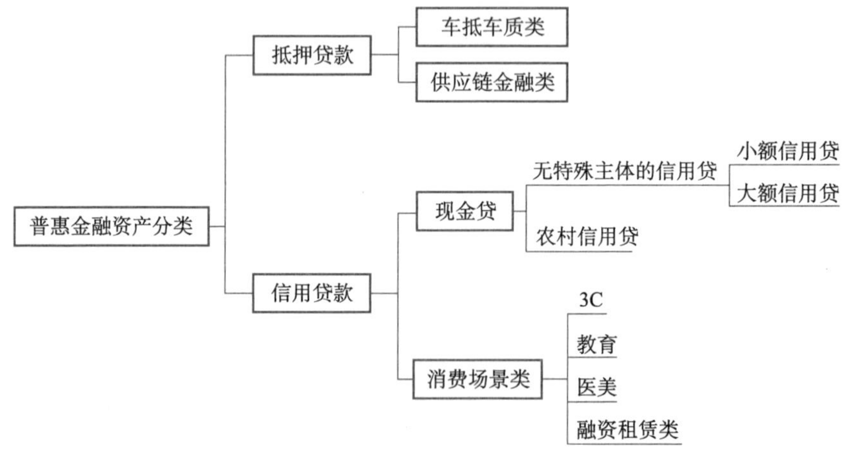

图1－7　普惠金融资产分类

第2章　普惠金融支持体系

2.1　技术发展

2.1.1　互联网思维

21 世纪是互联网的世纪，随着互联网融入人们的生活，网络经济不断增长。20 世纪 90 年代，中国网民规模不足千万，但到 2017 年，其规模已经增长至 7.72 亿，手机网民则达到 7.53 亿人（2016 年），约占总人口的 54.17%。截止到 2017 年 6 月，网络经济营收规模达到 3415.6 亿元，同比增长 47.86%，网络经济占到 GDP 的 0.90%，且比重逐年增长（见图 2－1 与图 2－2）。

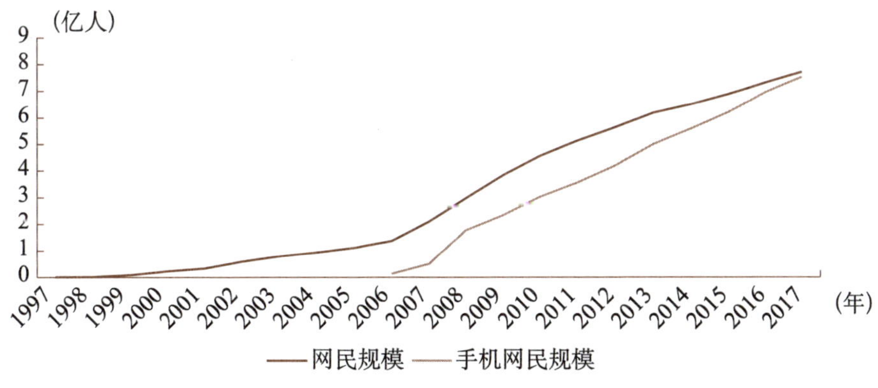

图 2－1　中国网民规模和手机网民规模

资料来源：Wind 资讯。

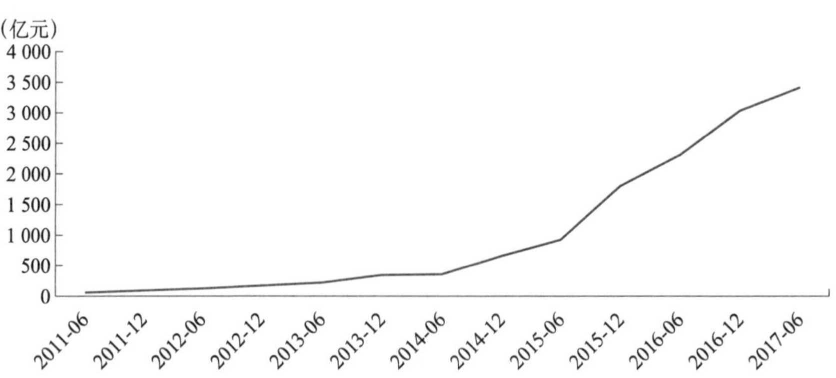

图 2－2　网络经济营收规模

资料来源：Wind 资讯。

社会经济的各领域开始了广泛的互联网化，众多企业依靠互联网平台搭建商业架构，创造附加价值。而掌握互联网思维，利用互联网进行商业模式的转变，成为了 21 世纪企业成功的关键。

“互联网思维”一词最早可追溯到百度 CEO 李彦宏的论述：“我们这些企业家今后要有互联网思维，可能你做的事情不是互联网，但你要用互联网思维去想问题。”随着互联网的发展，关于互联网思维的论述越来越多，其中一些有关的论述如表 2－1 所示。

表 2－1　　关于互联网思维的著名论述

提出者	内容	出处
雷军	雷七诀： 专注、极致、口碑、快	雷军在 2013 年广东（国际）电子商务大会上《关于互联网思维如何改造传统行业》的演讲
曾鸣	四大精神： 平等、开放、互动、迭代	曾鸣在长江商学院关于《互联网本质》的演讲
周鸿祎	四点： 用户至上；体验为王；免费的商业模式；颠覆式创新	《周鸿祎自述：我的互联网方法论》
张瑞敏	三点： 零距离、网络化、生态圈	海尔集团 2014 年互联网创新大会《关于互联网思维的海尔不需要怎样的人》的演讲

续表

提出者	内容	出处
赵大伟	九思维： 用户思维；简约思维；极致思维；迭代思维；流量思维；社会化思维；大数据思维；平台思维；跨界思维	《互联网思维——独孤九剑》

将互联网思维应用到实践中去，利用“互联网 +”，将传统行业与互联网相互结合，实现商业模式的转型。实现“互联网 +”的“ +”关键在于创新，即如何将原有商业模式融合到互联网中去，以及如何重塑原有的商业结构。“互联网 +”带来的社会变革将影响我们的方方面面，而金融领域的变革更是剧烈。

2. 1. 2　“互联网 + 金融”

“互联网 + 金融”的商业模式将大大改变原有的金融业态，催生更为广泛、更为彻底的金融革命，让金融服务面向更广泛的人群。而互联网化的金融服务，也就是未来普惠金融的表现形式（见图 2 – 3）。

互联网在金融领域的作用主要有三类：

（1）渠道功能。互联网在人与人、人与企业、企业与企业、企业内部之间构建了沟通渠道，使得金融主体之间的沟通更为便捷高效，也使得原先难以搭建、成本巨大的沟通渠道变得可行。

（2）信息来源。互联网的信息门户作用，为客户和企业提供了各种金融服务产品的横向和纵向比较信息，为个人决策、企业决策提供了大量的信息依据。

（3）中介功能。金融的本质是资金融通，互联网可以更为方便地撮合资金供需双方，促成交易。

互联网在金融领域的融合，使得各项基础金融服务迅速平民化，金融在支付领域、征信领域、电子签约领域的垄断被打破，支付变得更为便捷，征信面向更为广泛的群体，电子签约使得金融服务具有法律保障。

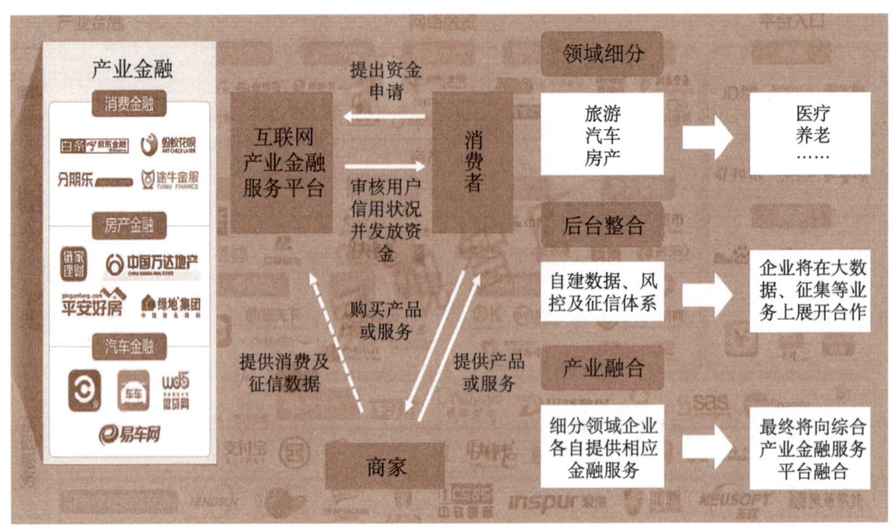

图 2－3　互联网＋金融生态

2.2　支持体系

支付、征信和签约是金融服务的三大主体，是其他金融服务的基础和支持（见图 2－4）。互联网时代下这些基础的金融服务得到了较为广泛的应用，尤其是三方支付，是互联网金融引起的最为成功的金融变革，它使得线下支付不仅完全脱离了现金，而且打破了银行体系的垄断，大大降低了支付成本。

支付是金融的基础。金融交易的各个环节都涉及支付问题，在传统金融模式下，支付是由银行完成的清算行为。随着互联网技术的应用，三方支付打破了银行支付的垄断，为其他互联网金融的发展提供了交易结算方面的支持。同时三方支付也是发展最为完整的普惠金融，其覆盖范围之广、规模之大，完全颠覆了金融支付的原有格局。

征信是金融风险控制的关键。在传统银行征信体系下，金融用户只有在银行发生借贷行为，有借贷记录的情形下才会有征信记录，才能取得银行风险评估的资格。这对于大部分没有过借贷行为的人而言，意味着征信记录为零。银行无法提供任何征信信息。没有信用信息，金融机构也就难以进行信用评估，无法进行风险控制，于是便容易产生金融排斥。互联网技术的发展，特别是大数据技术的兴起，使得依靠借贷行为以外的主体行为数据，综合评估金融用户的信用情况成为可能。三方征信正是利用大数据技术兴起的互联网征信服务，他们通过用户在互联网上的行为，广泛采集用户的资产信息、履约情况、人脉关系、购物记录、消费偏好、行为习惯等数据，利用 FICO（全称 Fair Isaac Corporation，中文名为费埃哲公司）评分法评估用户信用情况，从而为金融机构提供风险控制的依据，为广泛的金融用户提供信用评级。并且未来通过征信系统的融合，将全体人员纳入征信系统，使得构建统一、高效的征信服务体系成为可能。

金融服务合同是金融交易的法律保障，任何金融交易都应有相应金融合同的支持，但传统金融体系金融合同必须手写签订，极为麻烦，银行提供金融合同的成本较高，金融服务只能面向一定的人群。电子签约使得网上签约具有了法律保障。通过电子签约，网络电子签名和签章具有法律效应，金融服务具备合法性，使互联网金融服务更为安全、可靠。

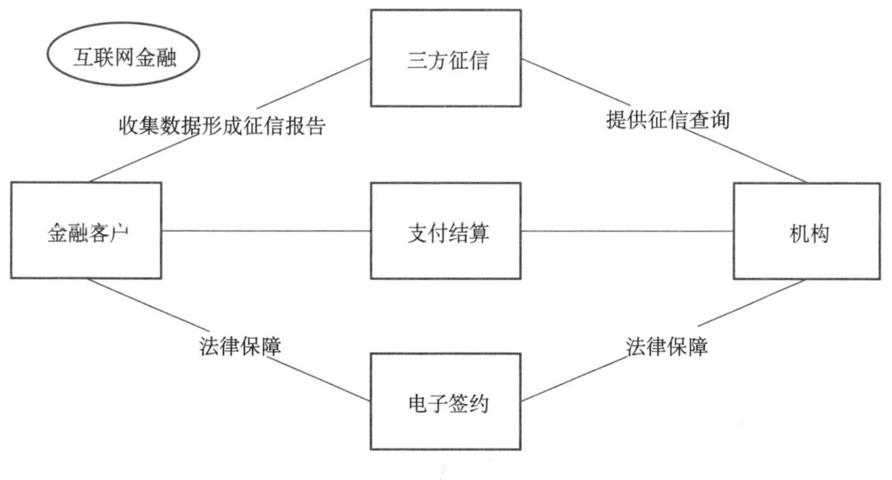

图 2－4　普惠金融支持体系

2.2.1 第三方支付

2.2.1.1 第三方支付的内涵和现状

（1）第三方支付的内涵。第三方支付也称互联网支付，一般是指非金融机构支付。目前业内对第三方支付的定义仍有争议，但通常是指可以独立于电子商务商户和银行的机构，为商户和消费者提供的支付服务，其主要功能是连接买卖双方、电子商务平台和银行，发挥中介作用，最终实现资金划拨。

按照具体的内涵和监管者的行业划分，第三方支付包括第三方预付卡支付、第三方银行卡收单和第三方网络支付。在国内，第三方预付卡支付所使用的工具包括两类：一类是由非银行发卡单位发行，只能在其系统内使用的单项消费卡，如公交卡、电话卡、美容卡、油卡等。第二类是由某家专业发卡公司发行，可在多个城市的商场、超市等消费企业使用的通用消费卡。2010 年 12 月，中国人民银行发布《非金融机构支付服务管理办法实施细则》，将第三方预付卡支付的范围界定为第二类通用消费卡，排除了公交卡等第一类单项消费卡。第三方银行卡收单是指通过销售点（POS）终端等为银行卡特约商户代收货币资金的行为。第三方网络支付则是指基于互联网平台，提供线上（互联网）和线下（电话、手机、独立支付实体）支付渠道，完成从用户到商户的在线货币支付、资金清算、查询统计等一系列过程的一种支付交易方式。按其支付指令发起方式划分，第三方网络支付包括互联网支付、电话支付、移动支付、销售点终端交易、自动柜员机便利支付（如国内的拉卡拉）和其他电子支付。第三方网络支付是最典型的第三方支付方式，不仅从形式上脱离了传统支付体系，也在功能上侵蚀了商业银行的边界，而且发挥着不可替代的第三方支付担保作用，这使得网络商家初步具备了信用创造的功能，不断提升第三方支付的专业化水平。

从更广的范围来讲，互联网支付及预付卡等第三方支付，是中国电子支付的核心。整个电子支付体系，还包括由银联和中国人民银行支付系统组成的支付清算体系，以及商业银行、通信运营商、支付软硬件提供商和收单处理商等组织。

（2）中国第三方支付发展现状。1999 年，北京“首信易”推出网关支付平台，我国第三方互联网支付业务开始起步。2004 年，支付宝首推信用中介模式的担保交易模式，解决了网上交易买卖双方之间资金和实物交割的信任问题，促进了电子商务的飞速发展。2012 年，微信支付和支付宝钱包开创移动支付，紧接着，NFC 支付、二维码支付、声波支付和指纹支付等各种现金数字支付方式不断涌现。在短短的十几年时间里，以支付宝和微信支付为代表的第三方支付平台发展非常迅速，打破了传统支付结算方式，已经成为金融支付结算市场发展的新引擎。

相关数据显示，2017 年我国第三方支付总交易额约为 125 万亿元人民币，相比 2016 年增长 58.54%。其中，移动支付交易规模达到 98.67 万亿元，而银行卡取现业务则出现负增长，这说明，移动支付开始取代现金支付，消费者已经踏上了“无现金社会”的门槛。据调查，截至 2017 年第三季度，全国共办理非现金支付业务超 434 亿笔，金额 923.8 万亿元，较 2016 年同比分别增长 34.6% 和 2.3%（见图 2－5）。

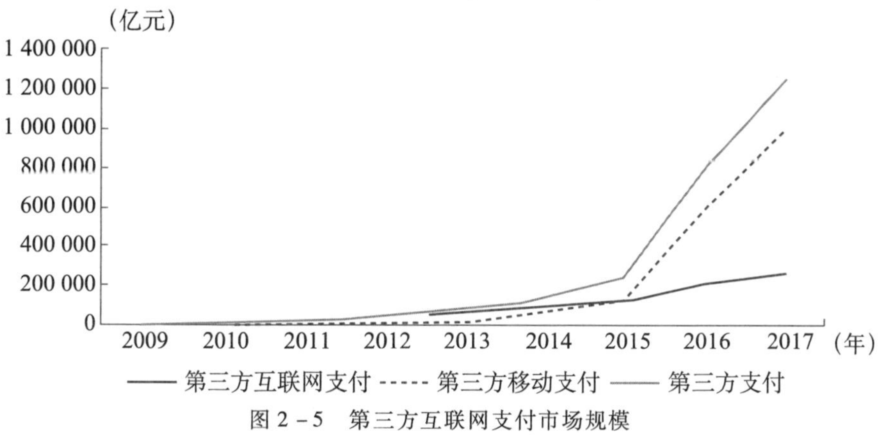

图 2－5　第三方互联网支付市场规模

资料来源：Wind 资讯。

2017年第一季度第三方支付市场核心数据显示（见图2-6），2017年中国第三方互联网支付市场中所占份额最多的是支付宝，其比例高达24.94%，银联商务位居第二，占比23.51%，腾讯金融以10.21%的市场占有率位列第三位，前三家机构共占据互联网支付行业交易份额的58.66%。在移动支付方面（见图2-7），2017年第三季度，占移动支付市场份额前列的包括支付宝、腾讯金融、壹钱包、连连支付、联动优势、易宝、快钱、百度钱包。其中，支付宝占比53.73%，腾讯金融占比39.35%。

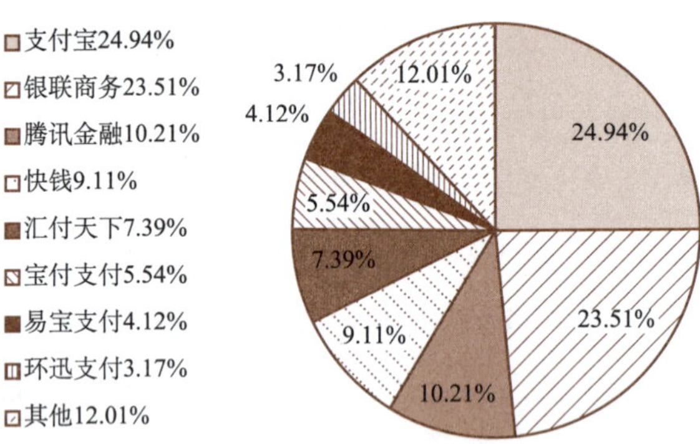

图2-6　2017年第三季度中国第三方网络支付市场占比（PC端）

自2011年5月起，央行开始发放第三方支付牌照（即支付业务许可证），先后分8批发放了270张牌照，包括互联网支付、移动电话支付、银行卡收单、预付卡受理、预付卡发行、固定电话支付和数字电视支付等七个类别，其中，最常见的是移动支付、互联网支付及POS收单（见表2-2）。

表2-2　中国各类支付牌照数量

牌照	全国性	区域性
互联网支付	95	8
移动电话支付	40	3
银行卡收单	40	20
预付卡受理	16	153

续表

牌照	全国性	区域性
固定电话支付	12	1
预付卡支付	12	151
数字电视支付	3	2

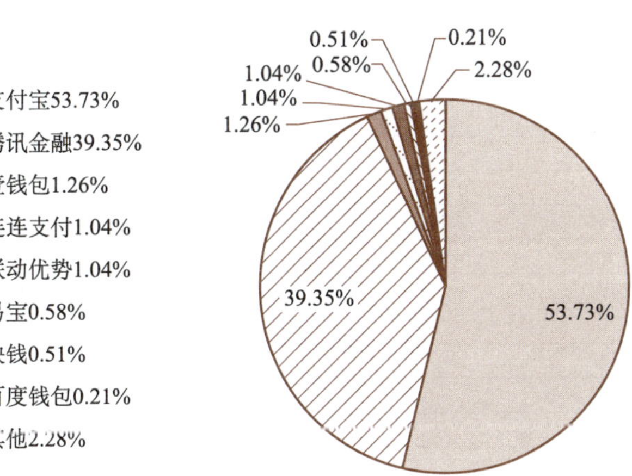

图2－7 2017年第三季度中国第三方互联网支付市场占比（移动端）

但从2016年以来，由于监管层限制，相关政府机构暂停了第三方支付牌照的发放，随后，六家违规企业被吊销了牌照，同一集团法人进行牌照的合并又使牌照总数减少了16个，所以截至目前，剩余的牌照仅剩248张。自从央行暂停了支付牌照的发展，市场上便掀起了牌照炒作之风，疯狂时一个业务空白的牌照可以卖到十几亿元。其热炒的基本为互联网支付牌照，对于银行卡收单、预付费卡或其他几个小众支付牌照，大家的炒作热情远没有那么高（见图2－8）。

央行的监管是针对不同的业务类型，采取不同的监管措施，因此方法也更加灵活。央行之前的处罚是针对比较混乱的预付卡和POS收单业务，但是针对移动支付和互联网支付有些放宽，这体现在两个方面：一是牵头成立线上支付统一清算平台，另一方面体现在对二维码支付的态度上。央行刚开始是禁止二维码支付的，后来央行先是排查了二维码支付的情况，随后得出了初步的结论，认为这个业务总体上没有问题，但是要有“监管红线”。从某种意义上来说，这就鼓励了二维码业务的发展。

目前央行已经暂停发放新的第三方支付牌照，未来一段时间内重新开放的可能性并不大。

表 2-3　市场上主要第三方支付公司排名

排名	公司	排名	公司
1	支付宝	37	深圳钱宝
2	财付通	38	现代金融
3	网银在线	39	中金支付
4	银联商务	40	渤海易生
5	快钱	41	上海电银
6	上海银联	42	深圳腾付通
7	讯付	43	宝付
8	广州银联	44	网易宝
9	北京银联商务	45	东方付通
10	南京苏宁易付宝	46	深圳泰海
11	北京钱袋宝	47	北京新浪支付
12	上海盛付通	48	成都摩宝
13	拉卡拉	49	广州易票联
14	通联支付	50	上海富友支付
15	易宝支付	51	中汇电子
16	北京百付宝	52	浙江贝付
17	易智付	53	汇元银通
18	资和信	54	集付通
19	深圳快付通	55	北京首采联合
20	东方电子支付	56	快捷通
21	裕福支付	57	上海银生宝
22	开联通	58	北京雅浩时空
23	平安付电子支付	59	上海瀚银
24	连连支付	60	双乾支付
25	上海汇付	61	重庆易极付
26	平安付科技服务	62	北京中投科信
27	联动优势	63	北京爱农驿站
28	上海付费通	64	安付宝
29	杉德电子商务	65	汇潮支付
30	深圳银盛	66	天津荣程
31	海南新生	67	上海东方汇融
32	国付宝	68	杭州民卡

续表

排名	公司	排名	公司
33	捷付睿通	69	深圳快汇宝
34	银盈通	70	随行付
35	证联支付	71	北京一九付
36	上海得仕	72	

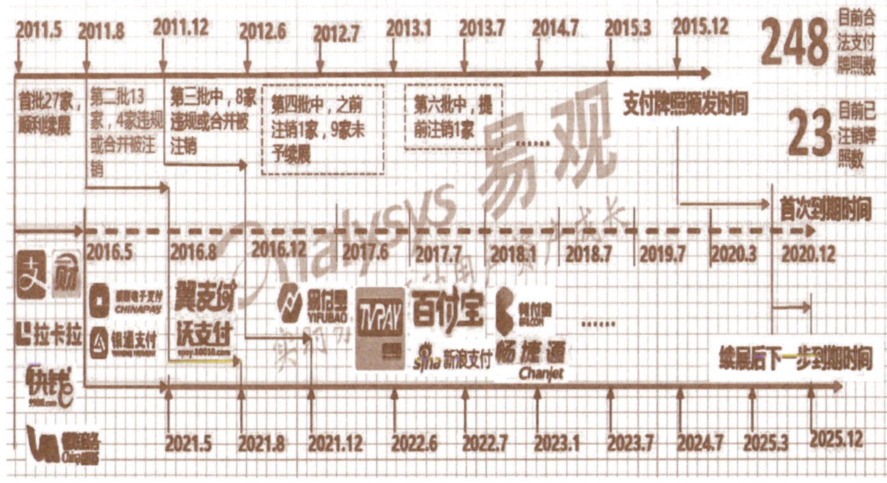

图 2－8　第三方支付牌照时间线

2.2.1.2　第三方支付模式

发展到目前，第三方支付主要分为三种模式：一是基于账户的担保模式，以 C 端为核心，其代表为支付宝；二是网关型模式，主要企业包括银联、网银在线等；三是针对行业推出支付解决方案的行业模式，主要代表为易宝、连连等。

2.2.1.3　第三方支付的普惠金融价值

互联网支付使金融服务可以在更广范围和更深程度触及小微企业和个人用户，表现出了极大的普惠金融价值。具体而言，互联网支付的普惠金融价值主要体现在以下几个方面：

（1）互联网支付填补了传统金融服务的空白。银行并没有满足所有客户的支付需求，这就为第三方支付机构提供了生存和发展的空间。支付宝等第三方互联网支付是为了支持网上贸易而出现的，网上贸易存在的一个问题是不能一手交钱、一手交货，卖家不看到钱不会发货，买家不收到货也不愿意付钱。支付宝创立之初，依托的是源于海上贸易的银行结算，很难支持这种网上零售结算。为了支持网上贸易，阿里巴巴创立了支付宝，建立第三方信用，买家先把钱打到支付宝账户上，卖家发货，买家收到货确认后，支付宝再把钱转给卖家。这样就解决了买卖双方之间不信任的问题。而2006年成立的汇付天下，更是进一步开创了先行向卖家垫付，然后再向买家收钱的模式。这种信用支付模式，大大缩短了一些传统交易的资金周转时间，在零售、旅游、金融等各方面有着广泛的应用（见表2－4）。

表2－4　　第三方支付应用场景

支付应用	主要支付企业	概述
消费零售	支付宝、财付通、银联在线等	BTC和CTC电子商务是非银行支付业务最大的市场
充值缴费	支付宝、财务通、快钱等	充值缴费项目主要包括电信运营商收取固定电话费用、宽带费用及手机费用；公用事业缴费，如居民的水费、电费及煤气费等的缴纳
旅游电商	支付宝、财付通、汇付天下、通联支付等	非银行支付业务不仅提供旅游产品支付服务，还为航空、酒店、景区等提供授信、分账、资金回笼等增值服务
金融理财	支付宝、财付通、快钱、易宝等	包括基金直销、保险产品销售、信用卡还款等等
电影娱乐	支付宝、微信支付、百度钱包等	票务市场的支付包括电影、演出；娱乐业的支付主要是游戏市场充值等
其他市场	支付宝、首信易等	教育市场业务包括校园一卡通、考试报名缴费等

（2）第三方支付具有极大的规模效应和成本领先优势。第三方互联网支付业务广泛应用于各种交易场景，且因为其交易模式相比传统金融机构更加简单，可以通过互联网平台实现上万笔订单的同时打款，使其大规模的普及成为了可能。由于互联网支付的规模效应具有边际成本递减的特征，进而改变了传统金融服务固有的“二八定律”，促进金融行业间支付

活动交易费用降低。支付宝目前单笔支付成本不足 2 分钱，不仅低于国内传统金融机构，而且优于美国的支付机构。根据中国人民银行发布的统计数据，2017 年第三季度，第三方网络支付总金额虽然仅相当于银行业金融机构电子支付的 7.45%，但笔数比例则已经超过 40%。2017 年第三季度，第三方网络支付笔均支付金额为 2 556 元，是银行业金融机构电子支付笔均 13 727 元的 18.6%，这说明互联网支付的主要覆盖对象就是小微用户。

（3）互联网支付有更强的触达能力。互联网的开放性决定了互联网支付具有不受时空限制的基本属性。与传统普惠金融对物理网点的依赖不同，互联网支付可以克服物理网点的限制，具有更强的触达能力，让更偏远地区的居民也可以足不出户就享受到便捷、丰富、高效的金融服务。

（4）互联网支付对传统金融的倒逼促进了金融创新。互联网金融在广泛参与各项金融业务之后，也大大激发了传统金融机构的创新意识。2016 年 2 月，中国工商银行、中国农业银行、中国银行、中国建设银行、交通银行五大商业银行，联合宣布手机银行转账免除手续费。这是以互联网金融倒逼传统金融机构加快改革创新的实例。另外，余额宝出现之前，中国理财门槛很高，低收入人群很难得到正规理财服务。余额宝的出现促生了一大批“宝宝”类理财产品，传统银行也推出了很多手机理财产品。

近年来，在互联网支付的刺激下，中国银联和各商业银行等不断创新支付方式，积极运用 NFC 和二维码等各种更先进的数字技术，提高支付便捷程度。如银联的“云闪付”、工商银行的“工银 e 支付”、民生银行的“民生付”。也有银行将方便快捷的数字支付与特定金融场景相结合，对其进行品牌化包装，如中国银行的“中银跨境 e 商通”等。表 2 - 5 是部分银行采用先进数字技术支付的品牌。

表 2-5　部分银行数字支付创新品牌

金融机构	支付品牌
中国银联	云闪付、MPOS 手机刷卡机、无卡支付
中国工商银行	工银 e 支付、二维码支付
中国建设银行	龙卡云支付、e 商贸通
中国农业银行	智付通、惠农银讯通、金易通宝
中国银行	中银跨境 e 商通、中银长城 e 闪付、中银易商
民生银行	民生付、航旅快付、码上付
光大银行	阳光 e 付
招商银行	一闪通

资料来源："数字普惠金融的实践和探索"，中国人民大学中国普惠金融研究院，2016 年。

（5）第三方支付模糊了货币和金融产品的界限。随着互联网支付业务的发展，第三方支付开始具备了金融商品的属性。金融商品属性是指商品能够给客户带来盈利的同时，又作为金融商品对货币变化十分敏感。互联网支付的金融商品属性的典型特征，是作为支付手段的货币要么本身是金融商品，要么能够自动在金融商品与支付手段之间进行转换，通过转换来实现价值。换言之，货币与金融商品实现了连接。不进行支付时，个人账户上的数字是金融商品，进行支付时，个人账户上的数字是货币。这方面最典型的例子是余额宝。

2.2.1.4　第三方支付发展中存在的问题

第三方支付的发展也面临着一些问题（见表 2-6），主要有：

（1）数据安全和个人信息保护难以保证；

（2）风险因素较多。第三方支付的风险点基于不同的业态既有共性问题，也有个性问题。共性问题主要包括备付金挪用、反洗钱、信息保护、不正当竞争等几个方面；个性问题上，互联网支付领域易遭受欺诈风险，银行卡收单则涉及套码、切机、二清等问题；预付费卡则主要涉及商家后续服务风险等。

（3）互联网支付的规模效应可能导致"大不能倒"。类似系统性银行一旦发生风险事件会导致严重后果，大型互联网支付公司一旦发生安全和风险事故，也可能会导致系统性的风险。

（4）牌照缺乏监管导致市场畸形。中国人民银行暂停对第三方支付牌照的发放后，支付牌照变得奇货可居。截至目前，以支付牌照获取、支付业务开展为目的的投资兼并多达数十起，支付牌照价值不断攀升，单纯一张第三方支付牌照价格已高达五六亿元。

（5）第三方支付削弱了货币供给的可控性。第三方支付体系具有保存资金、代收资金、代付资金的功能，这些功能打破了传统商业银行支付的边界，实质上形成了信用货币的竞争性供给，放大了货币乘数。

表2-6　　第三方支付的普惠金融价值与发展存在的问题

项目	内容
普惠金融价值	填补了传统金融服务的空白
	具有极大的规模效应和成本领先优势
	有更强的触达能力
	促进了金融创新
	模糊了货币和金融产品的界限
发展中存在的问题	数据安全和个人信息保护难以保证
	风险因素较多
	规模效应可能导致“大不能倒”
	牌照缺乏监管导致市场畸形
	削弱了货币供给的可控性

2.2.2 第三方征信

2.2.2.1 第三方征信的内涵和现状

（1）第三方征信的内涵。信用风险管理是互联网金融的核心问题。随着互联网飞速发展，从银行贷款、消费金融，到租车、租房、住宿、借书等日常生活，信用不但影响个人在传统金融领域的金融活动，更逐渐开始影响社会生活的方方面面。而随着国内个人信用交易的不断壮大，市场对征信产品和服务的需求也越来越多样化。

征信就是依据客户的财务信息、信用信息、行业信息、行为信息等与客户信用资质相关的信息，分析和评估客户的还款意愿和还款能力，并做出一个综合性的信用评价。对大型企业，信用评价的结果一般用信用评级来表示，比如穆迪用 Aaa、Aa、A、Baa、Ba、B、Caa、Ca、C 九个信用评级来表示。对于个人或小微企业，一般会采取信用评分的方式来给出信用评价，例如支付宝的芝麻信用分，根据个人信用历史、行为偏好、身份特质、人脉关系、履约能力等信息，按照一定算法给出每人的信用评分，评分越高，信用水平越高。

征信机构是指依法设立的、独立于信用交易双方的第三方机构，专门从事收集、整理、加工和分析企业和个人信用信息资料工作，包括出具信用报告，提供多样化征信服务，帮助客户判断和控制信用风险等（见图 2－9）。征信机构是征信市场的支柱，在现代市场经济条件下扮演着至关重要的角色，是信息不对称情况下扩大市场交易规模的必要前提。中国的征信体系是政府主导型，以中国人民银行征信中心为主导地位。除中国人民银行征信中心以外的征信机构，统称为第三方征信机构。

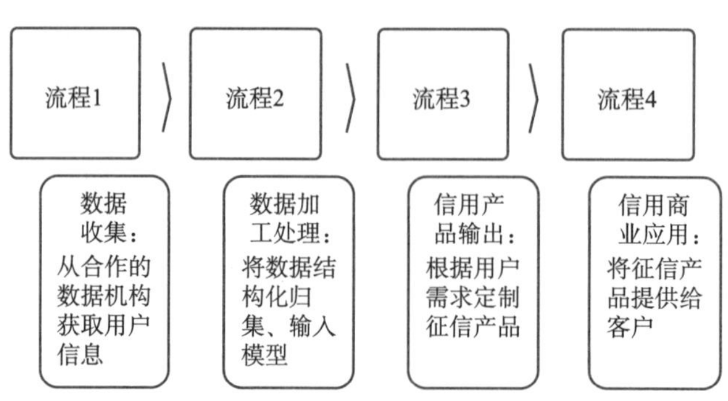

图 2－9　征信业务链条

互联网技术的发展大大提升了数据的多元程度及可获性，数据存储与处理技术的进步也为行业的发展提供了基础。由于中国人民银行征信中心数据的不可共享性，互联网时代下的第三方征信机构大多采用互联网的生活数据，通过与互联网化的生活数据直接对接，将电商网购、移动支付、水电煤缴费、社交信息等数据引入行业。从碎片化、非结构化的数据中提取出与个人信用最为相关的信息，从而生成个人信用报告，提供征信服务。

（2）第三方征信的发展现状（见表 2－7）。中国征信行业的发展最早可以追溯到 1932 年第一家征信机构——“中国征信所”的建立，20 世纪 80 年代末开始，中国人民银行组织开展了一系列社会征信体系建设工作。

探索阶段：20 世纪 80 年代后期，为适应企业债券发行和管理，中国人民银行批准成立了第一家信用评级公司——上海远东资信评级有限公司。同时，为满足涉外商贸往来中的企业征信信息需求，对外经济贸易部计算中心和国际企业征信机构邓白氏公司合作，相互提供中国和外国企业的信用报告。1993 年，专门从事企业征信的新华信国际信息咨询有限公司开始正式对外提供服务。此后，一批专业信用调查中介机构相继出现，征信业的雏形初步显现。

起步阶段：1996 年，中国人民银行在全国推行企业贷款证制度。1997 年，上海开展企业信贷资信评级。经中国人民银行批准上海市进行个人征信试点，1999 年上海资信有限公司成立，开始从事个人征信与企业征信服务。1999 年底，银行信贷登记咨询系统上线运行。2002 年，银行信贷登记咨询系统建成地、省、总行三级数据库，实现全国联网查询。

发展阶段：2003 年，国务院赋予中国人民银行“管理信贷征信业，推动建立社会信用体系”职责，批准设立征信管理局。同年，上海、北京、广东等地率先启动区域社会征信业发展试点，一批地方性征信机构设立并得到迅速发展，部分信用评级机构开始开拓银行间债券市场信用评级等新的信用服务领域，国际知名信用评级机构先后进入中国市场。2004 年，中国人民银行建成全国集中统一的个人信用信息基础数据库，2005 年银行信贷登记咨询系统升级为全国集中统一的企业信用信息基础数据库。2008

年，国务院将中国人民银行征信管理职责调整为“管理征信业”并牵头社会信用体系建设部际联席会议，2011 年牵头单位中增加了国家发展和改革委员会。2013 年 3 月，《征信业管理条例》正式实施，明确中国人民银行为征信业监督管理部门，征信业步入了有法可依的轨道。

市场化发展阶段：2015 年 1 月，央行印发了《关于做好个人征信业务准备工作》，要求 8 家机构做好个人征信业务的准备工作，标志着中国个人征信业向市场化、商业化发展迈出了坚实的第一步。

民营征信机构参与征信市场，意味着征信行业市场化的逐步形成。随着移动互联网、大数据等技术的不断发展，民营征信机构可以利用新的技术，取得来自互联网平台的多维度数据，准确地评估征信对象的信用状况，降低服务成本，同时依托互联网平台，民营征信机构可以为弱势群体进行征信评估，向传统金融体系难以涉及的领域和人群提供普惠金融服务。

表 2-7　　中国征信行业发展历程

阶段	时期	代表事件
探索阶段	1980—1995 年	20 世纪 80 年代后期第一家信用评级机构上海远东资信评级有限公司成立；1993 年，专门从事企业征信的新华信国际信息咨询有限公司开始正式对外提供服务
起步阶段	1996—2002 年	1997 年，上海开展企业信贷资信评级；1999 年上海资信有限公司成立，开始从事个人征信与企业征信服务；1999 年年底，银行信贷登记咨询系统上线运行
发展阶段	2003—2013 年	2004 年，中国人民银行建成全国集中统一的个人信用信息基础数据库，2005 年银行信贷登记咨询系统升级为全国集中统一的企业信用信息基础数据库；2013 年 3 月，《征信业管理条例》正式实施
市场化发展阶段	2015 年至今	2015 年 1 月，央行印发了《关于做好个人征信业务准备工作》，要求 8 家机构做好个人征信业务的准备工作

2.2.2.2　第三方征信的业务体系

以民营征信机构发展为主要趋势的中国征信行业，利用数据采集、模型分析、机器学习等先进信息技术，逐渐形成完整的征信业务体系。该体系以数据采集、模型分析、征信产品应用为三大业务核心，从数据开发到信用评估，形成相互连接的业务链条（见图 2－10）。

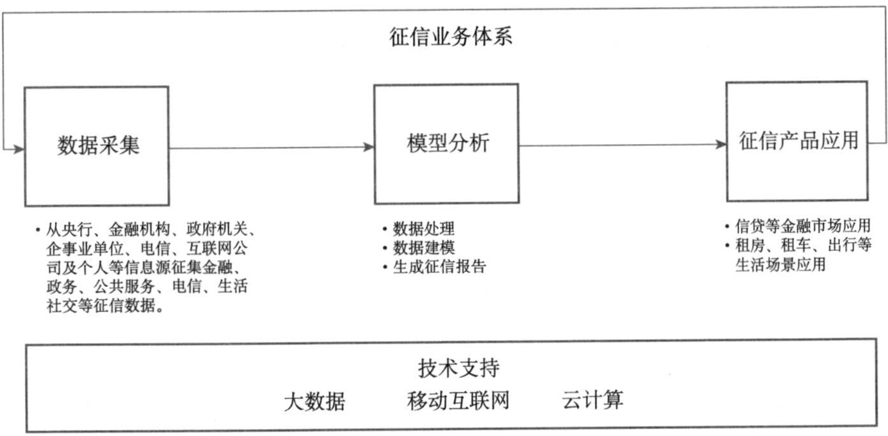

图 2－10　中国征信行业业务体系

数据采集：数据是征信评估的基础。在传统征信行业中，征信数据主要来自主体个人借贷行为，该数据采集难度大、成本高，耗费大量人力、物力、财力。公开数据市场缺失也导致行业发展不良，扭曲竞争格局，影响行业发展。移动互联网时代下，大数据成为征信行业形成良好业态的突破口。征信公司通过取得征信主体在金融机构、政府机关、企事业单位、电信、互联网公司等个人金融、政务、公共服务、电信、生活消费社交等数据，纳入原始数据库中，并进行综合分析，为信用评估提供多维度的判断依据，具体流程见图 2－11。

模型分析：数据分析、建模和信用评估是征信行业的技术核心。大数据时代，以“大数据”为代名词的新技术为行业发展带来了新的动力。多元数据得以处理，分布式技术提升了处理速度，降低了成本，完善的算法引申出更多的评估维度，个人信用评估更为准确、可靠。

征信产品应用：目前，征信产品主要应用在金融信贷服务和部分依赖身份验证、信用决策的生活类场景中，能够覆盖一些缺乏央行征信记录的潜在客户群体，形成对原有央行征信体系的补充。中国互联网经济的发展不仅为征信产品带来了广阔的应用场景，也为征信机构发展衍生产品和服务、增加收入来源带来了巨大空间。

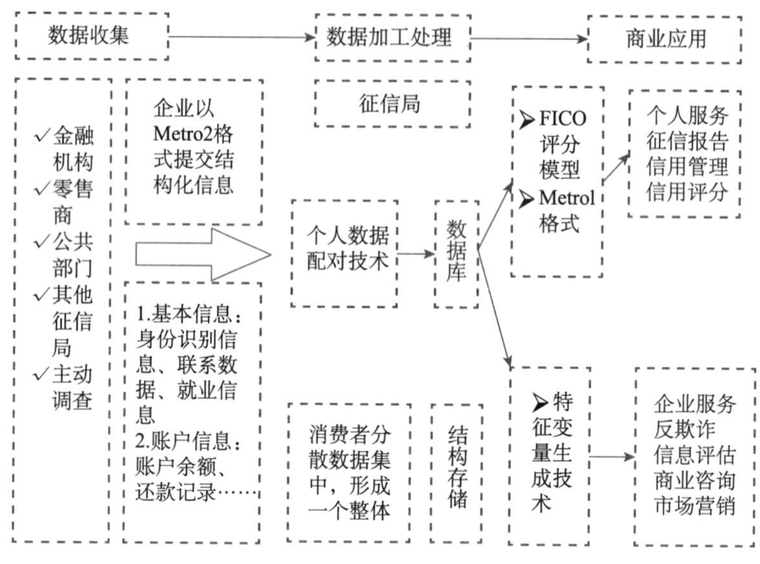

图 2－11　个人征信业务流程环节

2.2.2.3　第三方征信的市场格局

中国企业征信市场发展历史较长，业务相对成熟，而个人征信业的市场化发展才刚启动。目前市场上被中国人民银行认可，着手开展个人征信业务的企业有 8 家。2015 年 1 月，中国人民银行下发《关于做好个人征信业务准备工作的通知》，通知 8 家民营征信企业开展个人征信业务准备工作；2015 年 12 月下发《征信机构监管指引》，提出更为详细的监管细则（见表 2－8）。

这 8 家民营征信公司大致可以分为两类：第一类是平台型的公司，其中芝麻信用依托阿里巴巴的电子商务、网上购物和支付平台，腾讯征信依靠腾讯的社交网络平台，前海征信依靠平安集团的金融服务平台，考拉征

表 2-8 中国八家民营征信企业

机构分类	征信机构	资料来源	数据处理技术	主要产品和服务	应用
平台型	芝麻信用	淘宝电商、蚂蚁金服、用户上传、合作的互联网平台、金融机构和公共机沟等	云计算及机器学习等技术，包括逻辑回归、决策树、随机森林等模型算法	芝麻信用评分、信用报告、反欺诈、行业关注名单等	金融机构、生活类商户等
	腾讯征信	QQ 和微信用户，财付通、用户上传数据、京东等第三方合作平台	利用大数据平台 TDBANK，采集处理相关行为和基础画像等数据	七颗星评分、金融反欺诈、信用报告、人脸识别	金融机构、非金融机构、普通用户
	前海征信	平安集团综合金融数据，合作方如银联、小贷、P2P 数据	自有专业大数据团队，与海内外顶尖学术机构展开深入合作；个人评分采用与美国 FICO 一致的评分标准	数据类（如风险度提示、好信度等）、云系统（信贷云、反欺诈云、催收云等）、功能插件（好信易申请、好信认证、生活特征识别）	金融机构、互联网金融公司、非金融机构等
	考拉征信	拉卡拉集团下属的个人支付、企业支付、小贷、保理、P2P、O2O 社会电商，银联等其他合作机构和公共机构	利用传统的德尔菲法、回归、分类、Web 挖掘和神经网络技术，结合大数据技术进行数据处理和多角度组合建模	考拉分	P2P、电商平台、小额贷款公司等
	华道征信	银之杰金融服务体系，亿美软通的移动商务平台、新奥燃气信息以及其他合作的第三方机构	依托清华五道口金融学院，将与华道征信共建“大数据征信实验室”	华道猪猪分、反欺诈，包括同业征信联盟、华道信用评估模型、华道个人征信评估	租房房东等

续表

机构分类	征信机构	资料来源	数据处理技术	主要产品和服务	应用
传统型	中诚信征信	主要依靠积累的银行、医疗、保险、教育等信息，以及合作的地方性中小金融机构和企业平台	以自主独立研发的信用评分算法为基础，积极探索大数据信用评分技术	万象分、信用体系建设、信用报告、信用信息验证	银行、电商、P2P 平台、小贷公司等客户
	鹏元征信	合作金融机构、各级政府、公共事业单位等	以成熟的传统主流征信模型体系为基础，结合创新大数据挖掘建模算法，利用前沿海量数据处理加工技术	个人信用报告类产品、身份验证类产品、评分类产品、信息核查类产品、统计指数类产品、自动征信类产品、互联网服务类产品	银行、P2P 平台、小贷公司、第三方支付、消费分期及其他
	中智诚征信	主要依靠合作的 P2P 平台和其他第三方机构	全球独有的中文模糊匹配技术；分积分团技术；基于商业银行反欺诈业务的欺诈专家规则集	个人征信评分服务、申请反欺诈服务、全国公民身份信息认证服务等	P2P、消费金融等

信依靠拉卡拉集团的电子商务、网上购物和支付平台，华道征信则是依靠银之杰金融服务体系。这一类征信公司有海量的社交和交易数据可使用，且自身带有丰富的金融应用场景。第二类是传统型的公司，包括中诚信征信、鹏元征信和中智诚征信，其母公司都有长期从事信用评级和信用服务行业经验，在行业客户和征信评分技术方面有相对成熟的评估体系，方法相对传统。

除了这 8 家获准开展个人征信业务的民营征信企业外，还有一批大数据和金融信息服务公司也在为各类新型中小微企业提供大数据分析和类似征信的服务，比如人脸识别、反欺诈、行业黑名单库等。这类金融信息服务公司填补了征信市场的空缺，是未来征信行业整合、促成完整征信体系建立的重要部分。目前市场上存在的部分该类金融信息服务公司如表 2－9 所示：

表 2－9　　市场上主要的金融信息服务公司

公司	业务
上海资信	个人征信、企业征信、企业信用评级、政府专项评估等
安融征信	小额信贷征信服务平台（MSP）
立木征信	个人信用信息服务平台
全联征信	信用等级分析报告产品和信用大数据查询比对服务
搜信征信	综合征信平台，具有贷前查询、贷中跟踪、贷后追诉的完整征信解决方案
91 征信	专注解决用户多头负债等问题，实时查询借款人的负债详情
同盾科技	风险识别和风险发现，包括欺诈类风险和信用来风险
百融金服	从反欺诈、信用评估、贷中监控、贷后管理等方面，为信贷行业机构提供全生命周期的风险控制服务
闪银奇异	Wecash 闪银，大数据信用评估平台
海鑫科金	以多生物特征识别技术和智能监控技术为核心的基础技术研究、产品研发、信息化系统建设、系统集成和技术服务
聚信立	专注于解决欺诈风险、信用风险、风控建模、多头借贷等问题
算话征信	个人征信服务
东汇征信	非银行类信贷信息管理

2.2.2.4　征信体系对普惠金融的支持

征信体系对金融行业的支持主要体现在两个方面（见表 2－10）：

第一，征信体系提供了关于借款主体的信用历史和履约状况等信息，能够帮助金融机构获知借款人信用状况，降低信息不对称，这有助于促进金融业务的达成。

第二，对于道德风险问题，已获贷款的借款人如果不能按时归还贷款，那么其征信评分会相应下降，增加其以后获得信贷服务的难度，由此形成对借款人行为的约束。

征信体系的健全和完善对于普惠金融的发展有着重大的作用。只有征信覆盖低收入群体和小微企业，金融机构才能评估为其提供金融服务的风险，才能进行风险定价，以覆盖金融风险，促进金融服务的可持续性。

中国征信业发展较快，目前已经基本建立了世界上覆盖人口和机构最多的个人和企业征信系统，并建立了相对完整的监管体系。中国人民银行征信中心的征信系统全面收集企业和个人的信息，以银行和金融机构的信贷信息为核心，为个人征信提供基础服务，其构建起来的征信体系，是中国征信行业相互连接，形成完整征信系统的基础。

表 2-10　　第三方征信对普惠金融的支持和不足之处

项目	内容
对普惠金融的支持	帮助金融机构获知借款人信用状况，降低信息不对称
	减少道德风险问题
不足	对低收入个人和小微企业的覆盖面不够
	中国人民银行征信中心数据与新型第三方征信数据没有连接
	征信机构缺乏竞争，运营效率和产品丰富度有待提高

但当前征信体系依然存在较多的不足（见表 2-10）。主要表现在以下三个方面：

第一，对低收入个人和小微企业的覆盖面不够。截至 2017 年 5 月 31 日，央行的企业征信系统共收录企业和其他组织 2 371 万户，其中有信贷记录的企业和其他组织 653 万户；央行个人征信系统共收录自然人 9.3 亿，其中有信贷记录的自然人 4.5 亿。另有 1718 家企业和组织以及 4.8 亿人没有传统信贷业务，也就没有有效的信用信息。而这部分人和企业正是普惠金融的主要对象。

第二，中国人民银行征信中心数据与新型第三方征信数据没有连接，征信行业数据不完整。央行征信系统有大量基础信贷数据，但没有征信对象在日常生活、电商购物等方面的多维度数据，而互联网第三方征信公司能够取得大量多维度数据，却难以取得银行信贷业务数据。两者没能形成数据共享，征信体系不够完整。

第三，征信机构缺乏竞争，运营效率和产品丰富度有待提高。目前国内具有合法资质开展征信业务的机构只有 8 家，且仍然没有取得征信牌照，各自的征信系统差异较大，大多依托自有平台进行引流，运营效率相对较低，产品丰富度不足，行业竞争缺乏。

2.2.3　电子签约

2.2.3.1　电子签约的内涵

电子合同，又称电子商务合同，根据联合国国际贸易法委员会《电子商务示范法》以及世界各国颁布的电子交易法，同时结合我国《合同法》的有关规定，电子合同可以界定为：电子合同是双方或多方当事人之间通过电子信息网络以电子的形式达成的设立、变更、终止财产性民事权利义务关系的协议。通过上述定义可以看出电子合同是以电子的方式订立的合同，其主要是指在网络条件下当事人为了实现一定的目的，通过数据电文等形式签订的明确双方权利义务关系的一种电子协议。

电子签证机关（CA）是证书的签发机构，它是对数字证书的申请者发放、管理、取消数字证书的机构。它是负责签发证书、认证证书、管理及颁发证书的机关。它要制定政策和具体步骤来验证、识别用户身份，并对证书进行签名，以确保证书持有者的身份和公钥的拥有权，以防证书的伪造和篡改。

中国金融认证中心（China Financial Certification Authority，CFCA）CFCA

是经中国人民银行和国家信息安全管理机构批准成立的国家级权威的安全认证机构，是重要的国家金融信息安全基础设施之一，也是《中华人民共和国电子签名法》颁布后，国内首批获得电子认证服务许可的 CA 之一。

2.2.3.2 电子签约应用背景

合同是保障交易安全的重要工具，而电子合同为互联网商业交易带来了极大便利。巨大市场需求催生出一大批电子图章、电子签章、电子印章等所谓的电子合同应用产品，这类产品只是可视化的图章水印简单结合自建时间戳，均不具有任何法律效力，不能呈交法庭作为证据。此外，许多的平台多年来一直采用用户在网上点击“确定”的方式来完成合同签署，所有的协议都是由网站制定且保存在网站，没有合法的电子签名，无法证明合同是否已被修改。以上两种方式的电子合同应用，一度搅乱电子合同市场，引发“电子合同是否真的具有法律效力”的疑虑。

为了确保交易安全，目前大部分的互联网企业仍然通过线上交易、线下签订纸质合同的方式，确保交易的可追溯性和合法性。然而纸质合同签署周期长，涉及签署、盖章、快递，一份合同签署下来要花费好几天的时间；管理起来也耗时耗力，海量的纸质合同文件需要归档存放，从成堆的文件中查找一份合同堪比大海捞针。因此，纸质合同缔约方式显然已经无法适应互联网时代快速达成交易的需求，市场迫切需要真正合法有效的电子合同签署服务。

事实上，我国《民事诉讼法》和《电子签名法》均对电子合同的法律有效性给予明确肯定，符合法律规定条件的电子合同是可以作为电子证据被法院采纳的，而《合同法》及商务部《电子合同在线订立流程规范》也对电子合同法律效力的几大要件提出了相应的规范，从技术实现标准方面为电子合同的应用提供了有效的法律依据。

2.2.3.3　电子签约法律效力

电子合同要作为真实有效的证据，必须保证三个可靠：生成、储存、传递的可靠；保持内容完整性的方法可靠；用以鉴别发件人的方法可靠。为保证这三项可靠，我国相关法律已经给出了明确规定，合法有效的电子合同应具备三大要素：

（1）必须通过第三方签署平台来签订电子合同，才能保证签订电子合同过程的公正性和结果的有效性。

我国商务部《电子合同在线订立流程规范》中指出："通过第三方（电子合同服务提供商）的电子合同订立系统中订立电子合同，才能保证其过程的公正性和结果的有效性。"

（2）必须使用合法 CA 提供的数字证书（可靠电子签名）来签署电子合同，这样才能保证签署方的身份的真实性和数字签署的合法性。

我国《电子签名法》第十四条规定："可靠的电子签名与手写签名或者盖章具有同等的法律效力。"第十六条规定："电子签名需要第三方认证的，由依法设立的电子认证服务提供者提供认证服务。"这里所指的"可靠电子签名"就是采用合法 CA 签发的数字证书签署产生的数字签名。

（3）鉴定可靠电子签署技术的基本条件是，用于签署电子合同的证书必须由 Adobe 信任的证书颁发机构颁发，保证签署的 PDF 文件在 Adobe 阅读器中显示"签署可信"，自动由 Adobe 阅读器验证合同的有效性，全球通用。

2.2.3.4　第三方电子签约平台

近年来网络电子签约平台不断增加，填补了传统签约难以覆盖的互联网电子签约业务。据统计，2016 年新增 12 家电子签约平台，平均每两个月新增 1 家，其中不少平台是海归所创立。其中部分第三方电子签约平台列表如表 2 - 11 所示。

表 2－11　　第三方电子签约平台列表

名称	上线时间
一签通	2012 年
众签	2014 年
中国云签	2014 年
e 签宝	2015 年
快签	2015 年
上上签	2015 年
云合同	2015 年
我签文件	2015 年
法大大	2015 年
1 号签	2016 年
领签	2016 年
文签	2016 年
契约锁	2016 年
可信签	2016 年

第3章　普惠金融资产

3.1　现金类

本文所讲的信用贷有别于传统民间借贷和传统金融机构发放的信用贷款，它是贷款平台依托互联网技术对借款人资料进行审核，通过第三方支付公司向借款人发放的无抵押纯信用类的信用贷款。按照产品期限进行划分，信用贷可分为单期信用贷和多期信用贷两类，单期信用贷是借款期限通常在1个月之内的单期产品，多期信用贷则是借款期限通常为2～36期的大额分期产品。

3.1.1　单期信用贷

3.1.1.1　行业分析

（1）概述。单期信用贷是指贷款平台依据借款人的基本信用信息向其发放的小额单期信用贷款，主要面向传统金融机构无法覆盖的弱势群体，用于解决该群体缺乏有效融资渠道的难题。单期信用贷发源于欧美，其信用依据是借款人的工作及薪资记录，借款人承诺在下一发薪日偿还贷款并支付一定的利息及费用，故称发薪日贷款（payday loan），国内则依据其期限极短的特点称之为单期信用贷。通常情况下，单期信用贷的借款周期为7～30天，借款金额集中在500～3 000元之间，由于其借款人群的质量相对较差，部分平台风控模式不严谨，导致了单期信用贷的坏账率较高，为5%左右，需要用高利息来覆盖坏账（见图3－1）。

单期信用贷介绍

信用贷平台依据贷款人的基本信用信息向贷款人发放小额单期信用贷款

单期信用贷特点

期限短、额度小、坏账高、利息高、贷款方便

单期信用贷期限

一般借款周期为7~30天

单期信用贷额度

借款金额集中在500~3000元之间

单期信用贷客群

传统金融行业不能覆盖的弱势群体

图 3－1 单期信用贷产品基本情况

（2）发展历史及现状。单期信用贷最早起源于美国“信贷民主化”运动，当时美国存在20%的中低收入家庭，他们具有很强的借款需求且具备一定的还款能力，但该群体无法从主流银行获得借款服务，只能依靠民间借贷的方式满足其借款需求，然而民间高利贷具有利息高、暴力催收等缺点，极易引发社会矛盾。随着互联网技术的兴起，一些互联网企业开始将传统借贷模式与互联网相结合，将借贷流程线上化、正规化，从而发展出目前信用贷的业务模式，一定程度上解决了民间高利贷带来的社会问题。

由于单期信用贷具有申请门槛低、操作简单、快速到账的特点，初期在北美、英国等地区都曾得到繁荣发展。2004年全美约有22 000个营业网点，年营业额达400多亿美元。2006年加拿大政府统计的数据表明，加拿大有1 300个单期信用贷的营业所，年收益额达20亿加元。英国的单期信用贷在2008年的放款总量为7亿～9亿英镑，而2009年的放款量增长到12亿英镑。然而，从2014年开始，有关单期信用贷高利率的争议和质疑逐渐得到政府关注，美国消费保护局、英国监管当局均出台专项办法进行

全面规范，限制此类产品的利率，使目前国外的单期信用贷的发展受到了一定的影响。据英国政府统计，2008—2012 年之间英国的单期信用贷行业每年平均增长幅度为 35%—50%，但是各种监管政策出台后，该行业由 2013 年上半年的630 万英磅下降至2015 年同期的180 万英磅，下降幅度超过 60%。据雅虎财经数据显示，2015 年美国的放款总量仅有 460 亿美元，2004 年后其发展基本停滞。

中国的单期信用贷最早出现于2013 年，同年9 月，一款名为手机贷的单期信用贷产品在各大 APP 商城上线，引起借款用户的良好反响。次年，2345 贷款王、闪电借款等多种单期信用贷产品相继登录市场，满足了中低收入用户的借款需求，标志着我国单期信用贷行业开始兴起。在 2013—2015 年初这一阶段，单期信用贷的审核方式主要以线下 + 线上审核为主，借款用户需要在线上填写资料，贷款平台的信审人员则需要在线下验证，审核通过后才能放款，该方式审核速度慢，客户体验效果较差。2015 年后，因为第三方征信公司（如聚信立、前海征信、白骑士、国政通等）快速发展，三方数据源越来越广泛，大数据风控的概念也由此开始兴起。以用钱宝为首的信用贷企业开始构建大数据风控模型，风控审核从线上 + 线下转移为纯线上审核，无需信审人员进行线下审核，客户申请后 1 分钟内就能获得结果，5 分钟之内就能收到打款，客户产品体验效果大为改善。2016 年，单期信用贷行业步入了快速发展期，随着消费金融公司、小额贷款公司等平台资金方的业务模式日渐成熟，手机贷、闪电借款、用钱宝等贷款平台的平均月放款金额得以迅速提升，增长幅度超过 100%。同时，贷上钱、魔法现金、向钱贷等多家贷款平台开始进入信用贷市场，市场规模显著增加。

单期信用贷行业快速发展的同时，行业内开始出现以赚取暴利为目标的投机性贷款平台，由于此类贷款平台的不合规操作，使业内时常爆出高利率、暴力催收的丑闻，引来国家政府紧急出台相关政策监管信用贷。2017 年 4 月 10 日，银监会下发《中国银监会关于银行业风险防控工作的指导意见》首次提及信用贷，明确要求做好信用贷业务活动的清理整顿工作。4月14日，全国P2P网络借贷风险专项整治工作领导小组办公室发布《关于开展“现金贷”业务活动清理整顿工作的通知》和《关于开展“现金贷”业务活动清理整顿工作的补充说明》两份函件，直接将信用贷纳入互联网金融专项整治范围。12月1日，央行、银监会发布《关于规范整顿“现金贷”业务的通知》，开展对网络小额贷款清理整顿工作，明确规定暂停发放无特定场景依托、无指定用途的网络小额贷款，逐步压缩存量业务，限期完成整改。伴随着政策风向的变动，不符合政策监管的投机型企业包括单期信用贷将逐步退出市场，未来信用贷市场将随着监管政策的实施落地逐渐趋于稳定，且利率也将根据整改要求规范在年化36%以下。

（3）发展潜力与风险：

①发展潜力。单期信用贷主要针对缺乏融资渠道的中低收入群体，人群基数和市场规模潜力巨大，同时，智能手机的普及极大地提升了信贷效率，第三方征信公司的发展则增加了征信资料来源，降低了数据获取成本，这些因素直接加快了单期信用贷的发展速度。

a. 用户基数巨大。截至2017年12月，我国信用卡累积发卡量超过5.2亿张，人均持有信用卡0.37张（指标涉及人均值时，人数使用国家统计局公布的2017年末全国境内总人口13.9亿人），其中，信用卡活跃用户人均持卡量为3.2张，这说明我国9亿适龄劳动人口中，约有2亿人拥有信用卡，接近7亿无征信记录人群、低收入人群无法从正规金融渠道获得贷款，再排除2亿无还款能力的低质量人群，中国还有5亿人是潜在的金融服务需求者，这些人群正是信用贷理论上所服务的人群，意味着信用贷平台用户基数巨大（见图3－2）。

b. 借钱消费的观念逐步形成。中国作为全球第一大储蓄国，一般老百姓习惯于存款，贷款频次低，大部分人群仅在购房、买车等重大事件上进

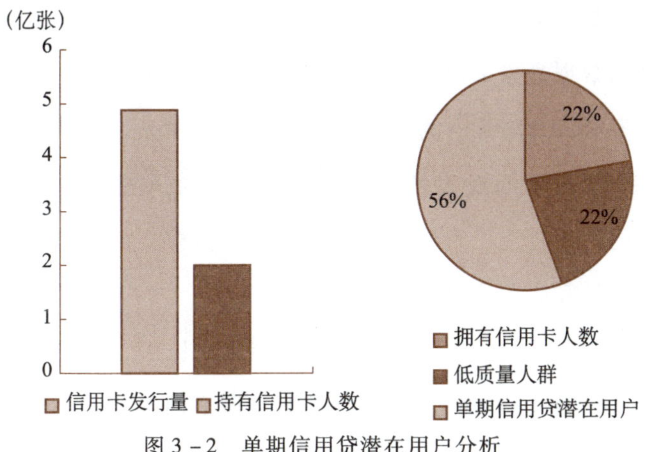

图 3－2　单期信用贷潜在用户分析

行贷款。但随着中国经济的快速增长及 1990 年后消费超前习惯的逐步形成，年轻一代开始接受借钱消费的理念。对于刚刚参加工作的年轻人，征信信息不完善甚至是空白的，导致其很难通过传统金融机构的审核，但是该群体又存在迫切的消费欲望，借款需求强烈。相比于传统金融而言，审核门槛低、简单便捷、快速到账的单期信用贷恰好能满足其需求。

c. 智能手机的普及。根据中国工业和信息化部的数据显示，我国手机上网用户数为 11 亿人，采用手机进行网络支付的人群为 5 亿人，这说明智能手机已经得到广泛普及。单期信用贷采用线上申请，线上打款的方式，借款用户只需要通过手机 APP 就能完成全部借款流程，极大地提升了信贷效率。正是智能手机的出现，有效地拓展了单期信用贷所面向的客群范围，行业规模得以迅速扩张。

d. 第三方资料来源广泛。2013 年 1 月 21 日，中华人民共和国国务院发布《征信业管理条例》，致力于引导、促进征信业健康发展，推进社会信用体系建设；2015 年 1 月，中国人民银行印发《关于做好个人征信业务准备工作的通知》要求芝麻信用、腾讯征信、前海征信、鹏元征信等 8 家机构做好个人征信业务的准备工作，我国的第三方征信公司开始进入快速发展期。因为单期信用贷基本采用纯线上风控审核方式，各大平台需要引入第三方征信数据来减少欺诈、多头借贷的风险，第三方征信公司的发展促使第三方资料来源增加，为平台自身建立风控模型带来极大的便利。同时，单期信用贷需要通过大量的还款数据表现对风控模型进行调整和迭代，而我国的信用贷用户人数众多，有利于风控模型的调整优化，从而全面提升信贷质量和服务体验。

②未来风险。单期信用贷行业目前发展潜力巨大，但不可忽视其潜在风险，此类项目最大的风险点在于政策的长期不确定性，此外还存在行业风险、风控风险、经验风险和团队稳定性风险。

a. 政策风险。单期信用贷的政策风险来自于其高利率的本质，国外的单期信用贷行业已经出台了相关法律限制其利率，2006 年年初，日本最高法院出台新规，规定超过《利息限制法》上限的利息均为无效，消费贷款公司的年利率以后不得超过 20%。2015 年，英国颁布新的法规规定“所有贷款的利息和费用每天不得超过 0.8%”。由于此类法规的出台，国外的单期信用贷的发展受到了一定的影响。相较于国外，中国最高人民法院 2015 年 8 月 6 日发布了《最高人民法院关于审理民间借贷案件适用法律若干问题的规定》（以下简称《规定》），该《规定》明确说明“借贷双方约定的利率不得超过年利率 36%，超过部分的利息约定无效。借款人请求出借人返还已支付的超过年利率 36% 部分的利息的，人民法院应予支持。”该司法条例虽然对信用贷的利息加以限制，但未能明确解释单期信用贷所收取的服务费等中间费用是否归为借款利息，2017 年 12 月发布的《关于规范整顿“现金贷”业务的通知》明确规定包含利息费用、服务费等在内的综合费率不得超过年利率 36%，这直接一刀切断单期信用贷。

此外，单期信用贷普遍会收取手续费，不同的贷款平台收取手续费的方式不同，有的平台是在偿还利息时一并收取，有的平台则是在放款时直接从放款金额中扣除，后者在业内被称为砍头息，如某一贷款客户借款1 000元，贷款平台的手续费为 10%，那么他实际到手的金额只有 900 元，但是在还款时需要还 1 000 元的本金和利息。这种“砍头息”在法律上具有不被认可的风险，《中华人民共和国合同法》第二百条规定：借款的利息不得预先在本金中扣除，利息预先在本金中扣除的，应当按照实际借款数额返还借款并计算利息。根据这一法规，大部分信用贷平台已经进行调整，将服务费后置和利息一起收取。

b. 行业风险。单期信用贷的行业风险主要是共债问题，根据聚信立统计（见图 3－3），信用贷的活跃用户每年发生 7～8 笔借款，复贷率较高。同时，由于信用贷借款周期短，借款用户经常出现借新还旧的情况，导致该客群在多个贷款平台上申请借款。不过，由于单期信用贷金额小，即使借款人同时存在多笔借款，其贷款总金额也无法超过 2 万元，贷款平台可以将客户的违约风险控制在合理范围之内。

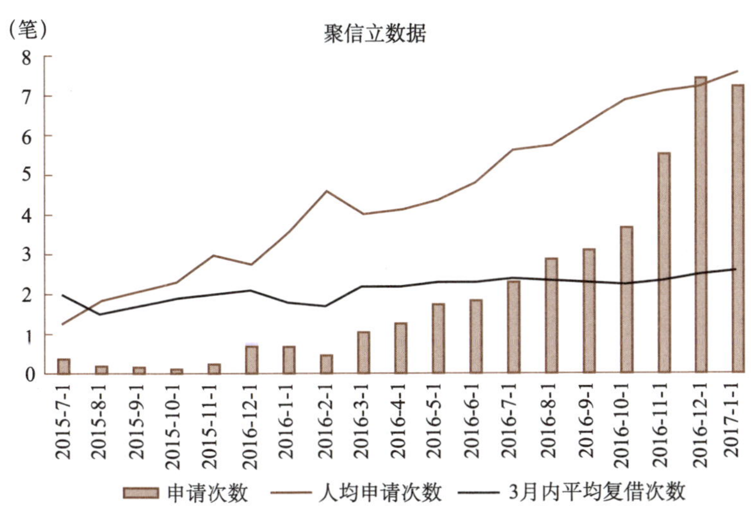

图 3－3　信用贷行业市场情况

其次，单期信用贷的行业风险还在于劣币驱逐良币。随着单期信用贷市场的发展，带有投机性质的单期信用贷平台开始进入市场，此类平台以牟取暴利为目标，其风控模型过于简单，坏账率较高，为覆盖高坏账只能收取借款用户超高利率，同时，由于平台利息过高，其借款客群质量较差，只能通过强力的催收手段来催回借款，容易造成暴力催收的情况。在此类企业的影响下，单期信用贷市场迅速变差，促使政府出台相关政策对该行业进行监管，影响该行业的后续发展。2017 年 12 月 1 日，随着现金贷监管政策的发布，单期信用贷产品已基本退出市场，部分单期信用贷领头企业开始转型做多期信用贷。

c. 风控风险。单期信用贷的风控风险在于其风控模型的成熟程度，前文已提及一些信用贷平台由于风控模型不成熟甚至未建风控模型，仅根据部分第三方数据甚至借款人芝麻信用分高低决定是否给予借款，导致其坏账率极高，此类平台往往无法盈利甚至亏损，很快将会被市场淘汰。

d. 经营风险。单期信用贷的经营风险在于其获客和资金两方面，获客方面的风险在于其获客数量、质量和获客成本，不同的获客渠道所导致的获客数量、获客质量与获客成本也有所不同，如果获客数量无法满足贷款平台对于放款量的扩张需求，获客质量较差导致坏账率上升或者其获客成本过高而使得收益无法覆盖成本，都会为单期信用贷平台带来经营风险。

与获客方面风险相似，贷款平台为了保证经营的稳定性，需要稳定的低成本资金，如果资金方提供的资金量突然发生变动，或者资金成本过高，致使累计成本超过其产品收益率，也会给平台带来经营风险。此外，其资金风险还体现在贷款平台的现金流方面，贷款平台必须保证账面现金足以支付每月对资金方的刚兑金额，否则将会发生现金流断裂的风险。

e. 团队稳定性风险。单期信用贷的团队稳定性风险主要表现在其权利分配方面，如果某一创始人与其他核心人员关系不善，或者无法承担自身职位的工作职责，将会导致贷款平台的团队关系不稳定，出现创始人团队解散的风险。

3.1.1.2　业务分析

（1）产品及客群：

①产品介绍

a. 产品特点。单期信用贷产品针对中低收入群体提供借款服务，具有金额小、借款周期短、放款速度快、利率高、坏账率高的特点。

• 放款金额小。通常情况下，单期信用贷的放款金额在 500 ~ 3 000 元之间，额度的制定符合中低收入群体的基本情况：因为额度低，客群基本拥有还款能力，容易进行催收；且贷款平台按放款金额一定比例收取服务费时，虽然比例极高，但由于放款金额低导致其服务费控制在合理范围内，使借款用户难以感知到其高利率的本质，比较容易接受。

• 借款周期短。单期信用贷的借款周期极短，一般为 7 ~ 30 天之间，此类产品通常应用于短期的资金周转，借款用户在发放工资之后可以进行还款。其次，借款周期短可以降低资金的占有率，使资金快速得到循环，通过高频次的放款回款，信用贷可以得到大量的用户数据，有利于风控模型不断地调整。最后，因为借款周期短，利率一般按照月利率进行计算，这在一定程度上掩饰此类产品的高利率性质。

• 放款速度快。单期信用贷的申请、审核、放款流程基本在线上完成。借款人通过下载手机 APP 来申请借款，贷款平台通过线上风控系统进行审核，审核通过后使用第三方支付平台进行打款，整个借款流程全部通过网络进行，放款速度一般在 30 分钟之内，甚至一些平台能做到 5 分钟之内完成放款，对于借款用户而言操作简单，体验效果良好。

• 高利率与高坏账。单期信用贷所针对的客群是中低收入的较差群体，该群体通常是传统金融机构无法覆盖的人群，其征信较差或空白，容易出现赖账、欺诈的情况，导致单期信用贷的坏账率较高，可达到 6% 左右。

为保障盈利，贷款平台需要用较高的利率来覆盖其坏账，其综合利率平均为15%/月。

表3-1 单期信用贷特点

单期信用贷特点	
放款金额小	500~3 000元
借款周期短	7~30天
放款速度快	手机APP借款，最快5分钟内放款
高利率高坏账	综合利率平均为15%/月，坏账可达6%

b. 产品策略：

• 产品设计理念。单期信用贷产品的设计理念在于为中低收入群体提供借款服务，解决此类群体借款难的问题。为了使单期信用贷产品更易于推广，贷款平台将此类产品从申请、审核到放款的流程线上化，为借款用户带来操作简单、放款速度极快的产品体验流程。

• 产品定价策略。单期信用贷的定价策略取决于该产品的成本情况，包括获客成本、第三方支付成本、第三方征信成本和运营成本。其中，最主要的是获客成本，平均每成功放款一单的成本在70~100元之间；第三方支付的平均成本为代付1元/单左右，代扣2元/单左右；第三方征信的成本根据所接入的征信公司有所不同，平均每单在3~5元之间。由于其综合成本较高，通常情况下，贷款平台对借款用户的首次和第二次放款都无法盈利，只有到第三次复借时才能获得收益，换言之，单期信用贷产品的收益主要来自于同一借款用户在该平台多次复贷的行为。为了覆盖其较高的成本，单期信用贷产品一般采用较高的利息，通常为10%/月~20%/月。

• 产品开发流程。单期信用贷的产品开发流程要经历产品设计、产品开发、试运营、扩大营销规模这4个阶段。

产品设计是新产品开发的首要阶段，即对单期信用贷产品进行设想和定价的过程。单期信用贷的产品趋于同质化，其不同点在于产品的利率和借款周期的设置。而这两者的设定需要考虑该公司的资金流状况，对于资金流状况良好、成本较低的平台而言可以采用较长的借款周期（30 天）和相对较低的利率。

产品开发是将虚构的产品设计转换为实际的产品。由于互联网技术的普及，开发一款单期信用贷的 APP 产品的方案已经标准化，其开发成本为 10 万～50 万元。除前端的 APP 产品外，最重要的风控系统和 ERS 系统，此类系统的开发需要专业的风控和技术人员进行操作，开发成本高且周期较长，一般为 3～6 个月。

产品试运营是将开发出的产品投入试用，在这一阶段，单期信用贷产品的放款量较小，风控模型尚不成熟，通过率较低，坏账率却较高。试运营阶段的主要目的在于根据该阶段的还款数据，对风控模型进行不断地调整与优化，直到其风控模型基本成熟，将通过率与坏账率控制在合理的范围，从而达到利益最大化。

扩大营销规模是单期信用贷产品的最后一阶段，到了该阶段，运营模式较为成熟，产品的风控模型基本已经完善，具备了一定的催收能力，此时需要通过增加获客渠道和资金来源迅速扩大规模，形成规模优势。

c. 产品大纲。表 3－2 是目前我国常见的单期信用贷平台及产品介绍。

表 3－2　　单期信用贷代表平台

	公司名称	产品名称	成立时间	注册资金（万元）
1	北京掌众科技有限公司	闪电借款	2008/6/26	155.866 7
2	北京智融时代信息技术有限公司	用钱宝	2013/10/30	1 000
3	上海前隆金融信息服务有限公司	手机贷	2014/1/10	6 000
4	北京月租宝科技有限公司	51 短期贷	2015/8/5	500
5	上海浅橙网络科技有限公司	现金白卡	2015/8/3	779.631
6	北京明特量化信息技术有限公司	向钱贷	2015/10/16	5 772.178
7	上海仟才金融信息服务有限公司	千百块	2015/12/24	2 564

续表

	公司名称	产品名称	成立时间	注册资金（万元）
8	上海亮昕网络科技有限公司	魔法现金	2016/2/22	1 176.47
9	北京和创未来网络科技有限公司	简单借款	2014/4/2	10 000
10	广东缺钱么网络科技有限公司	缺钱么	2015/6/9	1 000
11	上海乾生乾金融信息服务有限公司	贷上钱	2014/9/26	1 000
12	上海佰晟通信息科技有限公司	Mo9 江湖救急	2012/6/20	10 000
13	沐金农（北京）科技有限公司	拿下钱包	2014/7/29	1 797.688
14	浙江同牛科技有限公司	一信贷	2016/7/21	1 129.943 4

资料来源：大连京北互联网金融资产交易中心有限公司整理。

②客群分析

a. 客群特点：单期信用贷用户主要集中在18～44周岁之间的蓝领阶层或年轻白领，此类用户基本是大学以下学历、收入在2 000～3 000之间的年轻群体，因为其信用记录较差，有过逾期或征信空白，无社保公积金等原因，很难办理到银行信用卡（见表3－3）。

表3－3　单期信用贷客群分析

单期信用贷客群特征	
年龄分布	18～44周岁
群体分类	蓝领阶层或年轻白领
收入水平	2 000～3 000元
学历	大学本科以下
信用记录	有过逾期或征信空白，无社保公积金，很难办理银行信用卡

根据连交所相关统计数据显示，国内信用贷约有80%的用户为男性，这反映男性更容易成为信用贷目标客户。另外，信用贷用户整体趋于年轻化，年龄分布在20～44岁之间的客户群体占比约96%（见图3－4）。

国内信用贷用户约有50%的人群分布在东部，约有28%的人群分布在中部，20%的人群分布在西部。这与各区域实际人口占全国总人口的比例基本一致，同时，信用贷用户基本集中在二线、三线、四线及以上城市（见图3－5）。

国内信用贷用户学历基本在本科以下，占比90%左右；同时，已婚人群占比49.33%，未婚人群占比47.11%（见图3－6）。

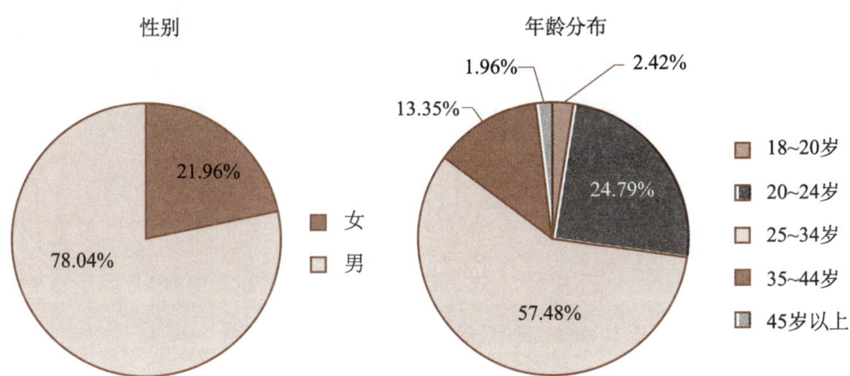

图3-4　单期信用贷客群及年龄分布

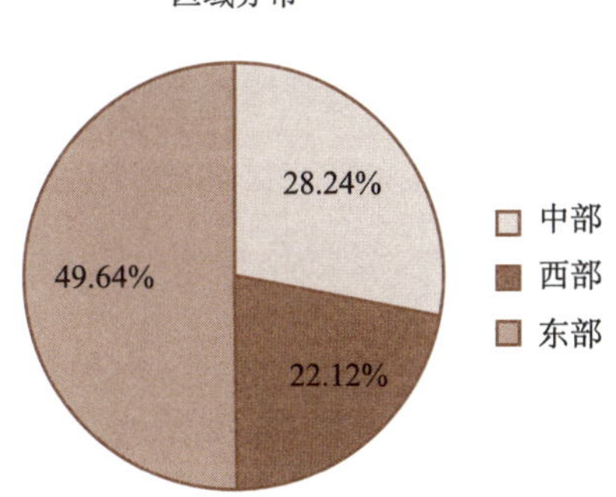

图3-5　单期信用贷区域分布

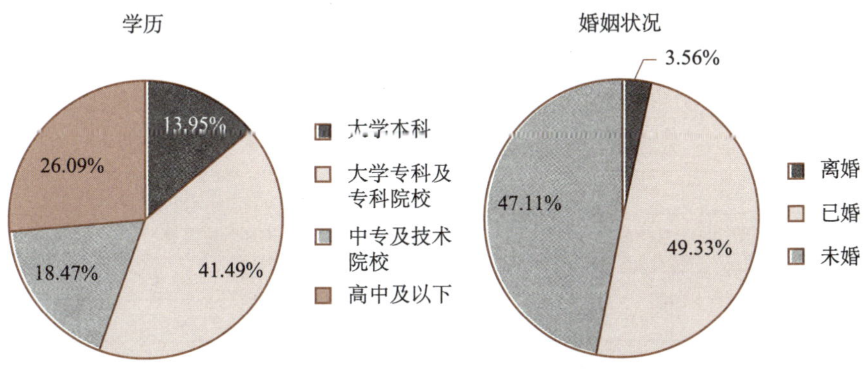

图3-6　单期信用贷客群学历及婚姻状况分析

国内单期信用贷的借款金额较低，基本在1 500～2 500元之间，且多数借款平台针对首次借款用户，授信金额为1 000元，典型平台如用钱宝。

b. 借款用途。单期信用贷的应用场景十分丰富，主要包括以下三类：

- 日常消费

当前社会生活节奏加快，日常消费水平及频率不断增加，且单期信用贷的目标用户集中在年轻群体，这一类群体的消费需求更加旺盛。日常消费包含购物、租房及各种日常生活中的小额消费，对于手机、笔记本电脑、摄影产品的需求较高。一般借款人下月工资发放后即会还款，坏账风险较小。

- 短期资金周转

日常生活难免遇到突发状况，当临时的资金需求超过预期时，短期的资金周转可通过单期信用贷迅速筹集。比如遇到突发状况或者生病发烧的情况，致使突发的开支金额过大超过预期时，此时也会促使当事人申请借款。

- 信用卡代偿

与前述多数互联网金融平台瞄准信用白户不同，信用卡代偿瞄准的是有卡一族，主要是年轻白领持卡过多，消费过度而工资未发，为防止违约，借信用贷分期偿还信用卡，从本质上来说，这种模式其实就是借新还旧或者过桥贷款。

表3－4　单期信用贷借款用途

单期信用贷借款用途	
日常消费	日常消费包含购物、租房及各种日常生活中的小额消费
突然开支	短期资金周转主要是应对突然开支
信用卡代偿	为防止违约借信用贷分期偿还信用卡

（2）业务流程。单期信用贷的借款平台通过导流等方法从网上获得客户，引导客户注册APP申请借款。在客户申请借款后，运用平台的风控系

统对客户所提交信息进行审核，然后对审核通过的客户放款。如果客户未能按时还款，催收部门将对逾期客户进行催收（见图 3－7）。

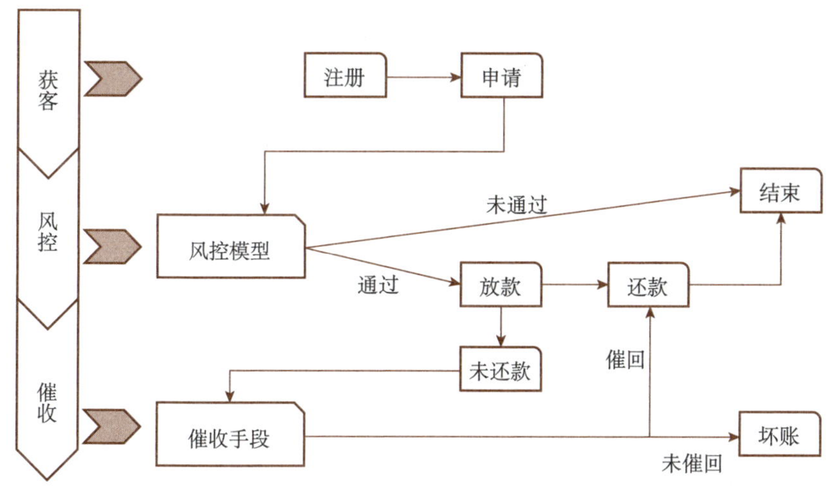

图 3－7　单期信用贷业务流程图

（3）获客情况。单期信用贷平台开展业务的第一步就是要通过不同渠道获得借款用户，引导用户在平台注册并发起借款，同时因获客渠道的不同，其获客质量自然也有所不同。

①获客渠道。单期信用贷的获客渠道主要包括自主宣传、流量超市、广告投放、APP 展示、流量引入、流量买卖这六种。

a. 自主宣传。自主宣传是指贷款平台以公众号、贴吧、论坛等社交媒体为媒介，通过口碑营销的方式进行宣传。这种获客渠道的优点为成本趋近于零；缺点是获得客群的种类来源不同，质量参差不齐，获客数量较少且不够稳定。

b. 流量超市。流量超市是单期信用贷最主要的获客渠道，它相当于各借贷平台的集合体，把所有的借贷平台集合到一个平台上，方便借款客户进行横向比较，然后根据需求选择合适的平台借款，典型代表有 91 借钱、融 360 等。这种渠道的支付方式一般为 CPA 和 CPS 模式，也有采用

CPA + CPS 模式，其优点是流量超市针对有借款需求的客户定向投放广告，客群导向精准，转化率高，数量大且稳定；缺点是这种方式的获客成本较高。

c. 广告投放。广告投放是指借贷平台在浏览器的新闻界面、小说阅览器的读书界面等位置插入宣传广告，通过点击广告引导用户下载 APP 进行借款。这种渠道的支付方式一般为 CPC 和 CPD 模式，其优点是受众规模大，且成本较低；缺点是转化率较低，获客数量不稳定。

d. APP 展示。APP 展示是指贷款平台将自身的 APP 软件通过 APP 商城展示给用户，并通过支付一定费用提高产品在 APP 商城中的排名。这种渠道的支付方式一般为 SEM 和 ASO 模式，其优点是成本低，且曝光率大；缺点是转化率低。

e. 流量引入。流量引入是指 A 借贷平台将未通过自身风控系统的客户推荐给 B 借贷平台进行注册和申请借款，B 借贷平台重新通过自己的风控系统对其进一步审核，最终将符合要求的用户转化为自有客户。这种渠道的优点是，客群定位精准，均是有借款需求的用户；缺点是引入客群属于未通过某一风控系统的用户，客户质量相对较差。

d. 流量买卖。流量买卖是指贷款平台将一些有过借款经历并且成功还款的客户信息卖给其他贷款平台使用，这种买卖客户信息的行为因为未经用户同意，属于违规行为。该种行为在互联网金融行业极易给平台带来不良影响，也是监管机构重点关注的点，目前市场上该种行为已基本消失。

②获客支付方式。目前应用较广的获客支付方式有 CPC、CPA、CPS、CPA + CPS、CPD、SEM、ASO 等模式，下文将进行简单的介绍。

a. CPC。CPC（Cost-Per-Click）是根据点击数，即广告平台按照送到贷款平台 APP 上用户的量（通常是点击数）来收取一定的费用，贷款平台按每个点击多少钱的方式给广告平台付费。这种计价模式对于广告平台而言无风险，而贷款平台的风险取决于广告推送的用户质量，如果广告平台给贷款平台推送的用户质量较差，导致其转化率过低，会影响贷款平台的收益。

b. CPA。CPA（Cost Per Action）计价方式是指广告平台按广告投放实际效果，即借款用户在贷款平台的注册量来计费。因为 CPA 的计价方式并非是以广告投放量计费，所以对于广告平台而言有一定的风险，同时，因为从借款用户注册到申请成功放款也有一定的转化率，所以这种模式对贷款平台也有一定的风险，因此，CPA 模式目前已经比较少见。

c. CPS。CPS（ Cost-Per-Sale ）是指广告平台按根据实际销售额，即为贷款平台带来的实际放款量收取费用，贷款平台一般按照放款金额固定的比例向广告平台付费。CPS 的计价方式是对于贷款平台而言没有风险，而广告平台的风险取决于贷款平台从用户点击进入成功放款的转化率，如果贷款平台的转化率过低，会影响广告平台的收益。

d. CPA + CPS。CPA + CPS 模式实质上是 CPA 模式和 CPS 模式的结合，因为 CPA 模式有利于广告平台，CPS 模式有利于贷款平台，为了平衡双方的利益，可以让贷款平台在借款用户注册后，根据注册量向广告平台按比例支付一部分广告费用，在成功放款后，再根据放款金额按比例支付一部分广告费用，从而降低双方的风险。这一模式已经成为单期信用贷企业与渠道方合作的主要方式。

e. CPD。CPD（按天收费 Cost per day）是指广告平台按广告投放的天数收取费用，相比当前比较流行的 CPS，这一支付模式的优点在于对合作的基础条件没有过高要求，容易促成双方合作；缺点在于其在长期合作中，其费用的计算没有 CPS 精确。

f. SEM。SEM（Search Engine Marketing）是“搜索竞价”的简称，是指贷款平台通过买下某个搜索引擎下的关键词，当有用户在搜索这些关键字或词的时候，其平台的官网链接就会出现在搜索结果中较为靠前的醒目的位置，从而提高被用户首选的几率。

g. ASO。ASO（App Store Optimization）是“应用商店搜索优化”的简称。是指提升 APP 在各类 APP 电子市场排行榜和搜索结果排名的过程，类似移动 APP 的 SEO（搜索引擎）优化。ASO 优化主要是增加 App 在搜索结果页的“曝光度”。因为 ASO 的计价模式只增加展示量，所以贷款平台的风险在于产品自身的转化率。

表 3－5　获客模式列表

获客渠道	简介	优点	缺点	支付方式
自主宣传	自主宣传是指以社交媒体为媒介，通过口碑营销的方式进行宣传	成本趋近于零	客群的种类来源不同，质量参差不齐，获客数量小且不够稳定	N/A
流量超市	把所有的贷款平台集合到一个平台，让用户根据需求选择	客群导向精准，转化率高，数量大且稳定	成本较高	CPA、CPS 和 CPA + CPS 模式
广告投放	在浏览器的新闻界面等位置插入宣传广告	受众规模大，且成本较低	转化率较低，获客数量不稳定	CPC 和 CPD 模式
APP 展示	将自身的 APP 软件通过 APP 商城展示给用户，并通过支付一定费用提高自己的在 APP 商城的排名	成本低，且曝光率大	转化率低	SEM 和 ASO 模式
流量引入	不同贷款平台间客户相互引用，并通过风控系统进行审核	转化率高，成本低	引入客群属于未通过某一风控系统的用户，客户质量较差	N/A
流量买卖	将一些有过借款经历并且成功还款的客户信息卖给其他贷款平台使用	客群定位精准	属于违规行为，已基本消失	N/A

（4）风控情况。贷款用户发起借款申请后，贷款平台一般会使用自身的风控系统对借款用户进行审核，单期信用贷的风控模型主要分为贷前审

核、贷中预警和贷后管理三个部分。其中，贷前审核主要是对借款用户进行审核，贷中预警和贷后数据管理则是通过外部与内部的数据表现，对风控模型进行更新迭代。

①风控理念。在了解单期信用贷的风控模型之前，应该先了解其风控理念。因为单期信用贷的金额小，借款用户基本上都有能力偿还这部分借款，所以比起用户的还款能力，贷款平台更关注其还款意愿。通常情况下，只要确认借款用户并非欺诈人群，平台就可以放款。

②贷前审核。单期信用贷的贷前审核是指借款用户从申请借款到成功放款的审核过程。目前单期信用贷的风控模型主要有三种类型，分别是大数据风控模型、基于 FICO 打分制的风控模型和简易风控模型。

a. 大数据风控模型。大数据风控模型的审核一般分为三个环节：

第一，黑名单过滤，借贷平台会接入第三方征信公司的黑名单库，过滤具有欺诈行为的客户和共债率较高的客户。

第二，身份信息核对，包括四要素验证和人脸识别。四要素验证需要借款客户的姓名、身份证号码、手机号和银行卡号等基本信息，然后通过外接的第三方征信公司进行信息比对，确认四要素是否相互匹配；人脸识别技术则主要是用于核实借款用户与身份证号是否为同一人，并通过活体识别确认本人为真人而非照片。四要素验证和人脸识别都是为了确认借款用户是真实存在的个体，一旦确认借款用户信息不符实，立即拒绝借款申请。

第三，模拟用户画像，即通过大数据建模对多维度、大量数据进行智能处理，将所获得信息还原为一张用户画像，根据该画像判断是否对用户放款。

风控系统的资料来源有三种：一是借款用户在申请借款时填写的信息，如联系人手机号、工作单位、收入水平等数据；二是贷款平台通过抓取借款客户的通讯录、短信、通话详单和内存卡后得到的信息，如通讯录名单、敏感短信、通话记录等数据；三是将借款用户的四要素信息输入到第三方征信公司后所反馈回的数据，如该用户的信用评分、共债率情况等数据。

大数据风控系统将这些信息统计为行为关系数据和社交关系数据两类，然后拆分成上百个弱维度。其中，行为关系数据包含手机入网时间、充电频率、GPS 定位等维度，社交关系数据包含联系人数量、性别分布、通话时间等维度，这些弱维度没有一条能够直接决定审批结果，但是，将这些弱维度综合起来可以形成一张完整的用户画像，然后风控系统再根据用户画像输出判定结果，最终决定是否放款。

这种风控系统的优点是：每一笔申请都能为该模型带来新的样本，所以它能够通过机器学习的方式不断增加数据维度进行自身优化和调整，而且这一模型属于纯线上模型，审核速度极快。它的缺点是：模型构建困难，需要大量的数据作为支撑，且要不断迭代才能完成模型优化，这个过程将耗费大量的资金和时间。

b. 基于 FICO 打分制的风控模型。基于 FICO 打分制的风控模型与大数据风控模型相似，贷前审核也会通过黑名单过滤和身份信息核对两个环节。但是，在第三个环节中，两者有所不同，基于 FICO 打分制的风控模型并非直接判断是否放款，而是通过对用户多维度数据的分析来给出授信额度。

当借款客户发起借款时，贷款平台会提取其相关信息来模拟人物画像，然后进行打分。比如，通过识别客户是高学历，给予一定分数；识别到客户是京东会员，再累加一定分数；如果识别到用户来自于经济欠发达省份，则扣除一定分数；如果用户的联系人数量过少，再扣除一定分数……直到最后系统给每一名借款客户汇总出一个总分。在这一风控模型中，系统抓取的都是较强维度的变量，所以存在必死项，比如识别到借款用户是学生，则直接拒绝放款。同样，如果借款用户的得分过低，最终也会被拒绝放款。剩余通过审核的客户，风控系统将根据总分自动给出用户额度，然后向借款客户提供在授信额度内的贷款金额。

目前这种模型在单期信用贷的借贷平台中应用最广，因为其打分授信环节分为线上进行和线下进行两种，所以基于 FICO 打分制的风控模型分为全机审核和人工审核两种类别。全机审型是指贷款平台自建有风控系统，该风控系统可以根据用户在线上输入的信息进行打分授信，通过电脑直接输出结果。人工审核型则分为两种：一种是指贷款平台没有自建风控系统，只能筛选出借款用户填写的信息，需要贷款平台的信审人员打电话给借款客户，依照打分卡的规则询问客户各维度的信息，与线上填写内容进行对比并确认其正确性，从而进行打分授信；另一种是指其风控系统不能独立完成打分授信环节，在借款用户线上提交个人信息后，通过系统将其拆分为若干维度，然后由信审人员在电脑上浏览各维度数据，人工进行打分授信。

比较这两种类别的风控模型，全机审型的优势在于风控模型审核全部由机器进行，审核速度快，且用户所提交的数据全部线上化，方便后期模型进行信息比对并由此进行优化和调整；缺点在于建构风控系统需要耗费大量的资金和时间。人工审核型的优势在于不需要自建风控系统，可以直接投入使用，快速开展业务；缺点在于风控环节需要人工审核，审核速度较慢，并且对于用户所提交信息的判断无法在线上记录，不能用于之后模型的优化和调整，同时，聘请信审人员也将增加运营成本，信审人员的数量也会限制放款量的增长。

和大数据风控模型相比，基于 FICO 打分制的风控模型最先来源于美国第一资本银行，当时用于审核次级贷款用户，故这种模型的结构比较成熟，构建速度快；但此类风控模型和大数据风控模型相比也有其不足之处，因为其审核的数据大多为较强维度变量，所审核的维度偏少，审核效果稍差，同时，借款客户每次所提交的维度基本固定，所以在未来的模型优化和调整效果中将略逊于大数据风控模型。

c. 简易风控模型。简易型风控模型出现于行业中的下沉企业，使用这种模型的贷款平台仅接入第三方征信公司数据来进行黑名单过滤、审核信息核对，不进行用户画像分析。这虽然节省了构建风控模型的时间和资金成本，但同时会导致高坏账率的发生（见表 3－6）。

表 3－6 单期信用贷风控情况

	大数据风控模型	基于fico打分制风控模型			简易风控模型
		全机审型	人工审核型		
审核流程	黑名单过滤	黑名单过滤	黑名单过滤	黑名单过滤	黑名单过滤
	身份信息核对	身份信息核对	身份信息核对	身份信息核对	身份信息核对
	根据用户画像判定是否放款	根据用户画像进行打分授信，确认放款额度	无风控系统，需要人工进行电话审核并打分授信	风控系统筛选维度，需人工进行打分授信	无
优点	可以通过机器学习增加维度进行模型优化和调整，线上审核，速度极快	审核速度快，可以通过信息收集进行模型优化和调整	建构风控系统难度较小，风控模型投入使用速度快		节省构建风控模型的时间和资金成本
缺点	模型构建困难，需要大量的数据作为支撑并不断优化，耗费大量资金和时间	建构风控系统需要耗费资金和时间	审核速度较慢，人工成本较高，且人工数量限制放款量增长，无法通过用户信息收集进行风控模型优化		导致高坏账率的发生

③贷中预警。单期信用贷的借款周期短，一般在 1 个月之内，所以贷款平台一般没有常规的贷中预警过程，其贷中预警的实质是通过借款期限内发生的突发情况对风控模型进行优化，并及时调整自身的风控策略。例

如通过贷后还款数据发现，某一区域的借款用户在还款时爆发了大面积的坏账，贷款平台的风控系统就会及时屏蔽掉这一区域的借款用户，在一段时间内拒绝该区域用户的借款申请，从而避免贷款损失。

贷中预警需要风控系统根据场景变化对审核维度迅速做出调整，通常只有在大数据风控模型和全机审型基于 FICO 打分制的风控模型中才能得到应用。

④贷后管理。贷后管理主要分为贷后数据管理和贷后催收两部分，其中贷后数据管理是指贷款平台根据借款用户的还款数据，及时调整和优化其风控模型与风控策略；贷后催收是指通过催收部门对未能及时还款的逾期用户催回欠款，减少坏账损失。

a. 贷后数据管理。贷后数据管理分为两种：一种是维度调整，一种是判定值调整。

维度调整是指贷款平台根据贷后用户的还款情况，与对应的维度信息进行批量比对，增加维度和调整原有维度的审核标准，从而优化自身的风控模型。比如通过数据比对得知经常收到送餐电话的人还款情况较好，那么就增加这一维度在风控模型中的权重，然后再观察调整该维度后的借款用户的还款结果，效果不好则需进一步进行调整。因为维度调整需要统计借款用户的所有维度信息并进行分析，其机器分析效率远强于人工分析效率，所以大数据风控模型和全机审型基于 FICO 打分制的风控模型在该方面更具有优势。

与维度调整不同，判定值调整则更广泛地应用于基于 FICO 打分制的风控模型，因为该风控模型会根据输出的借款用户得分数来确定是否放款，并通过调整用户得分数来改变风控系统的通过率。例如在某一阶段贷款平台的坏账率较低，那么可以适当地降低通过审核的分值标准来扩大通过率，增加放款单量。因此，判定值的调整过程实质上是通过率与坏账率博弈的过程。

b. 贷后催收。催收是业务流程中最后一步，借款用户发生逾期行为后，贷款平台需要有强有力的催收体系来保证用户还款。

• 催收意义。催收是一种抑损处置机制，主要由各类金融机构的贷后管理部门负责该业务，它需要对各类突发事件及时作出反应，是风险管理中必不可少的环节，其地位相当于各类信贷机构的最后一环。从作用上讲，催收在处置应收账款的过程中主要作用有以下几点：

第一，震慑作用。风险管理的实质就是对不确定性的管理，为了避免不确定性转变为损失，需要企业通过一定方法将不确定性因素进行冷静化处理，也就是将可能发生的损失扼杀在摇篮中。催收工作可以对逾期客户起到一定的震慑作用，增加其违约的成本，迫使一些老赖用户不敢轻易试水。

第二，及时反馈风险。还款意愿或还款能力的缺乏都会导致客户发生逾期行为，当客户出现逾期时，催收部门将采取措施将款项催回，同时这部分逾期客户的还款表现也记录在册，它将成为贷前规避风险的重要数据。

第三，及时化解纠纷。客户发生逾期后，将引发债权方和债务方的矛盾，如果两方之间的矛盾激化，有可能导致一些违法事件发生，带来社会问题，催收作为双方的联系通道，可以起到斡旋、调节、化解矛盾的作用。

• 催收理念。单期信用贷具有放款金额小的特点，平台需要采用成本低的催收方式，通常情况下，催收方式以短信催收和电话催收为主；同时，因为单期信用贷的产品的逾期费率较高，在保证能够催回贷款的前提下，从利率最大化的角度分析，适当的逾期有利于提高贷款平台的综合收益率。因此，为了使催收效率达到最大化，贷款平台会随着时间的变化而不断地增加催收强度：第一阶段，为了收取逾期费用，贷款平台仅采用发短信的方式提醒借款客户还款，一般逾期时间不超过 3 天；第二阶段，对于还未还款的借款用户，平台开始电催，催促借款人还款，一般逾期时间不超过 15 天；第三阶段，针对还款意愿较差和失去联系的借款用户，贷款平台将会打电话给他的紧急联系人来催回欠款；第四阶段，对于失联和还款意愿极差的借款用户，贷款平台会将债权交由催收公司处理。

通常情况下，随着时间的推移，借款用户的还款意愿会逐渐减弱，因此，借款客户发生逾期的第一个月（M1 期）是最佳的催收时间，催收部门在这个时间内能催回 60% ~80% 的逾期单量，衡量一个平台催收部门的催收能力，主要看其 M1 的催回率。

- 催收模式。不同贷款平台的发展战略和业务模式不同，其催收模式也有所分别，目前单期信用贷的催收模式主要分为三种类型，分别是扩张型催收模式、精细运营型催收模式和简易型催收模式。

第一，扩张型催收模式。扩张型催收模式主要应用于处于上升期的贷款平台，在这一阶段的贷款平台每月的放款量在不断地扩张，需要催收的单量也在不断增加，为满足催收要求，催收部门的规模将随之扩张。在一些情况下，为保证催收部门的人员不被闲置，这种催收企业还会向其他公司提供催收服务获利。

这一模式下，个别贷款平台的催收部门能达到上千人的规模，其催收方式是通过高频率的电话催收来提醒借款用户还款，业务上主要负责逾期天数在 3 个月之内的债权，对于逾期天数超过 3 个月的债权，如果借款用户的电话仍然可以打通，则继续进行催收，如果借款人已失联，则会把该资产计入坏账，外包给其他催收公司负责。

该模式的优点是催收效果好，可以满足不断增加的催收单量需求；缺点是人员成本较高，而且因为催收部门的不断扩张导致精细运营方面有所欠缺。

第二，精细运营型催收模式。精细运营型催收模式主要应用于处于稳定期的借贷企业，这一阶段的贷款平台的放款规模基本趋于稳定，不再有扩大催收部门的需求。同时，为了保障收益率最大化，借贷企业还会不断地优化自身的催收策略，逐步提高催收人员的工作效率，逐步精简催收部门的规模，实现自身的精细化运营。

在这一模式下，贷款平台的催收部门一般控制在100人以内，催收方式是通过简单有效的方法来催回借款，其关键在于通过对催收策略不断地优化，总结出一套应对不同时间段的不同用户行之有效的催收方式。该催收部门主要负责逾期天数在1个月之内的债权，对于逾期天数超过1个月的债权，如果借款用户还款意愿的强度较高，则继续进行催收；如果借款用户的还款意愿较低，则委托给专业催收公司或者直接打包卖给这些催收公司。

该模型的优点是成本低，可以使用最少的人工获得最高的催收效果；缺点是因为精细化运营而放弃了企业规模的扩张，对日后规模扩张带来一定的压力。

第三，简易型催收模式。简易型催收模式主要应用于行业中的下沉企业，这种企业没有自己的催收部门，将所有逾期账单外包给催收公司进行催收。这种催收方式将导致其催收成本增加，而且还会面临数据外泄的风险（见表3－7）。

表3－7　单期信用贷催收模式列表

名称	优点	缺点
扩张型催收模式	催收效果好，可以满足不断增加的催收单量需求	成本较高，而且因为催收部门的扩张而在精细运营方面有所欠缺
精细运营型催收模式	成本低，使用最少的人工获得最高的催收效果	因精细化运营而放弃企业规模的扩张，对发展不利
简易型催收模式	不用设立催收部门	催收成本增加，且会带来数据外泄的风险

（5）资产质量表现：①出回款路径。单期信用贷的出款方式是通过第三方支付公司对借款用户进行打款。贷款平台先在第三方支付平台上开设账户，发起打款指令后，第三方支付公司会根据其指令内容，将账户内的

资金打到借款用户的银行卡账户里。单期信用贷的回款方式也是通过第三方支付平台代扣，第三方支付公司会和多家银行建立合作关系，当贷款平台发起扣款指令后，第三方支付平台会根据其指令内容，向借款用户银行卡账户所在银行发起申请，由该银行对借款人账户进行扣款并打款到贷款平台在第三方支付公司开设的账户内。因为扣款时第三方支付公司需要和银行沟通，其成本要高于打款。目前常见的第三方支付公司为易宝、连连、宝付等企业，通常情况下，代付成本为1.0元/笔左右；代扣成本为2元/笔左右。

②资产质量指标。衡量一家单期信用贷资产的质量，主要从通过率、逾期率/坏账率和收益率这三个角度着手。

a. 通过率。通过率是指贷款用户发起申请到通过平台审核并成功放款的比例，它是衡量贷款平台获客质量和风控水平的标准，如果贷款平台能够在保障坏账的情况下保持较高的通过率，代表着获客质量较高，且风控系统能够较为准确地拒绝掉劣质客户，选择出能够成功还款的客群，目前业内做得较好的平台通过率能在30%左右，而坏账控制在5%之内。

b. 逾期率/坏账率。单期信用贷的逾期率与坏账率是衡量一个贷款平台风控水平的重要标准，通常情况下，风控水平较好的贷款平台可以将首天逾期率（即M0期）控制在30%左右，坏账率（即M3+）控制在5%以下。

c. 收益率。单期信用贷的收益率是指贷款平台的盈利水平。通常情况下，单期信用贷的利率为0.01%~0.03%/日左右，此外，还会收取8%~20%的手续费。单期信用贷的综合费率就是利息和手续费相加，一般区间为10%~24%/月，贷款平台的综合费率越低，在一定程度上说明该平台的成本较低，现金流状况较好。同时，用户若发生逾期，贷款平台会收取较高的逾期手续费，通常情况下，行业内的逾期费率水平为

1% ~2%/日。

d. 综合分析。通过率、坏账率和收益率三者息息相关，不能拆开单独观察。通过率的增加将增大放款量，从而降低平均分配至每单的成本，但同时也可能导致坏账率上升，增加损失。所以，如何在通过率和坏账率之间达到最优配置平衡，达到收益率最大化才是借贷平台需关注的重点。

3.1.2 多期信用贷

3.1.2.1 行业分析

（1）概述。多期信用贷，是指借款期限在 3 ~36 个月，一般借款金额在 3 000 元 ~10 万元之间的现金借款。多期信用贷又分为类 payday loan 型的多期信用贷和类信用卡型的多期信用贷：类 payday loan 型多期信用贷是指单期信用贷平台对其优质客群进行增信，提供小额多期信用贷的服务，其借款期限为 3 ~12 个月，借款金额集中在 3 000 ~10 000 元之间；类信用卡型多期信用贷是贷款平台对有信用卡的人群增发的一张虚拟信用卡，其借款期限为 3 ~36 个月，借款金额集中在 1 万 ~10 万元之间。多期信用贷的借款费率包括贷款利息和各类服务费，综合月费率集中在 1% ~5%，年化贷款利率一般为 24% ~36%，放款时间一般 1 ~3 天，最快可以实现当天放款，还款方式主要是等额本息或等额本金。

（2）发展历史及现状。中国的多期信用贷业务的发展历史分为两个阶段：

第一个阶段为 2006—2013 年，其标志是宜信开启了线下债权转让模式，代表着多期信用贷业务模式的出现。

2006 年，唐宁在北京创办中国第一家债权转让模式的小额贷款公司——宜信，2012 年，宜信推出网络贷款平台宜人贷，代表着多期信用贷业务模式开始兴起。在这期间内，我国开展多期信用贷业务的企业还有人人贷、陆金所、你我贷等知名 P2P 平台，此类业务最典型的特征就是线下获取借款人，线上募集资金，采用线上 + 线下的模式（O2O 模式）。2009 年，消费金融公司设立试点，2013 年其规模已经扩大到 10 个城市，开始为多期信用贷平台供给资金。消费金融公司的出现和发展，在一定程度上也推动了国内信用贷业务的发展。

第二个阶段为 2014 年至今，其标志是大数据风控开始运用和兴起，代表着纯线上信用贷业务兴起。

2014 年，大数据风控的概念兴起，P2P 网贷开始采用线上获取借款人，线上审核用户的业务模式。同年，招商、广发等商业银行逐步进入多期信用贷市场，而大型互联网公司也利用自身流量优势获取优质客户，开展信用贷业务，如蚂蚁金服的借呗、京东的京东金条、腾讯的微粒贷等。

2016 年，消费金融公司试点规模扩大至全国，审批权下放至省级部门，符合条件的民间资本即可申请注册。新设立的消费金融公司纷纷在互联网消费金融领域进行产业布局，推动了多期信用贷进一步发展，未来随着全民征信体系的建立和大数据模型的广泛运用，纯线上借款将越来越普遍。

根据盈灿咨询的测算，截至 2017 年 4 月，我国的多期信用贷行业规模大约在 1 万亿元左右之间，其中以蚂蚁借呗、京东金条为代表的电商系信用贷规模在 5 000 亿元左右，以拍拍贷和你我贷为代表的信用贷规模在1 000亿元左右，而银行和消费金融公司发行的信用贷规模在 4 000 亿元以下。

3. 1. 2. 2　业务分析

（1）产品及客群：

①产品介绍：

a. 产品特点。多期信用贷的放款金额在 3 000 元 ~ 10 万元之间，通常采用循环授信的方式，借款用户通过审核之后，贷款平台会提供给客户一个授信额度，一次授信的有效期限为 1 个月，借款用户在 1 个月内可以随意提取授信内的额度，类似于信用卡会随着还款恢复额度。通常借款期限为3～36个月，平均年化利率在24%～36%之间（见表3－8）。

表3－8　多期信用贷产品特点

多期信用贷产品特点	
放款金额	3 000～100 000元
借款周期	3～36个月
循环授信	一次授信期限为一个月
利率	年化24%～36%

b. 产品大纲。表3－9是目前我国常见的多期信用贷平台及产品介绍：

表3－9　多期信用贷代表平台

	公司名称	产品名称	成立时间	注册资本（万元）
1	杭州大树网络技术有限公司	功夫贷	2015/7/1	5 000
2	大连桔子分期科技有限公司	桔子白条	2013/1/10	5 000
3	北京量科邦信息技术有限公司	信用钱包	2014/1/28	245.44
4	北京闪银奇异科技有限公司	精英贷	2014/4/23	2 932
5	北京想就拿信息科技有限公司	拿下分期	2016/6/8	5 000

资料来源：大连京北互联网金融资产交易中心有限公司整理。

②客群分析：

a. 客群特点。多期信用贷的主要客户群体为有稳定工作的蓝领、白领阶层及个体工商户等，这一群体既有还款意愿也有还款能力，一般都是信用卡客户，多期信用贷更像是一张增发的虚拟信用卡。

b. 借款用途。多期信用贷的借款用途同信用卡基本相似，具体用途不特定，主要分为以下两种：

• 直接消费。直接消费是多期信用贷最常见的借款用途，当年轻人1个月的工资无法承担大件商品和大额消费的费用时，就需要分期借款来进行支付，主要场景有购买大件耐用家具、家庭装修或者出国旅游等情况。

• 资金周转。在储蓄卡余额不足的情况下，用户需要外部资金来填补自身资金的空缺，例如个体户在进货时资金不足，就会通过借贷来进行周转；又比如家人生病住院，需要借一笔钱来缴纳手术费，多期信用贷可以帮助借款用户将当下的资金压力平均转移至未来。

（2）业务模式。多期信用贷与单期信用贷类似，大多是通过线上导流引导客户注册平台 APP，少量平台会设立线下门店获客。客户申请借款后，贷款平台会使用自己的风控模型对客户的个人信息进行审核，有些平台还会给借款人本人打电话核对借款信息，然后给予审核通过的客户一定的授信额度，借款用户可以在授信额度范围内提现到自己的账户中。客户在贷期间，业务人员会对客户每期的还款情况进行实时跟踪，如果客户某一期未能按时还款，催收人员将对逾期客户收取罚息并采取措施催回款项，并将此类客户列入预警名单（见图 3－8）。

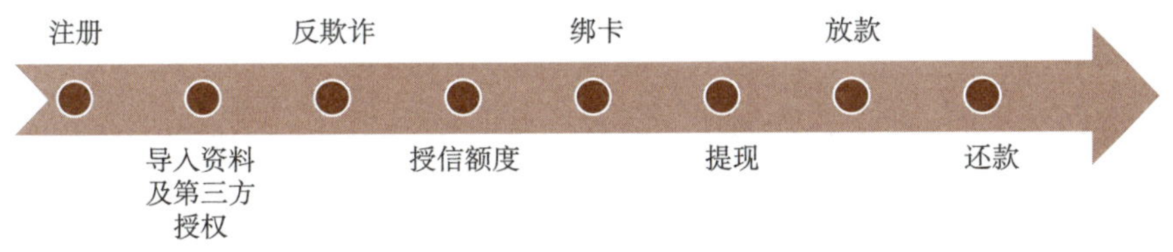

图 3－8　多期信用贷业务流程

（3）获客情况。多期信用贷的获客分为线上和线下两种，其线上的获客方式与单期信用贷基本相同，也是通过流量超市、网络广告、搜索引擎竞价等方式进行宣传，但部分平台还会采用线下的获客方式，线下获客主要分为门店获客和线下宣传两种：

①门店获客。线下开设门店获客的多期信用贷平台通常会在每个城市开设 1～3 家门店，每家门店会配置 2～4 组销售团队。销售团队一般都是本地人，客户资源较为丰富。他们会在当地寻找有借款需求的客户，引导对方前往门店进行借款。宜信最早采用的就是这种线下门店模式，其优势是客户转化率极高，同时获客数量直接和销售人员的绩效挂钩，获客效果较好；缺点是开设门店的成本较高，且具有地域限制，也容易发生业务员和借款人共同骗贷的风险。

②线下宣传。与单期信用贷只进行网络宣传不同，多期信用贷通常会在线下进行宣传，其宣传手段多种多样，常规手段为线下铺设广告牌、分

发传单等方法，不过也有一些网贷平台另辟蹊径，比如某平台通过赞助足球比赛的方式来扩大知名度。这种模式的优势是可以迅速增强贷款平台的产品影响力，缺点为投入资金成本较高，借款用户的转化率较低。

（4）风控情况。比起单期信用贷，多期信用贷除了关注客户的还款意愿外，还需关注其还款能力。风控模型分为贷前审核、贷中检测和贷后管理三个部分。

①贷前审核。因为多期信用贷的放款金额集中在3 000 ~ 100 000元之间，金额相对较高，所以多期信用贷除了通过风控系统审核以外，还需要信审人员对借款用户所填写的信息进行人工校验。通常情况下，多期信用贷的审核流程分为交互规则验证、社交关系验证和人工审核三步。

a. 交互规则验证。贷款平台会先要求借款用户填入其姓名、身份证号、手机号等个人资料，并获得借款用户的授权，用于抓取用户的手机运营商、支付宝淘宝电商平台的数据。对于类信用卡型多期信用贷，贷款平台还会查询其邮箱内的信用卡有效账单。然后，平台的风控系统会对这些数据进行信息交互规则验证，如果这些信息与客户所填入的完整资料不符，或者通过交叉验证发现电商存在异常数据、邮箱内存在异常账单等情况，系统会对该客户做拒单处理。

b. 社交关系验证。除了规则验证以外，贷款平台的风控系统还会根据客户的通讯录、通话记录、电商收货地址等信息进行有关社交关系、亲密度的欺诈风险评估。借款客户需要上传其亲密联系人的信息及身份证照片信息，保证贷款平台在客户未能还款后可以通过其亲密联系人找到本人。

c. 人工审核。对于借款用户所提交的信息，部分贷款平台最后会对部分信息进行人工校验，如借款用户填写单位名称及单位电话，贷款平台会打电话核实，确认公司是否真实存在，借款用户是否为该公司的员工。最后，系统会根据客户的具体情况给出相应的授信额度。

②贷中监测。多期信用贷借款期限一般在 3 ~ 36 个月之间，贷款平台需要对借款用户进行实时监测，观察其还款能力和还款意愿。贷款平台所监测的信息包括客户信用卡额度变动、额度使用情况、账单逾期及授信的变化，还会通过第三方征信数据动态监测客户在多平台申请的贷款情况，并查询是否有吸毒、赌博、涉黑及涉中介的情况。如果借款用户出现可能导致无法还款的情况，贷款平台会在风控系统上调低其安全等级，对该用户进行特别关注，一旦发现逾期情况，将会加强催收力度并减少其授信额度。

③贷后管理：

a. 贷后数据管理。贷款平台会根据借款用户的还款情况对风控模型进行调整和优化，具体方法与单期信用贷类似，此处不再赘述。

b. 催收情况。多期信用贷的放款金额较高，一旦客户发生违约，将会对贷款平台造成较大损失，这促使贷款平台愿意承担更高的催收成本，使用更多元化的催收方式减少贷款损失。以强度轻重划分，催收方式分为短信催收、电话催收、上门催收三种（见图 3－9）：

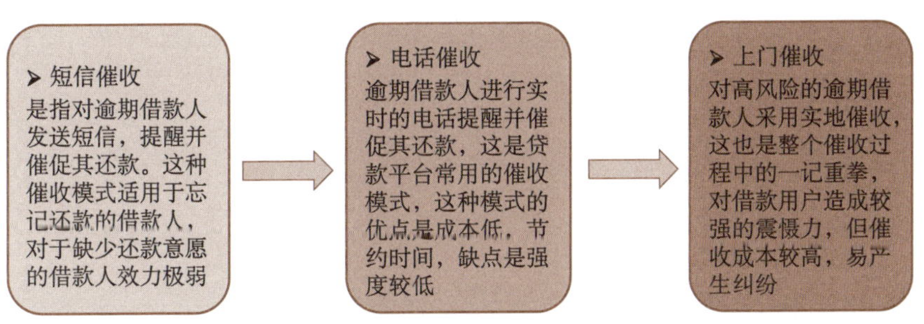

图 3－9　多期信用贷催收模式

• 短信催收。短信催收是指对逾期借款人发送短信，提醒并催促其还款。这种催收模式适用于忘记还款的借款人，对于缺少还款意愿的借款人效力极弱。

• 电话催收。电话催收是指对逾期借款人进行实时的电话提醒并催促其还款，这是贷款平台常用的催收模式，这种模式的优点是成本低，节约时间；缺点是强度较低。

• 上门催收。上门催收是指对高风险的逾期借款人采用实地催收，这也是整个催收过程中的一记重拳。视其金额大小和情况轻重，贷款平台会采用两人一组、四人一组、多人小组不同的配置。两人小组用于对小额信贷的催收，主要策略以谈判为主，优点为成本低，缺点为施压效果不明显；四人小组用于针对大额案件的催收，四人的规模足以对借款用户造成较强的震慑力；多人小组则一般用来处理疑难案件，通过人数压力对借款用户造成强大的震慑，缺点为容易产生纠纷。

（5）资产质量表现。衡量一家多期信用贷资产的质量，同样需要从通过率、逾期率/坏账率和收益率这三个角度着手。

类信用卡型的多期信用贷的通过率一般为10% ~20%之间，其成本为放款金额的1% ~1.5%之间，坏账率控制在2%之内，其综合利率一般在24% ~36%/年之间。类 payday loan 型的多期信用贷一般是单期信用贷平台对其优质客群提供的小额多期信用贷，因为此类产品面对的客群是该平台的优质老客户，其通过率一般为50%以上，坏账率为4%以下，其综合费率一般为4% ~8%/月之间。

3.2 消费场景类

3.2.1 3C 分期

3.2.1.1 概述

3C 产品，就是计算机（Computer）、通信（Communication）和消费类电子产品（Consumer Electronics）三者的统称，亦称“信息家电”或“3C 小家电”。3C 是十分广泛的分类方式，通常指的是电脑、平板电脑、移动电话、数码相机、随身听、电子词典、影音播放之硬件设备或数字音频播放器等等，其中包括智能机的普及。3C 分期是基于 3C 产品所提供的消费分期服务，在本文所提的 3C 分期，不包括京东、天猫等电商提供的消费品分期服务。目前 3C 类消费分期平台的业务规模大约为 4 000 亿 ~5 000 亿元之间。

3.2.1.2　行业分析

（1）发展历程和现状。2007 年 1 月 9 日，苹果公司前首席执行官史蒂夫·乔布斯发布了 iPhone，iPhone 的发布重新定义了手机，改变了整个移动手机市场的格局，对智能手机发展与普及具有重要的意义，iPhone 真正在国内火爆起来是 2010 年 6 月 8 日发布的 iPhone4，当时不少大陆用户不远万里去国外抢购这款手机，2012 年 iPhone4 真正进入中国市场，之后电子产品的数码化、智能化快速发展，3C 类产品迅速与人们的生活联系在一起。3C 产品的需求量提高，但部分人群难以一次性支付 3C 产品的费用，由此对 3C 消费分期服务产生需求。同时，增信服务的发展，信用卡用户增办网络虚拟信用卡为 3C 类消费金融市场的出现提供了支撑，3C 消费分期随之出现。也可以说，3C 分期属于信用卡类消费的延伸。近年来，3C 产品的需求量迅速增长，为 3C 分期的发展提供了发展动力。图 3 - 10 为我国 3C 类和非 3C 类网络购物市场规模柱状图。由图 3 - 10 可见，2010—2016 年我国的 3C 类网络购物规模不断增长，截至 2017 年 6 月，3C 类网络购物市场规模达 2 987.40 亿元，占网络购物市场规模的四分之一左右。

3C 类消费分期的发展历程可以分为四个阶段：

①第一阶段。2012 年，宜信（宜信卓越财富投资管理（北京）有限公司）、捷信（捷信消费金融有限公司）、佰仟等率先推出 3C 类产品的消费分期，此时的 3C 类消费金融采用的是类信用卡的模式，主要业务模式为线下商城获客，线下提交资料，然后由业务员交给平台进行审核放款。用户需要填写的资料偏多，填写的资料主要包括工作证明、银行流水号、学信网证明等，较信用卡资料更为全面，审核方式为纯人工审核，即采用电话审核的方式，通过向父母或子女亲属等通话的方式进行审核，判断方

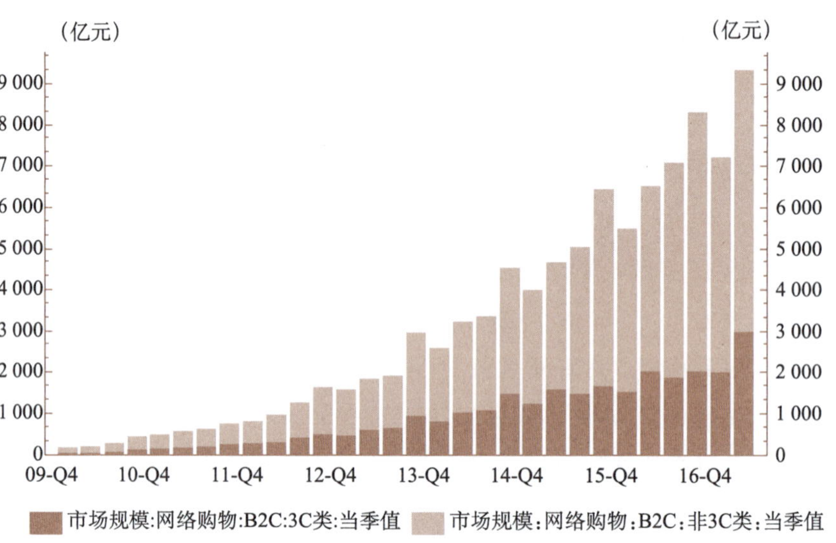

图 3－10　3C 类与非 3C 类网络购物市场规模柱状图

资料来源：Wind 资讯。

式主要是人工判断，风控较为严格，行业的坏账率约为 1%。但是由于客户需要提供的资料较多，客户体验稍差。

②第二阶段：2014 年是 3C 类消费金融的发展期，以线下商城等销售渠道获客为主，客户通过扫码下载 APP，由线下转为移动端，由从纸质提单转变为 APP 订单，将资料保存在线上进行审核。在风控审核中切入数据，出现授信额度概念，较之前的模式大大提高了审核效率，审核时间减少，提高了客户体验。此外，市场规模扩大，坏账率略有提高，这一阶段，3C 分期平台通过提高利率、增加收益的方法来覆盖坏账提高带来的成本。

③第三阶段：2015 年初至 2016 年末，代表性的平台为即有分期（深圳前海达飞金融服务公司旗下的 3C 类消费金融贷款服务品牌）、联动分期（联动优势科技有限公司）、买单侠（上海秦苍信息科技有限公司）等。部分平台为抢夺 3C 分期市场份额，采用高返点的方式吸引客群，并且在放款时放低客户人群的要求，导致通过客群质量下降，坏账率不断上升，

远超 5%[1]，3C 类消费金融市场规则秩序受到破坏。

④第四阶段：2016 年末至今，此前由于 3C 类消费金融恶性竞争导致坏账较高，目前市场逐渐转型进入冷静期，主要包括买单侠、美丽分期、优分期、趣分期等平台。市场回归理性竞争，分期平台下调市场利率，调整审核条件和准入标准，市场返点下降，3C 类消费金融市场重新调整秩序。3C 类消费分期行业分为线上分期商城模式和线下模式，3C 分期市场的利率降低，逐渐提高了审核效率，缩短了放款时间，极大地提高了客户体验。

（2）我国部分 3C 类消费金融平台列表（见表 3－10）。目前 3C 类消费金融市场的业务模式可以分为线下获客模式和线上商城模式，大部分的 3C 平台的获客方式为线下销售商家向客户推荐分期的方法获客，如买单侠、即有分期等分期平台，部分平台通过线上商城的方式，在客户付款时进行分期，比较典型的平台有分期乐、趣店等。

表 3－10　　我国 3C 类消费金融平台列表

公司	上线时间	产品名称	产品模式
捷信消费金融有限公司	2010 年底	捷聚惠捷信分期	线下模式，和线下销售商合作，如国美和迪信通等线上分期商城
北银消费金融有限公司	2013 年	轻松付易分期	线下模式
上海亨元金融信息服务有限公司	2013 年 11 月	嗨钱	线上商城
四川锦城消费金融公司	2010 年 3 月	数码时尚	线下提供资料
达飞云贷科技（北京）有限公司	2013 年 12 月	达飞云贷（达飞商城）	达飞商城是达飞云贷推出的线上分期商城，专营手机、数码 3C 产品
		达分期	线下分期消费
深圳前海达飞金融服务有限公司	2014 年 7 月	即有分期	线下模式，门店填表，提交申请

① 资料来源于网易财经 2016 年 4 月 11 日"'高校贷'风控之忧：坏账率远超 5%"报道，网易财经，http：//money. 163. com/16/0411/16/BKCQ28NJ00253B0H. html。

续表

公司	上线时间	产品名称	产品模式
上海秦苍信息科技有限公司	2014 年 3 月	买单侠	线下手机销售商场购买手机，关注买单侠微信号填写信息提交申请
趣分期（北京）信息技术有限公司	2014 年 3 月	趣分期	线上模式，通过趣分期消费分期网站分期购买
深圳市分期乐网络科技有限公司	2013 年	分期乐	线上分期商城
深圳佰仟金融服务有限公司	2013 年 12 月	3C 数码分期	线下模式，驻店形式
北京和创未来网络科技有限公司	2014 年 4 月	优分期	线上模式，在优分期商城分期购物
浙江同牛网络科技有限公司、联动优势科技有限公司	2016 年 7 月	联动分期	线下模式，采用驻店形式获客

3.2.1.3 业务分析

(1) 产品介绍

①产品特点。3C 分期是依托 3C 消费场景的消费信用贷，3C 分期的客群主要为蓝领阶层，产品期限主要为多期，涵盖 1～24 个月，年化利率在 30%～50%之间，坏账率在 10%以下。作为一个典型的 B2B2C 产品，通过与经销商合作，获取 C 端模式切入的分期公司，这类公司的共同特点是通过招揽渠道商家，向终端消费者推广其分期服务的方法获得客户，这里面的创业公司十分之多，竞争也最激烈，按照不同的品类、渠道、人群也有很大的差异性（见表 3－11）。

表 3－11　　3C 分期产品特点

	产品特点
客群	主要针对蓝领人群
额度	根据 3C 产品价格或根据借款人信用进行授信额度一般为 1 000～5 000 元
期限	1～24 个月
审核方式	机审＋人审
首付	一般会根据产品价格的百分比首付
利率	年化利率在 30%～50%
还款方式	等额本息
放款对象	客户或者渠道商

②线上线下 3C 分期对比（见图 3－11）。

图 3－11　3C 产品销售模式图

3C 产品的销售模式一般为出厂、渠道、分销、大批发、小批发、零售商，其中最大的三个渠道商为移动、联通和电信。而 3C 类消费金融一般与线下 B 端门店或线上电商类结合在一起，3C 类消费金融可以分为门店类 3C 和电商类 3C 两种。其中，门店类的 3C 分期是指平台与商城或零售商（如国美、苏宁和移动营业厅等销售商）合作，向到店购买 3C 产品的客户推荐分期服务，客户通过下载 APP 或微信公众号，线上提交申请资料，通过审核后获得产品，之后按期还款；电商类 3C 分期主要是指客户通过线上分期商城提出分期购物，提交申请资料，通过审核后获得产品，按期还款，如分期乐通过线上商城为消费者提供手机分期服务。由此对这两类的服务人群和特点等进行对比，详细信息如表 3－12 所示：

表 3－12　门店类和电商类 3C 对比

类别		门店类	电商类
合作方		零售商	渠道商
特点	售价	高	相对较低
	服务	相对优质	相对简单
	销售类型	单一	多
	现场体验	有	无
服务人群		监领人群和大学生群体	

目前 3C 分期平台以线下门店模式为主，通过与线下的电子商城、运营商门店等合作，对到店购买 3C 产品客户推荐消费分期服务来实现获客。而线上商城模式只有部分分期平台发展较好，如趣店、分期乐等。随着消费观念和线上化的普及，越来越多的人选择线上消费，3C 分期的线下获客量不断减少。而目前国内的 3C 产品线上销售市场被京东、天猫等大型线

上购物平台垄断，为促进消费者购买商品，这些线上平台也提供了分期消费服务。在京东、天猫等平台不断挤占市场份额的情况下，线下3C分期平台的业务规模难以扩大，前景堪忧。

③产品策略。3C分期产品目标人群为蓝领人群和大学生群等低收入群体，该群体对3C消费品具有较高的追求，但难以一次性支付购买3C产品的费用。3C消费分期平台针对3C分期需求，根据3C消费品的价格进行定价，并根据借款人申请分期购买的3C产品价格提供借款，分期费率、服务费等在平台覆盖运营成本、征信成本、获客成本等成本和坏账的基础上根据市场状况进行调整。根据借款人提交的资料是否全面及借款人的信用水平，平台对借款人的授信额度也会进行区分。一般来讲，通过申请的3C分期的产品价格不超过授信额度。

（2）业务流程。3C分期平台可以分为线下门店模式和线上商城模式，线下门店模式的客户到店购买商品，通过线上提供资料将业务线上化，可以现场获得商品。而线上商城模式的客户通过线上购物的方式进行商品分期的流程，几乎不涉及线下，一般通过快递获得商品。两种模式的详细业务流程如下：

①模式一：线下门店模式（见图3-12）：

a. 用户在线下的3C产品销售商场购物，进行现场产品体验，确定购买意向。

b. 填写申请表格，关注平台微信号或下载手机APP。

c. 填写用户信息，提供姓名、身份证号、手机号、银行卡号和工作信息及授权地理位置、芝麻信用、手机运营商、身份证照片等（大学生需要提交学历信息、学信网授权等）。

d. 通过系统自动化审核（身份验证、黑名单、征信）和人工电话审核等手段进行风控。

e. 审批通过后现场获得商品（或者获得购买商品所需的借款，然后现场购买商品）后，进入还款流程，客户按期还款（银行代扣或者客户主动打款至平台 APP 或微信公众号）。

f. 完成还款。

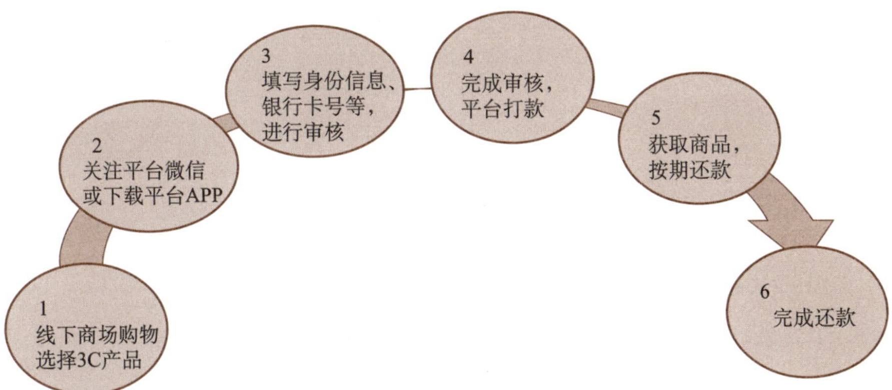

图 3－12　线下模式流程图

②模式二：线上电商模式（见图 3－13）：

a. 用户进入在线上商城官网主页选择注册，进入注册页面，填写信息。

b. 提交真实姓名、身份证号、银行卡号、手机号、授权芝麻信用等（大学生需要提交学历信息、学信网授权等）。

c. 通过系统自动化审核（身份验证、黑名单、征信）和人工电话审核等手段进行风控（部分平台或额度需要上门签约，需要添加地址，等待客户经理联系平台）。

d. 审核通过后签约审核成功后进入商城官网主页，选择商品后进行购买、点击立即分期，提交订单。

e. 订单审核通过后由商家发货，客户获得商品后进入还款流程，按期还款，还款流程同模式一。

f. 完成还款。

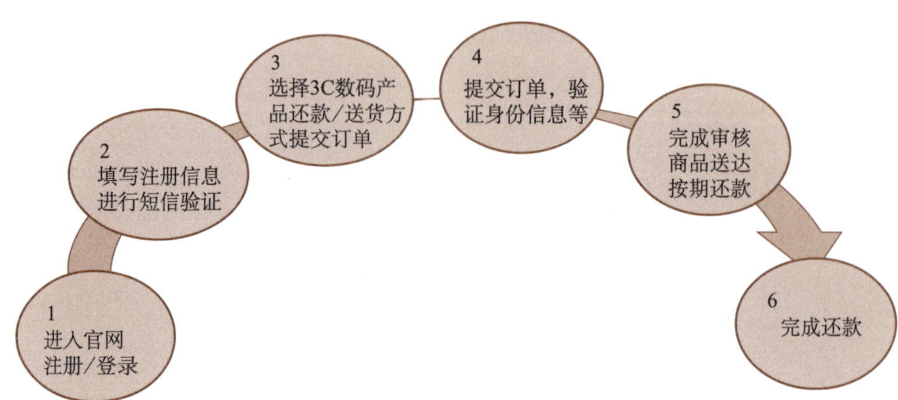

图 3－13　线上模式流程图

（3）获客方式：

①客群特点。3C 分期客户人群多为低收入年轻蓝领，这部分人群收入较低，学历水平低，工作稳定性较差，难以一次性支付 3C 产品的费用。3C 消费分期比较特殊的客户群体为大学生，大学生消费观念前卫，对 3C 数码产品追求较高，电子产品更新换代速度快，没有固定收入来源，较难一次性支付 3C 产品的费用。

②获客渠道。3C 消费金融的获客渠道主要包括：

a. 线下门店模式：客户到商场、零售商等门店购买手机，销售人员向客户推荐分期付款方式；平台通过和渠道商合作获客，如买单侠通过自有业务人员开拓代理商，代理商基本为当地的 OPPO、VIVO 渠道商，但也经销其他品牌手机。

b. 线上商城模式，客户通过淘宝、京东等网上商城进入平台申请分期付款，或者通过导流进入部分平台提供的自有网上商城分期购买产品。

（4）风险控制：

①3C 风控流程：

a. 线下门店模式（见图 3－14）：

• 客户在线下门店内扫描由营业员生成的二维码，进行信息填写，照片、合影上传等动作。

• 系统自动化审核身份验证、黑名单、征信信用。

• 进行人工资料审核及电话审核。

• 风控系统模型对借款人进行综合画像评估并给出最终审核结果。

• 放款至商城账户（极少部分平台放款至客户本人账户中）。

• 用户在现场直接进行 3C 产品购买。

• 办单员进行拆包和验码，并进行照片上传。

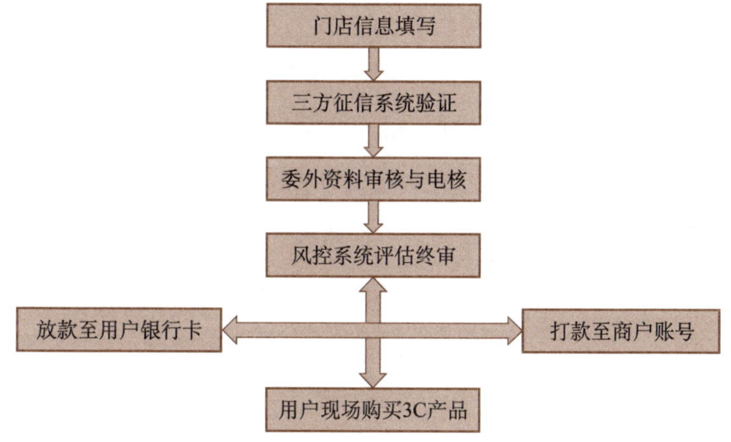

图 3－14　线下门店模式流程图

b. 线上商城模式（见图 3－15）：

• 客户在平台网上进行信息填写、上传照片。

• 系统自动化审核身份验证、黑名单、征信信用。

• 进行人工资料审核及电话审核。

• 部分平台会进行上门审核。

• 风控系统模型对借款人进行综合画像评估并给出最终审核结果。

• 客户获得分期产品。

②贷前审核。3C 分期平台的风控审核方式为“机审＋人审”，即系统

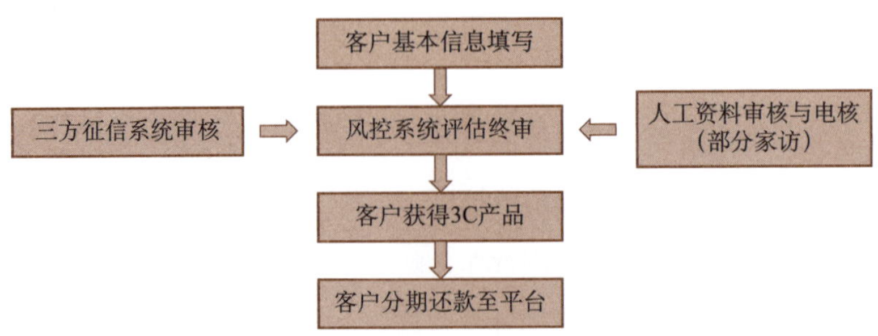

图 3－15　线上商城模式流程图

审核和人工审核相结合。首先确认申请人身份真实，进行黑名单排查；根据借款人提供的资料进行现场照片审核、银行卡审核、身份证审核、客户电话审核、商户电话审核、联系人电话审核等审核；再进行人工电话审核等人工核验方式，在全部审核通过后进行授信放款。

3C 类消费分期平台风控审核要点主要包括：

a. 身份信息确认：四要素核验、活体验证、照片比对。

b. 用户特征画像分析：通过网络特征信息、借贷平台信息等进行分析。

c. 社交数据分析：APP 读取通讯录和通过运营商数据及通过绑定微信查询等验证用户稳定性、真实性、失联预判、联系人黏性、联系人二度黑名单、与办单员和营业员的欺诈关联性。

d. 防集中性中介欺诈：门店流量审计监控、小白“电子借条”拍照确认等。

③贷后催收。3C 分期平台在逾期发生前期主要采用短信提醒和电话催收的方式进行催收，电话催收一般针对的是逾期两个月内的订单，逾期两个月以上的客户进行委外催收。不同平台依据自身经营状况和策略进行催收策略的调整。

（5）交易结构。3C 类消费金融的交易结构主要分为两类：一类为 3C

消费分期平台将款项直接打给销售或渠道商；另外一类为 3C 消费分期平台将款项打给借款人，再由借款人支付卖家。详细交易结构如下文所示：

图 3 - 16 为第一类交易结构图。客户去商城或销售商选购商品，提出购买意愿，由商家向客户推荐产品分期的支付方式，则销售商与 3C 消费分期平台构成合作关系；而 3C 分期平台要求客户提供相关资料，在审核通过后向商家直接支付客户购买 3C 产品所需的款项，商城将 3C 商品提供给客户，商城和客户之间便会产生买卖关系，同时分期平台和客户（借款人）产生借贷关系，客户需要按期向 3C 分期平台归还借贷款项。

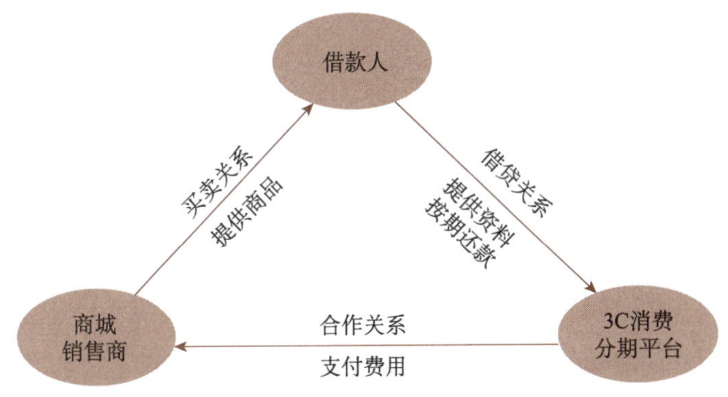

图 3 - 16　第一类交易结构图

图 3 - 17 为第二类交易结构图。客户去商城或销售商选购商品，提出购买意愿，由商家向客户推荐产品分期的支付方式，则销售商与 3C 消费分期平台构成合作关系；而 3C 平台要求客户提供相关资料，在审核通过后将借款打入借款人的账户，二者产生借贷关系；客户收到借款后，将钱支付给销售商，销售商将 3C 产品提供给客户，客户和销售商之间产生买卖关系；但借款人实际与 3C 消费平台之间存在借贷关系，需按期还款至 3C 消费分期平台。该模式存在较高的骗贷风险，一般平台会要求支付 30% 左右的首付，只有极少部分平台采用此模式。该部分所涉及的详细合同列表见本书附录。

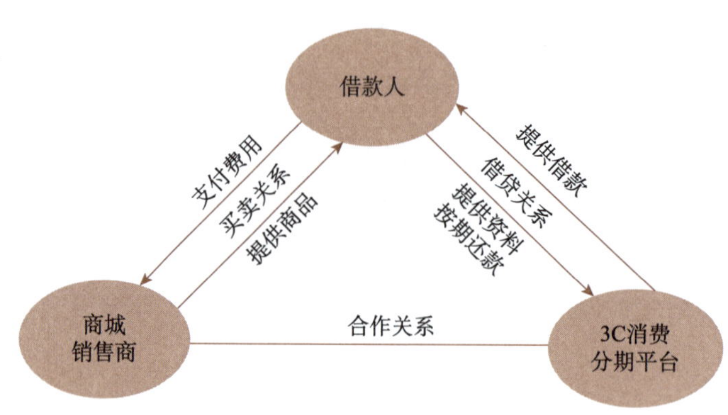

图 3－17　第二类交易结构图

3.2.2　教育分期

3.2.2.1　概述

教育分期是指分期平台联合教育培训机构为学员提供分期付款求学的金融服务，旨在让学员不再因为高昂的学费而错失获得学习的机会，这也是消费金融与教育培训的结合发展。教育分期的出现解决了用户一次性付款难的问题，同时也为培训机构增加了成交量，互联网＋教育开辟出一片教育行业的新蓝海。教育分期真正兴起于2015—2016年期间，大量的分期平台涌现，但整体规模不大，仍待发展。

3.2.2.2　行业分析

（1）行业发展现状。在中国，教育业一直是朝阳产业，无论是家长还是有心学习的学生对教育的投入都是不遗余力。特别是随着人民生活水平的提高及就业竞争环境的日益激烈，教育培训行业越来越火爆。总的来说，教育培训行业主要分为学历教育培训与非学历教育培训两个种类。学历教育主要指义务教育阶段、高中及高等教育阶段；非学历教育则是与学历教育相关的各种培训及职业技能培训。不同种类的培训应对的客群也有所不同，学历教育培训的客群主要是学生群体；非学历教育培训的客群则较为广泛，既可以是学生又可以是在职或者非在职的人员。无论是学生群体还是非学生群体，他们对于学习的认识度都是不断提高的，越来越多的人认为一个好学历或技能等于未来一份好工作，这种认知导致了对教育培训的大量需求，使得数以万计的教育培训机构不断涌现。2016 年统计数据显示，我国的教育培训机构已超过 10 万所[①]。这些教育培训机构以职业培训就业为导向，涉及各个领域，如语言培训、IT 培训、艺术培训、驾校、考研、公务员、司法、会计等职业技能相关的培训项目。

虽然市场上的教育机构很多，但是高昂的学费却让很多学生甚至在职人员望而却步。另外，对教育机构来说，由于信息不对称，大概有 20% ~ 30% 的成本用在营销和销售上，而 80% 以上的客户来自于地推，惨烈的市场竞争，客户的转化率极低，使教育机构的销售从获得一个客户的电话到最终成单的概率不超过千分之四。在这种市场状态下，教育分期的出现不仅帮助客户缓解了高昂学费带来的压力而且为教育机构扩大了潜在客群，提高了运营效率。

教育分期在消费金融大力发展的背景下应运而生，很多小贷公司甚至是像百度金融、京东金融这样的大型平台也都推出了教育分期项目。这些平台致力于为学生提供最具优势的分期付款学习服务，缓解支付压力，使得现在的求学者不需要“砸锅卖铁”，就可以分期付款求学。

表 3 – 13　　非学历教育注册学生数

年份	非学历教育注册学生数：总计
2004	64 410 851.00
2005	55 236 951.00
2006	58 168 136.00
2007	58 077 293.00
2008	57 198 356.00
2009	57 006 717.00
2010	56 248 072.00

① 资料来源：中国产业调研网。

续表

年份	非学历教育注册学生数：总计
2011	58 382 188.00
2012	53 646 475.00
2013	55 932 104.00
2014	53 503 280.00
2015	52 873 698.00

资料来源：Wind 资讯。

根据 Wind 资讯的数据可知，非学历教育注册学生数每年保持在 5 000 万以上波动。中国产业信息网《2016—2022 年中国教育培训行业深度分析与投资战略研究报告》中显示，我国教育市场规模保持增长态势，2015 年整个教育行业市场规模达到 1.66 万亿元。其中，非学历教育培训市场规模为 8 700 亿元，占比 52.80%。大部分教育分期平台都是以职业培训为主，职业培训是以获得工作为导向的，因此会降低整体的行业风险。目前，教育分期平台涉及各种培训项目，如语言培训、IT 培训、艺术培训、驾校、考研、公务员、司法、会计等职业技能相关的培训项目，让用户不因缺钱而耽误甚至错失提升自身竞争力的机会。

目前，从事教育分期的平台众多，其中哈尔滨银行、百度和宜信是相对的领先者，占据了市场上的绝大部分份额。百度金融就是以教育分期为首发打入消费金融领域，截至 2016 年 12 月底，百度金融业务的拳头产品“百度有钱花”已经和近 3 000 家教育机构达成合作，环比增长约 80%，服务学生数量环比增长约 45%。百度 2016 年 Q4 财报中还提到，“百度有钱花”在教育信贷领域的市场份额已达到 75%。除了这些大平台外，表 3-14列举了市场上其他分期平台信息，可以看出，这些平台整体成立较晚，最早的分期平台为 2013 年成立。总的来说，教育分期行业属于发展初期，业务体量较小，平台规模不大，且大部分集中在北京。对于这些分期平台来说，如何在大部分市场已被大平台占领的情况下生存下来，成为了他们今后发展最关键也是最现实的问题。

表 3－14 教育分期平台概况

平台名称	公司名称	产品上线时间	产品服务
笨鸟分期	北京笨鸟分期科技发展有限公司	2015	驾校、英语、考研、公务员、司法、会计、IT 等培训提供分期服务
帮帮助学	帮帮智信（北京）教育投资有限公司	2015	幼教、早教、K12、艺术教育、考研、公务员、司法、IT 等培训提供分期服务
蜡笔分期	北京沐屿科技发展有限公司	2014	幼儿教育、K12 教育、大学生教育、职业技能教育、驾照培训等
乾包	沈阳焕时代电子商务有限公司	2014	艺术教育、成人英语、驾校、会计、IT、早教、数控等提供分期服务
学好贷	北京学好贷信息技术有限公司	2015	在校大学生、工作早期的年轻人群体提供接受职业教育、专业培训、技能提升课程的分期服务
分期学	上海有葵网络科技有限公司	2013	驾照、IOS 开发、在职读研、英语培训等分期服务
小牛计划	北京好奇心科技有限公司	2015	
课栈网	北京弟傲思时代信息技术有限公司	2015	学费分期产品、课程试听服务、SAAS 服务和数据服务等
51 帮学	北京泉贝科技有限公司	2015	职业教育培训学费分期
乐助分期	广西乐助网络科技有限公司	2016	18 周岁以上的提供教育培训分期、商品消费分期等

3.2.2.3 业务情况分析

（1）产品分析：

①产品特点。教育分期平台旨在为不能够一次性付清学费的学员提供分期付款服务。同时帮助家长或学生选择教育机构、获得学费免息分期服务，提升购买能力，为客户选择更好的教育服务；帮助教育机构展示教学成果和教学特色，提供教务管理服务，扩大潜在客群和提高运营效率。

教育分期平台的客群面向全国正规统招全日制学生，包含研究生和博士生，以及在职或非在职人员等。申请人年龄基本在 18～55 周岁间，未满 18 周岁的用户可由父母代为办理，分期期数在 3～24 月之间，年化利率为 12%～18% 左右。教育分期的产品为纯信用贷款，无需抵押，额度循环长期有效，额度由系统进行综合评估，收费项目包括利息、借款服务费、逾期产生的罚息，最低日息 0.05%。

②产品设计理念：

a. 教育分期机构针对用户对培训的不同需求定制不同的金融分期产品，实现了用户需求、机构业务需求和平台风险收益需求的三方共赢。

b. 为教育机构内部运营管理提供便利，帮助机构管理者方便地了解分期业务的进行情况（包括内部管理参考数据）。

c. 针对教育机构实际运营中的多种情况，灵活、快捷地处理流程，如良好地支持用户退课、课程转让等多种情况。

③产品定价策略。目前，教育分期平台一般采用两种方式获得收益：

a. 教育机构返点或者贴息。在这种方式下，用户的学费金额与分期总额一致。盈利方式是教育机构会给分期平台返点，或者给分期平台贴息，从而获得收益。目前乾包采用的是返点的合作模式；而百度金融与火星时代的合作模式中，火星时代对通过百度小贷为进行教育贷款的学员提供全额贴息。

b. 有利息的分期。客户在申请分期后，每期应还的金额都会包含服务费，这个服务费就是所说的利息，目前利息在年化 12% ~14% 左右。采用这种方式的平台有笨鸟分期等。

（2）获客情况。教育分期平台一般有两种获客渠道：线下获客与线上获客。线下获客是指平台与教育机构合作，当学员在教育机构里咨询课程时，教育机构可以借此推荐教育分期平台，建议学员分期付款，学员同意后便可下载借款 APP 进行申请借款。由于大部分实质性的客源还是教育机构推荐来的，很多平台都在大力发展线下获客的业务能力。这类分期平台一般都有大型金融机构的背景，如哈尔滨银行、阳光保险、中银消费、蜡笔分期（玖富集团）等。

线上获客主要是通过分期平台进行导流，学员在平台官网上了解自己需要的课程信息，然后可通过平台官网进行分期付款申请，并分期支付学费。其中，用户可以通过部分平台（如笨鸟分期、乾包等）直接在线上分期购买课程，还有些平台（如小牛计划和课栈网）需要用户线下确认后再进行分期。

（3）申请流程。由于教育分期平台有两个不同的获客模式，因此不同的模式下业务流程也有所不同，下面将分别介绍：

①线下获客：

a. 客户在线下教育机构了解分期产品信息。

b. 教育机构根据学生需求推荐分期服务商提供的学费分期产品。

c. 学生在手机移动端 APP 上填写个人信息、上传证件照片，提供学信网和征信报告的授权。

d. 如果申请通过，客户上课并向教育分期平台支付学费。

②线上获客：

a. 通过搜索，用户在网上浏览相关课程信息。

b. 用户可以在平台线上分期购买课程；也可以线下咨询，有意者可向平台申请分期。

c. 下载分期平台 APP 并填写资料，如申请通过则可享受课程服务，并分期支付学费。

（4）风控管理。教育分期贷款涉及三方：学员、教育机构、教育分期公司。教育分期公司起到的仅仅是“交学费”的作用。在大多数情况下，真正的接触与沟通环节在学员和教育机构之间，由于信息不对称，学员可能会在不知情的状况下被教育机构蒙骗而申请贷款，事实上教育机构并没有提供培训课程甚至出现跑路的情况，或者出现学生退费困难的问题。因此，平台的风控不仅要对用户个人进行审核，而且对教育机构也应该有一定的准入标准。

根据《全球互联网金融商业模式》[①] 可知，教育分期平台会对不同资

---

① 廖理：《全球互联网金融商业模式——格局与发展》，机械工业出版社，2017 年版。

质的教育机构采取不同的垫付方式。例如，为了降低风险，平台对于资质较低的教育机构会采取分期垫资或缴纳保证金的方式。图 3 – 18 与图3 – 19 为教育分期平台对教育合作机构和个人的审核流程图。

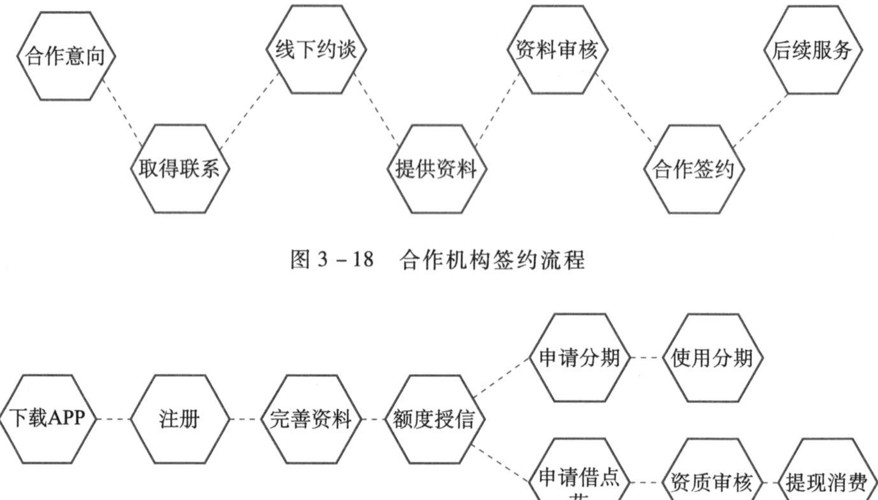

图 3 – 18　合作机构签约流程

图 3 – 19　客户签约流程

在与教育机构合作之前，平台需要对教育机构进行严格的审核，除此之外贷前对学生身份的审核也是风控重点之一。通过大数据风控管理分析平台，整合设备指纹、规则引擎、深度学习等多项核心技术，对申请贷款购买产品的用户进行身份认证、多维度描绘用户画像，判断申贷学生的消费能力和还款能力，对学生进行个人征信存档，实现风险前置。在贷中，针对学生与教育机构联合欺诈的行为，利用大数据反欺诈技术对用户数据进行动态追踪，监控设备行为，一旦发现套现风险，便会产生预警，及时阻断欺诈行为。在贷后，分期平台对于联系不上、有逾期还贷风险的用户，会联合第三方催收公司或者第三方征信公司进行贷后失联信息修复，以实现失联用户的再对接，降低坏账率。教育分期平台通过贷前、贷中、贷后的严格管理建立高效的教育分期风控体系。

3.2.2.4 交易结构及合作协议

图3－20为教育分期平台的交易结构之一，从图3－20中可知，当培训机构与教育分期平台合作时，教育分期平台起到了一个交学费的作用，到期时，学生直接向教育分期平台还款。这种交易模式为目前教育机构采用最多的模式，除了图3－20交易模式之外，教育培训机构还会有另一个合作方，下面将给出具体介绍。

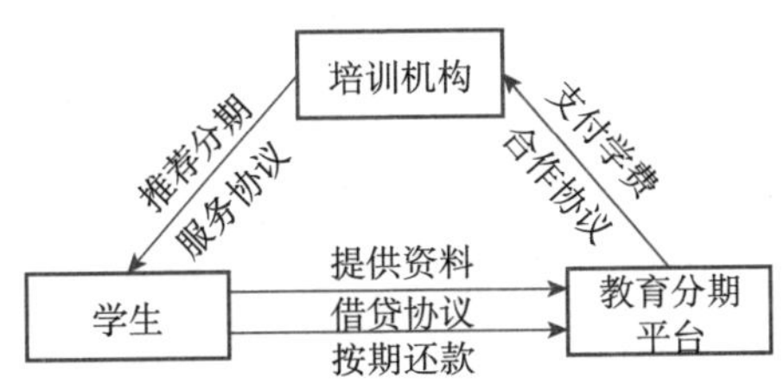

图3－20 培训机构与分期平台的合作模式

图3－21为教育机构与其他公司合作为学生提供分期服务的模式。主要流程为学生通过筛选被学校录取，然后由学校进行培训，学生在培训中对外输出劳力或者培训结业后被公司录用，然后这些公司会用学生的劳动报酬向学校支付学费等其他费用。一般情况下，这种公司大多为餐馆、航空公司、IT外包等比较容易输出劳动力的培训项目。

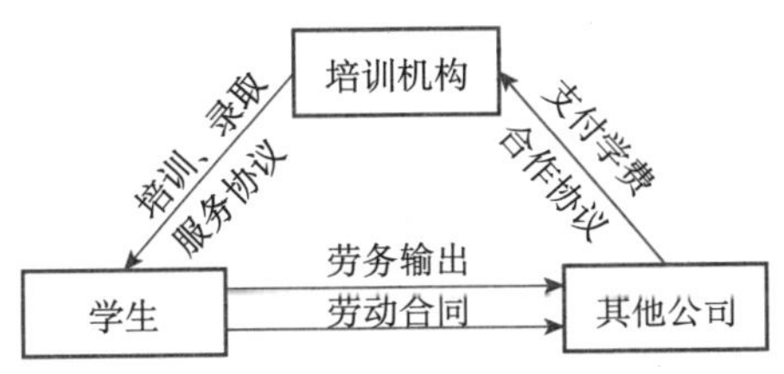

图3－21 培训机构与其他公司的合作模式

3.2.2.5 案例分析 笨鸟分期

（1）平台介绍。笨鸟分期（www.birdfenqi.com）是国内首家教育培训分期平台。笨鸟分期旨在为用户参加驾校、英语、考研、公务员、司法、会计、IT等培训时提供分期借款服务，让用户不因缺钱而耽误甚至错失提升自身竞争力的机会。

笨鸟分期目前的资方为晋商消费金融，并且与多家教育机构形成合作关系（北大青鸟、仁和会计、AAA 软件、三校名师等）。

（2）产品信息。笨鸟分期面向全国正规统招全日制在校本/专科学生，包含研究生和博士生以及在职或非在职人员等。申请人需年龄在 18 ~35 周岁间，分期期数在 3 ~24 月之间，年化利率为 12% ~13% 左右。

（3）申请流程：

①选择商品并提交订单：第一次下订单的时候需填写真实姓名、学校及入学时间。

②在线提交审核材料：从“我的笨鸟分期”入口进入，点击“在线提交材料”链接进行资料的提交。

③审核：笨鸟分期工作人员会根据您提交的审核材料，对您的订单及个人资料进行审核，审核通过之后会短信告知用户。

④在线签约：审核通过之后，可以从“我的笨鸟分期”入口进入，找到对应的订单后面的“在线签约”链接进行在线签署合同。

⑤放款：在线签约之后，笨鸟分期会在 2 个工作日之内尽快放款。

⑥还款：从“我的笨鸟分期”入口进入，找到对应的订单，查看还款计划，进行还款。通常离还款日还有 20 天之内，会在对应的月份出现“去还款”按钮，会提示在线支付还款。

（4）风控措施。手机号使用时间在 3 个月以上的、高中及以上学历方可办理。除此之外，还需学信网的授权及央行的征信报告，申请时需提供身份证、学生证、机构验证码、银行卡信息等相关资料。

（5）产品体验。图 3 -22 为笨鸟分期某一产品的订单信息、还款计划书及借款合同，可以看出笨鸟分期的还款方式为等额本息，据此计算此产品的年化利率为 13.2% 。

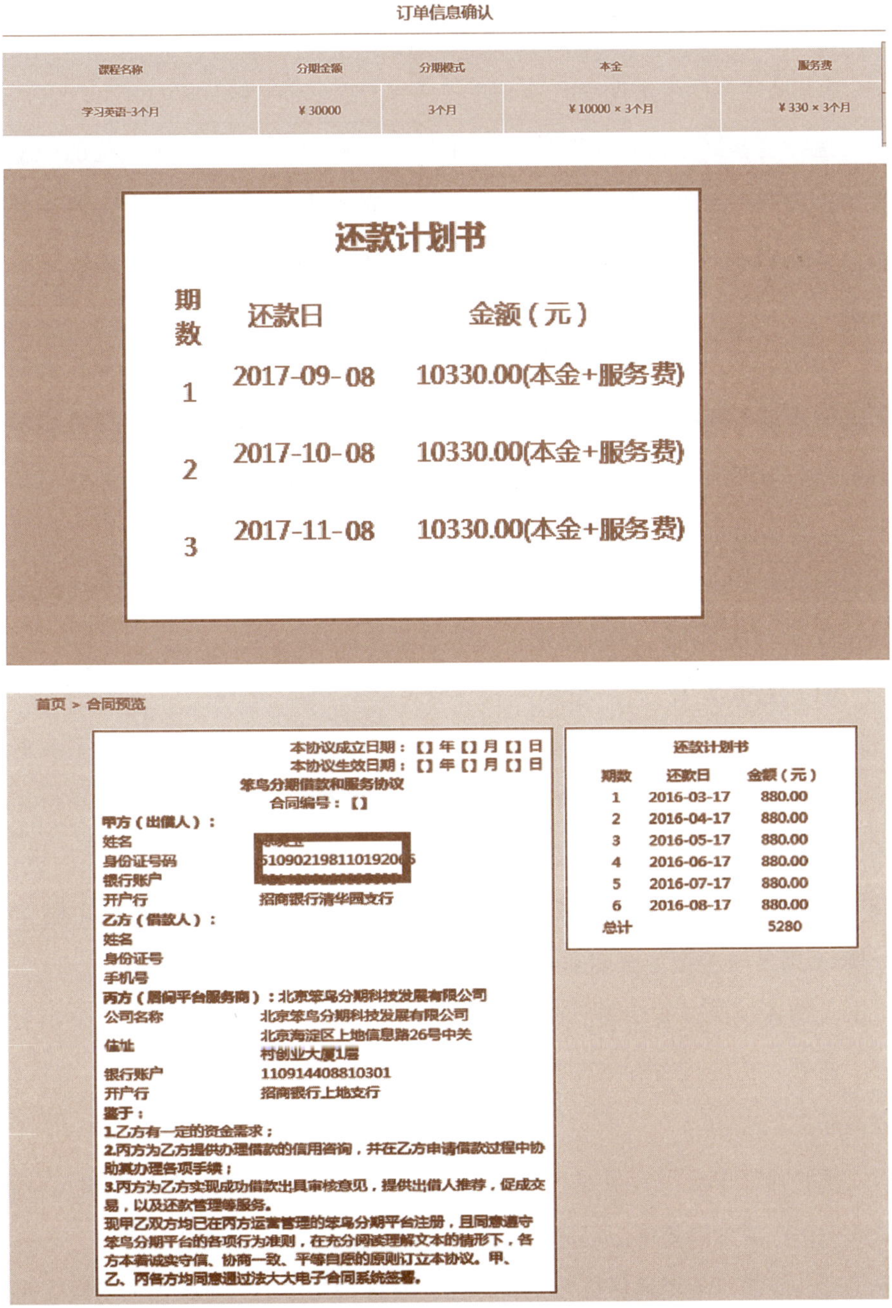

订单信息确认

课程名称	分期金额	分期模式	本金	服务费
学习英语-3个月	¥30000	3个月	¥10000 × 3个月	¥330 × 3个月

还款计划书

期数	还款日	金额（元）
1	2017-09-08	10330.00(本金+服务费)
2	2017-10-08	10330.00(本金+服务费)
3	2017-11-08	10330.00(本金+服务费)

首页 > 合同预览

本协议成立日期：【】年【】月【】日
本协议生效日期：【】年【】月【】日

笨鸟分期借款和服务协议

合同编号：【】

甲方（出借人）：
姓名
身份证号码　5109021981101920[illegible]5
银行账户
开户行　招商银行清华园支行

乙方（借款人）：
姓名
身份证号
手机号

丙方（居间平台服务商）：北京笨鸟分期科技发展有限公司
公司名称　北京笨鸟分期科技发展有限公司
住址　北京海淀区上地信息路26号中关村创业大厦1层
银行账户　110914408810301
开户行　招商银行上地支行

鉴于：
1.乙方有一定的资金需求；
2.丙方为乙方提供办理借款的信用咨询，并在乙方申请借款过程中协助其办理各项手续；
3.丙方为乙方实现成功借款出具审核意见，提供出借人推荐，促成交易，以及还款管理等服务。
现甲乙双方均已在丙方运营管理的笨鸟分期平台注册，且同意遵守笨鸟分期平台的各项行为准则，在充分阅读理解文本的情形下，各方本着诚实守信、协商一致、平等自愿的原则订立本协议。甲、乙、丙各方均同意通过法大大电子合同系统签署。

还款计划书

期数	还款日	金额（元）
1	2016-03-17	880.00
2	2016-04-17	880.00
3	2016-05-17	880.00
4	2016-06-17	880.00
5	2016-07-17	880.00
6	2016-08-17	880.00
总计		5280

图 3－22　笨鸟分期业务信息

3.2.3 医美分期

3.2.3.1 行业分析

医疗美容（整形）主要是指运用药物、医疗器械、手术及其他的一些医学手段对面部及身体各个部位进行形态的修复与重塑。医疗美容（整形）大体分为手术类项目和非手术类项目，非手术类项目也就是指微整形。

2014 年我国医疗美容行业开始兴起，随着医疗美容技术的成熟，人们对美的需求不断扩大，医美市场快速发展，而医美分期正是随着微整形概念的兴起而逐渐发展起来的。医美分期正是依托于医疗（整形）美容消费场景，分期平台通过与医疗美容机构进行合作，为医疗（整形）美容消费者提供消费分期的一种金融服务。医美分期市场在 2015 年得到了快速的发展，截至 2016 年底，医美分期平台的放款量达 60 亿元。

（1）发展历史：

①医疗整形。目前中国医疗（整形）美容机构众多，其中莆田系占据绝对领导地位，在中国的美容整形市场，从起家到占据绝大部分市场份额的医疗机构都是莆田系。从数量上看，国内目前有近 4 000 余家整形机构，其中 500 家属公立医院的整容科室，500 家为连锁整形美容医院，剩余 3 000家则是中小型的医院和诊所，民营医院占据市场份额的 85%。

大型连锁医院有华美、联合丽格、美莱、爱思特、伊美尔等，中小型医美连锁机构的代表有华韩整形、永成医美、利美康、丽都整形等，且已完成新三板上市。

清科研究中心报告显示，2015 年，我国医美市场规模达 500 亿元左右，目前中国已成为继美国、巴西之后全球第三大医美市场（见图 3 – 23）。医美市场近几年的行业增速保持在 20% 以上，若维持此增速，对我国未来医美市场进行规模预估，预计到 2019 年市场规模可超 1 000 亿元（见图 3 – 24）。

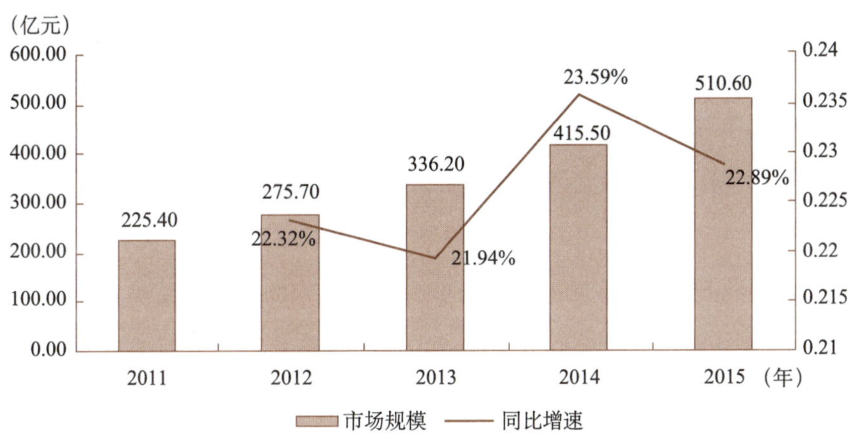

图 3-23　中国医美行业市场规模

资料来源：清科研究中心。

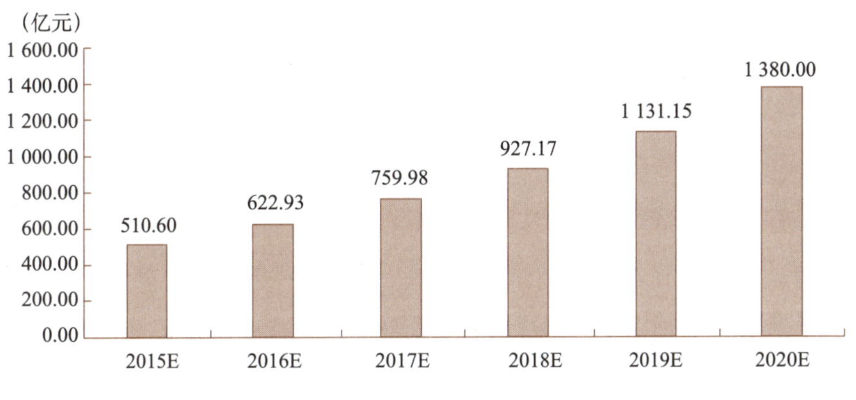

图 3-24　中国医美市场规模预测

资料来源：清科研究中心。

②医美分期。目前医美分期市场的放款主体多为互联网消费金融类平台，许多医美机构会同时与几家分期平台进行合作，医美机构会重点关注所合作的分期平台的资金来源的稳定性、平台风险控制能力、获客导流渠道，以及从审批到放款的时效性。

随着 2014 年微整形概念的兴起，医美分期作为消费金融的一个新兴领域，发展快速。2015 年，一系列医美分期平台相继出现，主要有么么贷、快分期、买单侠、美分期、丽分期、美眉分期、云贝分期、麦芽分期、新氧分期等，市场正在迅速由蓝海走向红海。随后腾讯等互联网大型流量公司也开始入场，腾讯联合潮宏基集团、苏宁环球对医美 O2O 平台更美进行 C 轮投资。

2016 年医美分期市场也获得了不少投资机构的青睐，更美、新氧、悦美等平台相继宣布完成融资，大量资本进入市场，推动了医美市场由蓝海向红海转变。发展初期医美分期平台主要进行市场占领、简单追求用户数量，而现在越来越多的医美分期平台也开始进行资本运作，寻求融资，以求更加长远的发展。

截至 2016 年底，整个医美分期市场的放款量达 60 亿元，目前医美分期市场进入平缓发展期，各个医美分期机构的扩张力度有所减小。

（2）市场现状：

①市场发展条件。随着人们的可支配收入越来越高、对美的需求的扩大、且社会对微整形的接受度越来越高，近几年医疗（整形）美容机构飞速增长，医疗美容技术也越来越成熟，原先面向高收入人群的医疗（整形）美容，开始面向更为广泛的大众人群。医美行业成为了一个规模庞大且增速可观的市场，医美分期正是在这种背景下兴起的消费分期服务。

目前医疗美容的产品价格相对较高，一般非手术类项目的价格基本在 3 000 ~ 8 000 元不等，手术类项目的价格相对更高一些，甚至会达几万元，随着我国的分期消费普及度越来越高，一些客户无法一次全部负担的整形费用，选择分期就成为最好的选择。

目前在医疗美容的场景消费金融中，参与主体主要有消费者、医美机构和医美分期平台。消费者存在美容整形和分期消费的需求，医美机构既需要分期平台为其客户提供分期服务来促成消费，同时也可以利用分期平台达到一定量的客户积累，降低其获客成本。对于医美分期平台来说，其需要依托医美机构的客户推荐来拓展市场业务，这也成为了医美分期平台获客的重要线下途径。通过合作，医美机构和分期平台既可以达到互相引流的效果，又可以满足消费者需求，拓展市场。

②中外对比。相对于我国较大的市场规模来说，我国医疗美容行业的合规医生数量较少，2015 年底中国大陆执业（助理）整形医师有 2 864 人，每百万人拥有的整形医生为 2.2 人，远低于韩国（43 人）、巴西（27.5 人）和美国（20.3 人）。[①]

美国的医疗美容市场起步较早，而且发展程度较为成熟。美国是全球医疗美容（整形）消费规模最大的市场，拥有全球领先的医药科研实力，医疗美容常用的肉毒素、玻尿酸、激光等技术都是由美国最先研发的，目前美国的医美行业已进入平稳发展阶段，而我国存在上游药品供应质量参差不齐的问题，鲜有新技术诞生，市场还处于发展的初期阶段。

韩国的医美行业起步也比较早，且韩国实行自主定价体系，由医美机构自行制定产品价格。与我国相比，韩国的医疗美容产品的价格相对较低，主要是因为其医美市场经过较为成熟的发展阶段，所以医院用于营销费用的占比较低，且其医疗美容机构众多，市场竞争激烈，使得产品价格降低。我国目前只在北京开始推行自主定价政策。

表 3－15　　中外医美市场对比汇总

我国医美市场与国外成熟医美市场对比汇总	
中国医美市场	国外医美市场
法律法规有待健全	法制健全，医美行业协会积极规范市场发展
合规医生数量少	合规医生数量较多
科研技术较为落后	医美技术及产品研发全球领先
正在准备推行自主定价政策	价格自主，充分竞争

① 资料来源：Wind 资讯。

③市场现状及趋势。总体来看，医疗（整形）美容机构的特点有：技术较为成熟，能够为消费者提供从水光针、玻尿酸等微整形项目到减脂、隆胸等美容手术项目的全套服务，安全便捷，服务项目众多，竞争机构间越来越强调差异化的服务。且医疗美容行业存在很大暴利，其产品价格较高，而设备及药品等成本极低。

由于手术等级低，整形手术往往只需征得消费者个人签字，且相关法律法规及行业规范有待完善，如果出现整形失败的事件，会出现消费者的产品分期还是否继续，以及如何进行后续的赔偿定损等问题。

随着越来越多的医疗美容机构及线上的医美平台进入市场，市场竞争及线上信息的逐渐透明化，医美产品的单价有降低的趋势。且微整形人群在市场上占比较大，产品价格也相对较低，当价格接近消费者的一次性支付能力时，会相对降低医美分期的吸引力。

目前医美市场趋于冷静，由于竞争重点在于通过率和审批放款时效，刚开始为了抢占市场，分期平台会提高通过率来争取市场份额，随着市场发展，恶性竞争现象逐渐减少。根据清流消费金融的公开数据，么么贷的通过率为30%，买单侠为50%，麦芽分期为60%左右。

由于医美分期平台存在盈利困难的问题，目前部分分期平台开始转移业务重心，将其主营业务从医美分期逐渐扩展至其他的消费场景，开始从医美到泛美的发展，如瑜伽、SPA等。米么金服也公开表示，会开展新的针对女性的一些消费场景，计划将其医美分期业务的比例从90%降至50%。

④主要分期平台列表（见表3－16）。

表3－16　　分期平台列表

企业列表	发起主体	成立时间	注册资本（万元）
么么贷	上海米么金融信息服务有限公司	2014/6/12	6 656.37万元
买单侠（星计划）	上海秦苍信息科技有限公司	2014/3/21	18 000万元
快分期	上海氟悦信息科技有限公司	2016/8/8	3 000万元
马上消费	马上消费金融股份有限公司	2015/6/15	221 029.37万元

续表

企业列表	发起主体	成立时间	注册资本（万元）
麦芽分期	南京麦芽金服数据科技有限公司	2015/6/16	1 064.78 万元
美分期	北京美丽分期信息技术有限公司	2015/7/7	581.4 万元
易美健	易思互动（北京）科技有限公司	2012/6/16	960.96 万元
新氧分期	北京新氧科技有限公司	2013/11/8	354.71 万元
更美	北京更美互动信息科技有限公司	2014/10/24	1 320 万美元
美黛拉	广州绽放信息科技有限公司	2014/8/5	100 万元
美丽神器	罗朗网络科技（上海）有限公司	2015/11/13	1 000 万美元
悦美	北京维康恒美信息技术有限公司	2011/6/16	245.07 万元
美呗	成都美尔贝网络科技股份有限公司	2014/10/17	2 200 万元
51 人品	杭州恩牛网络技术有限公司	2012/8/2	15 870.37 万元
易日升	上海易日升金融服务有限公司	2015/4/27	20 000 万元
每美	厦门美莓信息科技有限公司	2015/11/4	100 万元
美眉分期	杭州优呗网络科技有限公司	2015/5/12	125 万元
易美分期	上海雯丹信息技术有限公司	2016/5/10	1 000 万元
Vivian 分期	四川中正安和信息技术有限公司	2014/12/4	100 万元
美哪贷	武汉幸福梦网络科技有限公司	2015/11/12	1 000 万元
美好分期	苏州盈衍友诚信息技术科技有限公司	2016/6/15	1 000 万元
壹分期	厦门壹分期网络科技有限公司	2015/8/3	3 000 万元
爱美贷	丰医金融信息服务（上海）有限公司	2015/10/15	55 万元
丽分期	播美互联科技有限公司	2015/11/20	5 000 万元
丽人贷	上海静安维信小额贷款有限公司	2014/9/16	20 000 万元
云贝分期	深圳云贝金融服务有限公司	2014/8/27	2 000 万元

3.2.3.2　业务分析

（1）产品及客群：

①产品介绍。医美分期是依托场景的消费信用贷，其产品主要为多期，期限涵盖 3 个月、6 个月、9 个月、12 个月，金额从 5 000 ~ 100 000 元不等，年化利率在 18% 左右。计息方式包括砍头、贴息、等额本息、等本等息等多种方式。

分期平台的利润主要是利息差，各个分期平台的运营模式的区别在于承担利息的方式，利息可由消费者全部承担，或者由医院全部承担，或者消费者与医院各承担 50%。早期一般是由医美机构支付，现在慢慢转变为机构和消费者共同支付，或者由消费者全部支付利息。

产品特点：医美分期产品一般没有其他的服务费和手续费，大部分医美机构都以 0 首付、0 利息、0 费用进行宣传，医美分期是一个典型的 B2B2C 产品，消费者大多通过医美机构了解分期产品。

②客群分析：

a. 中国医美市场的消费人群以女性为主，年龄呈现出年轻化特点。根据智研咨询发布的《2017—2022 年中国医疗美容行业深度调研及投资战略研究报告》，女性仍旧是国内医疗美容的主要消费群体，占比达 79%。根据新氧《2017 年医美行业白皮书》数据显示可知，医美消费者年龄呈现出“年轻化”特点，“90 后”在医美消费者中占据了 53%。

b. 客群逐渐大众化。目前市场上医美分期产品大多针对 20 ~ 30 岁的无信用卡人群，行业涉及 KTV、酒吧等服务业的工作人员，从事艺术时尚行业的女性，还有部分大学生等普通群体，客群也逐渐大众化，2017 年普通人的医美消费超过了明星和网红，这些人群以白领、学生、家庭主妇为主。

c. 客群主要分布在南方地区，南北方的客群分布差异较大。目前医美分期的客户群体主要分布在北京、上海、广东、南京、成都、重庆、武汉等城市，北方市场规模相较于南方来说比较小。

③产品策略。医美分期的产品主要针对有医疗美容需求、且无法一次性支付项目费用、有分期需求的客户群体，医美分期的产品为多期产品，产品利率相比短期产品较低，产品推广除了自身的线上宣传之外，主要依靠医疗美容机构的咨询顾问推荐客户，且线下驻点人员能及时协助客户办理分期业务。

产品定价主要根据其平台的成本收益情况来考虑，分期平台成本主要包括资金成本、获客成本、人力成本、征信成本、运营成本等，由于其应用场景的特点，产品利率相对短期信用贷产品而言利率较低，且同时需结合相关风险考量及市场同类产品竞对分析进行产品定价。

（2）业务流程：

①业务模式（见图 3－25）。

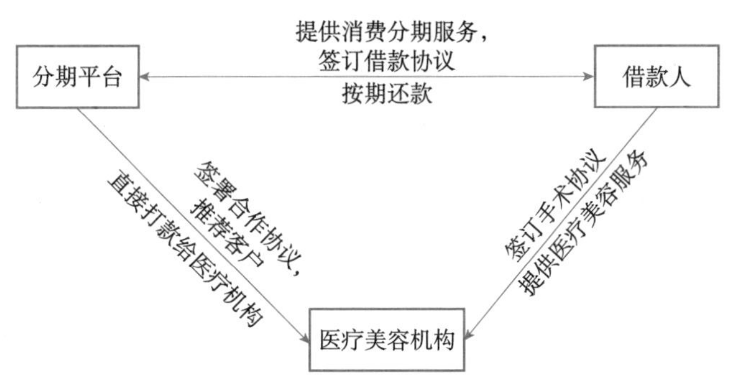

图 3－25　医美分期业务模式

医美分期是一个典型的 B2B2C 模式，医美分期平台通常与医疗美容机构进行协议合作。医疗美容机构为其推荐客户，分期平台与借款人签订借款协议，为消费者提供费用分期的信贷服务，使消费者有能力承担高额的手术费，医疗美容机构线下与借款人签订手术协议，从而完成消费者—医院—医美分期平台的消费链条。

②业务流程。以快分期的业务办理流程为例，医美分期的业务流程如图 3－26 所示。

一般分期平台在线下医疗美容机构中会设置人员驻点，消费者通过线下医疗美容机构进行申请，通过分期平台的 APP 或者微信公众号线上提交资料，审核通过的客户在当场签约借款协议及手术协议之后，可当场消费做手术。

（3）获客方式。医美活动主要集中在线下，医美分期平台在获客上可以分为直客医院获客和渠道医院获客。直客医院一般为大型知名的连锁机构，客户来源于门店；而渠道医院的客户来源于渠道中介。大型医美机构推荐客户会要求分成返点，小型的医美机构则愿意自己贴息为其客户推荐

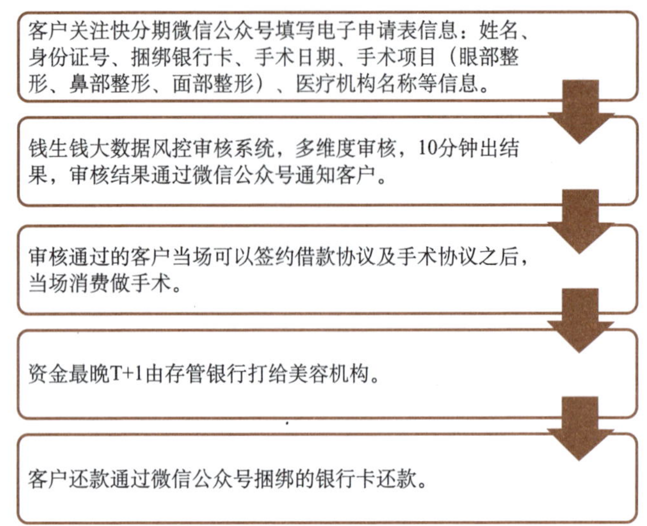

图 3－26　医美分期业务流程

分期服务以促成客户消费。

目前线上 APP 获客方式也在逐渐升温，线上 APP 不仅为客户提供分期服务，还为客户提供整形咨询、整形经验分享等社区功能，信息相对透明化，同时可进行市场的规范教育，相比于线下获客，线上 APP 获客成本较低。

医疗美容 APP 处于发展初级阶段，目前已初步形成“一大五小”的格局，新氧一家独大，更美、悦美、美黛拉、美呗、美丽神器各有千秋。

医美分期平台的获客成本主要包括线下医疗美容机构门店的驻点人员成本、医疗美容机构的客户返点成本及线上的推广运营成本。

（4）风险控制：

①风控模式：

a. 机构准入。医美分期平台对医院的准入标准是：第一，大中型连锁机构，信誉口碑较好；第二，医院有能力承担事故风险；第三，法人及公司征信等无其他负面信息。

医美分期行业的客户欺诈骗贷风险相对于其他消费分期会略小一些。

因为分期平台会将钱直接打给医美机构，客户在中间环节不会接触到资金；且放款是基于真实的美容整形项目，分期平台可以针对手术环节的真实性来防止欺诈。风险主要来源于客户与医美机构联合骗贷，因此分期平台需严格审核机构的准入。

随着 2016 年底的医美行业骗贷风波，大多数医美分期平台加强了机构准入和客户准入，部分规模较大的分期平台开始只从直客医院获客，大分期平台如米么、快分期等都只与连锁大整形医院合作。

b. 客户贷前审核：

客户准入：18 ~ 55 周岁，大学生、白领工薪阶层、服务业等人群，必须有稳定合法的收入或者个人合法资产来归还贷款本金和服务费。

审核方式：机审 + 人工审核。主要依托数据风控模型审核（基于 FICO 评分及用户行为分析）及人工核验进行审核。

贷前审核指对客户进行黑名单库的检测，反欺诈主要核实客户的身份信息、结合客户的社交行为数据及消费行为记录进行分析（京东、淘宝、唯品会等授权），同时核实借款用途的真实性（可通过线下医疗机构扫码申请、提供医师签字手术单、提供手术视频等方式防止欺诈）。

审核重点：主要基于用户的还款能力判断，同时结合客户的还款意愿。用户还款能力主要根据年龄、性别、工作、负债情况、消费记录（消费偏好及消费能力）等维度进行判断。客户还款意愿可根据聚信立通讯录信息（与父母通话次数及工作电话次数等）、芝麻信用、同盾等外接第三方征信数据辅助判断。

c. 贷后催收。逾期的客户由内部催收人员进行催收，催收方式以电话催收为主，账龄达到 M2 及以上的客户，由其在医疗美容机构的线下门店人员进行线下辅助催收。

②医美分期平台面临风险。医美分期行业的风险因素主要表现为四个

方面，即政策风险、行业风险、经营风险和风控风险。

a. 政策风险。国家对医疗（整形）行业的监管开始趋严，2017 年 7 月，国家卫生计生委、中央网信办、公安部、人力资源社会保障局、海关总署、工商总局、食品药品监管总局等 7 部门部署严厉打击非法医疗美容专项行动，持续至 2018 年 4 月，内容包括非法机构、非法分子、非法场所、非法药品和医疗器械、非法培训、非法广告信息，囊括了整合医美产业链，各地区纷纷开展医美行业整顿。政策的监管也会对医美行业的发展造成较大影响。

b. 行业风险。由于医美分期机构众多，行业风险主要表现在同业竞争上。医美分期机构模式基本相同，所以往往通过恶性竞争抢占市场份额，导致利率下降，难以盈利。而大型流量端的进入，导致医美分期机构的获客及议价能力减弱，无法争取到盈亏平衡点之上的资金点位，经营困难。

c. 经营风险。医美分期自身的管理问题也较为严重。前期医美分期派人员驻点医院的模式给分期机构带来了沉重的人力成本，还面临着驻点人员与医院勾结的危险，出现大量的骗贷现象，导致坏账率居高不下。后期医美分期机构逐渐撤销驻点人员，严格医院准入，虽然降低了坏账率，但也导致市场规模难以扩大。

d. 风控风险。医美分期的风控风险主要表现在客群选择、自身风控模型的实力、风控模式和信息来源渠道等方面。为防止骗贷，对客群的甄别成为了医美分期机构风控的重中之重。医美分期机构自身的风控实力越强便越有优势，越能甄别出正常的消费者和骗贷者，降低平台自身坏账率。

（5）资产质量表现。目前行业龙头为么么贷。米么金服旗下的么么贷于 2015 年初开始入场医美分期市场，属于行业内开展此业务较早的平台。根据么么贷官方提供给清流消费金融的数据，其单月的放款量约为 5 亿元，占市场份额的 50%，但官方称么么贷并未实现盈利，医美分期平台普遍存在盈利困难状况。

盈利困难的原因在于产品利息低，且医美分期产品不收取服务费、手续费等。有关坏账问题，目前医美分期行业的坏账率基本在 3% 左右，产生坏账的主要原因为骗贷。

（6）交易结构。医美分期的交易结构主要涉及三个主体——医疗美容机构、分期平台、借款人（见图 3－27）。其三者之间涉及的法律合同主要有借款人与分期平台签订的借款合同、借款人与医疗美容机构签订的手术协议、医疗美容机构与分期平台之间的合作协议。详细合同列表见本书附录。

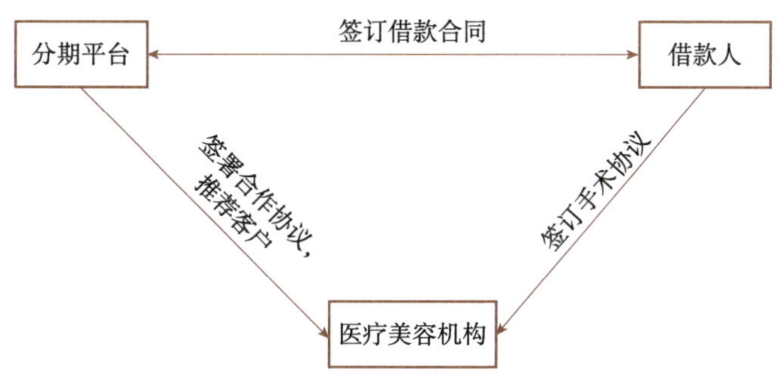

图 3－27　医美分期法律体系

3.3　车贷类

3.3.1　行业分析

3.3.1.1　概述

随着中国市场经济的快速发展，城市化进程的脚步不断加快，人民的生活水平也在不断提高，越来越多的人无法满足于公共交通工具，纷纷将购车作为家庭消费的重要一环，随之兴起的车贷成为金融行业的又一宠儿，金融市场上的车贷资产大量涌现。车贷发展之初，业务主要是消费车贷，即金融机构在销售汽车过程中为消费者提供的购车贷款，这一业务在促进消费者购车的同时也推动了汽车金融的发展。随着市场上存量汽车的增多，二手车市场逐渐兴起，二手车买卖成为可能，在其推动下，车辆抵（质）押贷业务开始萌芽，并伴随着二手车市场的兴盛而逐步繁荣。近年来，互联网金融的兴起和发展进一步推动了车贷行业的发展，由于汽车本身具备风险易控、便于处置等特点，且符合小额分散的监管要求，越来越多的互联网平台选择将车贷作为资产进行业务运作，互联网 + 车贷的模式逐渐兴盛。

3.3.1.2　汽车消费贷的发展

（1）发展历程。汽车消费贷的发展始于 20 世纪 90 年代初，经历了萌芽、井喷式增长之后，汽车消费贷无论是从政策监管方面，还是从运营机制、风险控制方面均进行了一定的调整。调整期后，汽车消费贷行业步入了稳步发展期，到 2017 年，中国的汽车消费贷发展已然经历了 10 多年的稳定期。表 3 – 14 为详细的汽车消费贷发展历程介绍。

表 3 – 17　　　　汽车消费贷发展历程

发展阶段	时间	主要内容和事件
萌芽阶段	1995—1999 年	市场出现分期付款购车理念并开始实践，金融机构参与汽车消费贷业务，然而个人信贷市场并不发达，汽车消费贷业务发展较慢，这一阶段中国人民银行出台了《汽车消费贷款管理办法》对汽车消费贷业务进行监管
井喷阶段	1999—2003 年	汽车市场发展带动了汽车消费贷业务的迅速发展，汽车消费贷规模由 1999 年的 29 亿元发展到 2003 年的逾 2 000 亿元，但这一市场基本为商业银行所垄断
调整阶段	2003—2004 年	社会信用体系不健全、相关的法律法规尚不完善、车价逐步下降，导致坏账大面积出现，保监会叫停车贷险业务，汽车金融行业进入调整期
稳定兴盛阶段	2004 年下半年至今	汽车金融公司进入市场，银监会出台相关的监管条例规范市场，并发布《汽车管理办法》取代《汽车消费贷款管理办法》，推动汽车消费贷业务的专业化和规模化发展，汽车消费贷的风险管理水平逐步提高，汽车金融的渗透率也逐步上升，汽车消费贷行业进入稳步发展阶段

资料来源：汽车工业协会。

（2）发展潜力。汽车消费贷业务的发展主要取决于三个基础条件，分别是较低的资金成本、较高的风控水平、较稳定的获客渠道。随着业务的不断成熟、市场的不断繁荣，汽车消费贷的资金成本逐步趋于市场化，金融机构的风控能力也不断提高，影响汽车消费贷业务发展的主要因素在于客源市场，客源市场的大小由汽车产销量规模和汽车金融渗透率两个因素决定。

从汽车的产销量来看，如图 3－28 所示，中国 2014 年汽车产量为 2 372.29万辆，销量为 2 349.19 万辆，同比分别增长了 7.26% 和 6.86%，连续六年排名全球第一；2015 年中国汽车产销总量略有放缓，产量为 2 450.33万辆，销量为 2 459.76 万辆，同比分别增长 3.25% 和 4.68%，尽管增速放缓，仍然保持全球第一；2016 年中国汽车产销量增长再创历史新高，产量完成 2 811.9 万辆，销量完成 2 802.8 万辆，比 2015 年分别增长 14.5% 和 13.7%。2017 年虽然增长幅度减小，但仍然保持增长的态势，产量达到了 2 900 万辆，销量达到了 2 888 万辆。不断增长的产销量规模表明，汽车消费贷的市场容量很大。

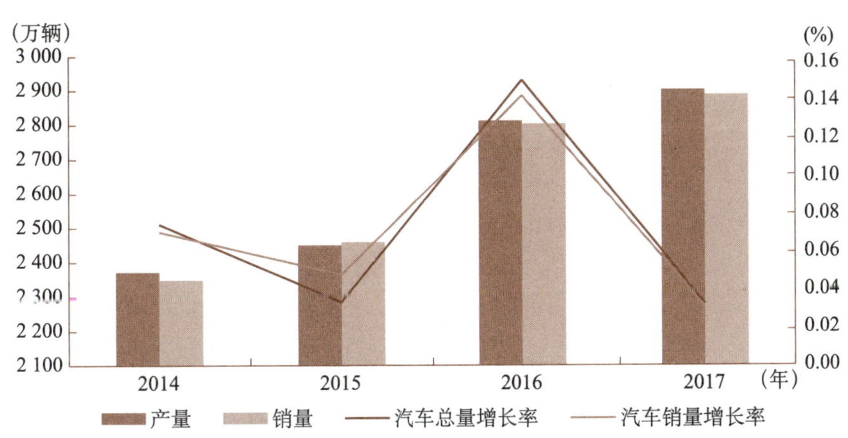

图 3－28　2014—2017 年我国汽车产销量情况

资料来源：中国汽车工业协会。

汽车金融渗透率主要指通过贷款或融资等金融方式所购买的车辆数占

总销售车辆数量的比例，这一指标主要用来衡量一国汽车金融的发展程度。从全球范围来考量，这一指标平均已超过 50%，其中欧美等发达国家这一指标甚至接近于 90%。相较而言，中国的汽车金融渗透率表现较差，2014 年中国的汽车金融渗透率为 20%，2015 年上升至 35%，2016 年在 38% 以上，远低于国际平均水平。单从新车的金融渗透率来考量，2016 年，美国新车这一指标已经达到 86%，德国为 75%，英国为 90%，而中国仅仅达到了 38%，使得中国与其他国家也相差甚远。

国外汽车金融渗透率指标的表现，得益于其发展较为成熟和全面的个人信用征信体系。完善的体系保证了金融机构方便而快速地获取借款人的资信记录，简化了各种汽车金融方式下的放贷流程，方便借款人进行车辆抵（质）押。例如，在美国，查询个人的信用记录只需通过美国信用调查局，借助于网络便能很快获取客户的征信信息，通常来讲，客户的还款占收入的比达到 40%，即可能被汽车金融公司拒绝；在德国，工薪阶层（雇员）基本都有薪工账户或者汇划账户，汽车金融公司能够通过这个账户，查询客户的经济能力、债务负担、偿债能力等信息，根据获取的信息作出是否向其发放贷款的决策。相较而言，中国的个人信用体系并不健全，目前尚无成型的信用体系，各大汽车金融平台对客户的个人信用信息采集较为困难，获取征信信息的成本也比较高，这也是导致中国汽车金融的平均渗透率远低于国外的原因。

因此，从汽车金融的渗透率来看，中国目前的汽车金融渗透率是限制汽车消费贷业务规模的主要因素。但综合汽车产销量因素考虑，中国庞大的汽车消费市场仍在一定程度上推动了汽车消费贷业务规模的扩大，而随着中国汽车金融的渗透率逐步提高，汽车消费贷业务的市场潜力将被不断挖掘。

3.3.1.3 车抵（质）贷的发展

（1）发展历程。车抵贷（车质贷）是指因个人资金周转困难或企业生产运营资金需要，将其自有车辆作为抵押物（质押物）向金融机构贷款的行为，其目的是快速获得周转资金，但由于汽车贬值较快，通常情况下，这类抵押贷款的金额仅为车辆在二手车市场上售价的 5 ~ 8 成，而质押形式相较抵押形式要高 1 ~ 2 成。

车抵（质）贷行业发展的契机源于二手车市场的兴起，随着二手车买卖规模的逐步扩大，二手车成为了各区域价格相对统一并能够短期保值的商品，在车辆抵（质）押贷款无法追回的情况下，通过处置二手车抵押物可以快速实现资金回款。换言之，车抵（质）贷行业本质上与二手车市场的发展息息相关。二手车市场兴起于 2009 年，当时针对的客群是缺少资金的年轻人和有购买运营车需求的企业主或个人，市场上交易的车辆品牌主要为一汽捷达；2010 年，二手车市场开始进入丰富期，市场上交易的车辆种类开始增加，品牌增加了伊兰特、飞度、雅阁、凯越等，车型除了小轿车，还有客车、载货车、越野车等；2012 年，随着互联网的发展，优信二手车、瓜子二手车等二手车交易网站陆续出现，二手车市场开始进入线上化，同时，滴滴、Uber 等网约车平台的出现和兴起，拓展了二手车的消费市场，进一步推动了二手车的发展。随着二手车市场的兴起和繁荣，车抵（质）贷行业逐步兴盛，越来越多的个人和个体工商户等通过车辆的抵（质）获得周转资金借款，一旦到期无法偿还本息，金融机构以抵（质）押车辆在二手车市场处理，挽回贷款损失。

如今，在互联网浪潮的推动下，新的车抵（质）贷模式——互联网 + 车抵（质）贷模式迅速崛起并蓬勃发展，越来越多的互联网金融机构加入到传统的车抵（质）贷业务中，车抵（质）贷的发展进入繁荣期。互联网 + 车抵（质）贷模式根据借款人的不同，分为一般车抵（质）贷和车商贷款，图 3 - 29 是两种模式的发展历程和规模。一般的车抵（质）贷的借款人主要是个人或个体工商户等，以自有或直系亲属等的汽车作为抵押

（质押）物，通过互联网金融机构获得借款，而车商贷的借款人一般是汽车经销商和汽车融资租赁公司，多为中小企业，以车辆抵押盘活资产，获取短期周转资金，额度相较一般的车抵（质）贷更高，但是目前发展规模相较而言非常小。

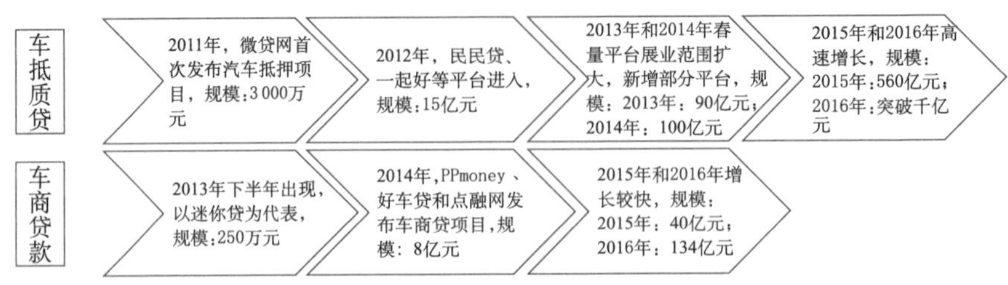

图 3－29　联网＋车抵（质）贷模式业务模式的发展历程和规模

资料来源："零壹智库"出品的《中国汽车互联网金融发展报告 2017》。

随着互联网＋车抵（质）贷业务逐渐兴盛，互联网＋车抵（质）贷业务在整个车抵（质）贷行业中扮演着越来越重要的角色，不仅吸取了传统车抵（质）贷的经验和模式，还在此基础上发挥了互联网的优势，进行了创新，而在互联网＋车抵（质）贷业务的发展中，表现最突出的是 P2P 车抵（质）贷业务。因此，下文主要以 P2P 车抵（质）贷业务为例，进行车抵（质）贷的相关分析介绍。

图 3－30 是 2011—2016 年 P2P 车贷行业交易额发展规模和发展趋势图。根据 P2P 车贷行业数据，在可考证的时间范围内，P2P 平台线上发布车贷项目最早可追溯到 2011 年，以小额消费购车和个人汽车抵押的形式出现，当年车贷交易额在 3 100 万元上下，交易额行业（P2P 车贷行业）占比 1.6%；2012—2013 年，抵押/质押型项目增长明显，车贷交易额 2012 年增长至 15 亿元上下，行业占比 7.5%，2013 年增长至 93 亿元上下，行业占比 8.5%；2014—2015 年，P2P 车贷规模增长迅猛，2014 年交易额达到了 195 亿元，2015 年车贷平台数量增长更甚，年交易额达到了 665 亿

元，但是 P2P 车贷规模的增长速度仍然慢于行业整体，因此从相对比率来看，2014 年车贷占比回落至 6.5%，2015 年增至 6.8%；2016 年，P2P 车贷交易额攀升至 1 616 亿元上下，业务量同比增长 143%，行业占比同比增长 1.5%，而其中抵/质押类业务达到了 1 311 亿元，占 83.1%。根据最新数据，2017 年 6 月 P2P 车贷单月交易额达 204.64 亿元，平均借款期限为 5.48 个月。

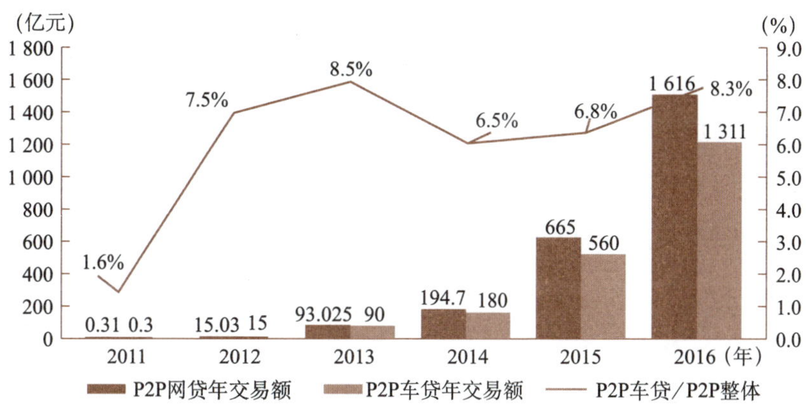

图 3－30　2011—2016 年 P2P 车抵（质）贷行业交易额发展规模和发展趋势图

资料来源："零壹智库"出品的《中国汽车互联网金融发展报告 2017》。

以互联网＋车抵（质）贷发展较为迅速的 P2P 车抵（质）贷平台为例，目前互联网＋车抵（质）贷业务的发展已初具规模，并形成了一定的行业规范。表 3－18 以平台规模为基准，选取了截至 2016 年底排名前十的 P2P 车抵（质）贷平台，具体信息见表 3－18。

表 3－18　　平台规模排名前十的 P2P 车抵（质）贷平台信息表

序号	平台名称	成立时间	注册资本（万元）	平台背景	平台规模	门店数量	存管银行
1	微贷网	2014/12/25	12 809.98	上市公司	1 061 亿	430 家	厦门银行
2	投哪网	2013/11/19	10 000	上市公司	400 亿	300 家	广发银行
3	人人聚财	2011/10/11	5 376.89	民营系	199 亿	120 家	厦门银行
4	迷你贷	2013/10/23	2 000	风投系	49 亿	19 家	江西银行

续表

序号	平台名称	成立时间	注册资本（万元）	平台背景	平台规模	门店数量	存管银行
5	拓道金服	2013/11/05	5 000	风投系	33 亿	81 家	北京银行
6	玖融网	2014/7/28	2 500	上市公司	31 亿	41 家	江西银行
7	图腾网	2014/10/28	1 278.2	上市公司	31 亿	75 家	江西银行
8	豫商贷	2014/6/30	10 000	民营系	15 亿	N/A	河北银行
9	沪商财富	2014/12/9	10 000	上市公司	13 亿	5 家	江西银行
10	果树财富	2014/5/20	1 875	上市公司	11 亿	20 家	江西银行

资料来源：IT 桔子和网贷天眼。

（2）发展潜力。车抵（质）贷业务的发展和繁荣得益于其产品属性、业务属性和市场供需三个因素，未来的发展潜力仍然很大。

产品方面，车辆抵（质）押贷款产品本身的属性特点是其迅速发展扩张的根本。从额度来看，车辆抵（质）押贷款产品的平均每笔借款金额多为 8 万 ~20 万元，与监管层对互联网金融机构的分散化的特性要求相符①；技术层面上，随着二手车市场的繁荣，汽车估价已非常成熟，汽车估价模型的运用使得标的车辆价格的确定不但方便，而且不同区域相差也不大；从借款周期角度分析，车辆抵（质）押贷款产品的借款人，主要为短期资金周转而借款，集中表现为 1 ~24 个月的借款周期，在周期的选择上比较灵活；从风险控制方面来看，以车为抵（质）押物，并在车管所办理抵押登记，一旦客户逾期，平台有权根据已经达成的协议处置抵（质）押车辆，因此一定程度上风险比较容易控制，而抵（质）押车辆的处置渠道也比较多，除了拍卖和法律诉讼等，上文讲到的二手车交易市场的发展与活跃也大大促进了标的车辆的快速处置。这些产品属性表明，车辆抵（质）押贷款产品的运作更符合监管要求，更易标准化，也更便于快速复制和广泛推广。

---

① 2016 年 8 月 24 日银监会正式发布的《网络借贷信息中介机构业务活动管理暂行办法》（以下简称“暂行办法”）中，监管层明确规定了借款人在网贷平台的借款上限，同一自然人在同一 P2P 平台上借贷不得超过人民币 20 万元。

业务方面，随着互联网的发展，互联网 + 车辆抵（质）押贷款的创新线上业务模式突破了传统车贷的局限，提高了市场投融资效率，一定程度上分散了风险，是其业务不断发展扩大的保障。传统的汽车抵（质）押贷款局限性主要包括三个方面：其一，传统的汽车抵（质）押贷款主要由小贷公司或典当行等民间金融借贷类企业投资，而银行基于汽车贬值较快等因素的考虑，不愿意大规模涉足汽车抵（质）押贷款领域，因此投资主体和投资规模有限；其二，传统的汽车抵（质）押贷款业务因备受地域限制影响，车贷业务基本被局限在企业所在地区，很难进行全国性的大范围扩张；其三，线下对投资人和借款人的匹配备受投资时间的限制，业务效率不高。相较而言，互联网 + 车辆抵（质）押贷款将投资项目由线下模式转至线上模式，很大程度上避免了上述传统车贷的局限性，不但扩大了投资人的范围，也为投资人提供了更多可供选择的借款人，还突破了地域限制和投资时间限制，跨地域满足了投资人和借款人的投融资需求，提高了投资人和借款人的匹配效率，促进了市场资源的最优匹配。

供需方面，中国庞大的汽车存量规模和增长速度为车辆抵（质）押贷款业务的发展提供了潜在的扩张空间。如图 3 – 31，从总量来看，中国 2014 年汽车保有量为 1.54 亿辆，无论是新注册量还是年增量都达到了历史最高水平；2015 年汽车保有量为 1.72 亿辆，同比增长了 11.69%；2016 年中国汽车保有量达到了 1.94 亿辆，2017 年突破两亿，达到了 2.17 亿辆。然而，2017 年中国抵押车辆的规模仅占汽车保有量总规模的 0.6%，发达国家（美日等）该比例已经达到 5% 左右，所以中国的车辆抵（质）押贷款业务的潜在增长空间很大。如果假设每辆车 10 万元，按车辆价格的 70% 放贷，每 1% 的车辆融资规模就将达千亿元级别。

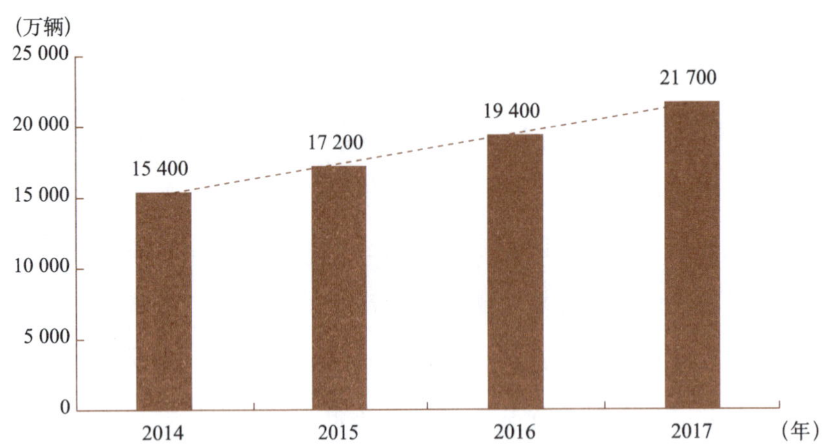

图 3－31　2014—2017 年我国汽车保有量规模与增长情况

资料来源：中国汽车工业协会。

3.3.2　业务分析

3.3.2.1　汽车消费贷业务介绍

汽车消费贷发展较早，后期随着参与的金融机构主体不断增多，业务模式逐渐丰富，不同主体参与汽车消费贷已形成一定的范式。此外，二手车市场的兴起也带动了二手车消费贷的发展。下文分别从新车和二手车两个角度分析汽车消费贷的业务和盈利模式。

(1) 新车消费贷业务介绍。中国的新车消费贷业务模式比较单调，依据业务流程的框架主体所承担责任的不同来划分，主要有三种模式，分别是以商业银行为框架的直接业务模式、以经销商为框架的间接业务模式和以汽车金融企业为引导的信贷业务模式。不同模式下的金融机构主体和其他参与主体不同，业务模式也各有范式。

①以商业银行为框架的直接业务模式。以商业银行为框架的直接业务模式，是由客户直接向银行提交申请购车贷的相关资料，银行经过审查和调研后，作出是否同意申请贷款的批复。如审查不过，直接拒绝批复。如

审查通过，批准客户申请购车贷款，则与客户签订相关的购车合同和担保合同，合同签订后，客户即可到与申请贷款银行合作的汽车销售商那里选购车辆，购车款由商业银行转至汽车销售商处。详细的流程图如图 3－32 所示。

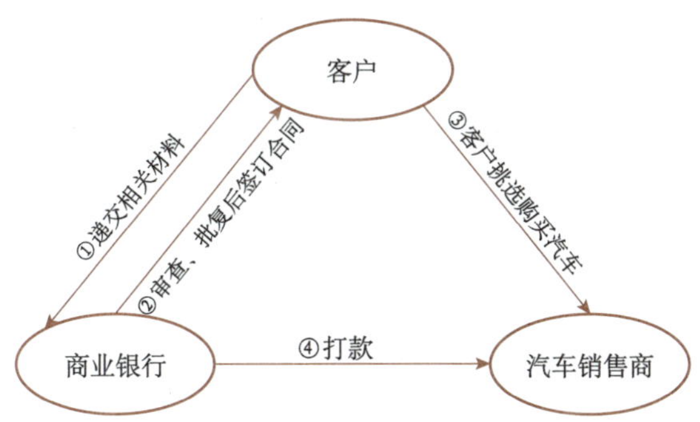

图 3－32　以商业银行为框架的直接业务模式流程图

该模式省却了很多的中间环节，业务完整周期下的流程较为简单，便于贷款的管理和控制，且商业银行拥有长期运营下积累的客户征信资料，方便对客户进行资信考评，降低违约风险。

②以经销商为框架的间接业务模式。以经销商为框架的间接业务模式，是由客户首先在经销商处挑选车辆，确定车辆型号后，向经销商提交相关的分期付款资料。经销商对客户提交的资料进行初审，审核通过后，进行保险申报和记录，并向银行等金融机构提交客户资料，帮助客户完善信贷环节的相关手续。银行等金融机构根据客户资料进行二次审核，如审核不过，直接拒绝；如审核通过，则由客户、经销商和银行等金融机构三方订立合同。客户付完购车首付款后即可提取车辆，后期由经销商代银行等金融机构收取贷款本金回款和利息。详细的流程图如图 3－33 所示。

该模式下，经销商不但作为汽车销售商销售车辆，还是客户个人资信状况及信贷风险的管理方和把控方，一定程度上承担了部分的信贷风险，一般收取4%左右的手续费作为风险补偿。

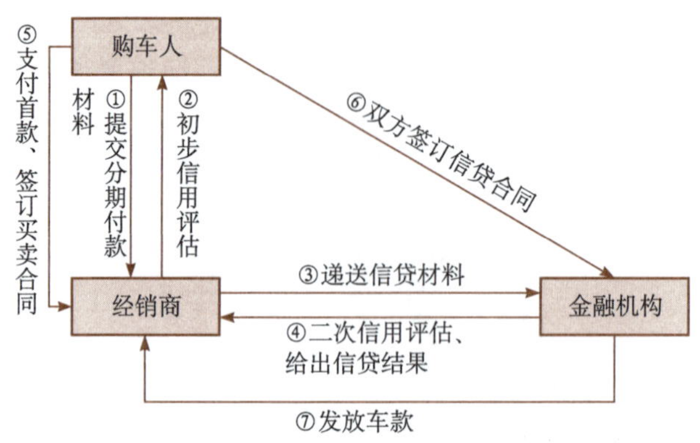

图3－33　以经销商为框架的间接业务模式流程图

③汽车金融企业引导的信贷业务模式。汽车金融企业引导的信贷业务模式，是由客户首先在汽车营销企业挑选车辆，确定购买车辆信息后，向其提供申请资料和相关的资信证明材料，汽车营销企业将资料提交至汽车金融企业审查，必要情况下汽车金融企业要对客户进行线下走访，进一步核实客户信息的真实性和资信状况。如若审核未通过，直接拒绝客户申请；如审核通过，则与客户签订信贷合同，客户缴纳购车首付款后即可提取车辆。详细的流程图如下图3－34所示。

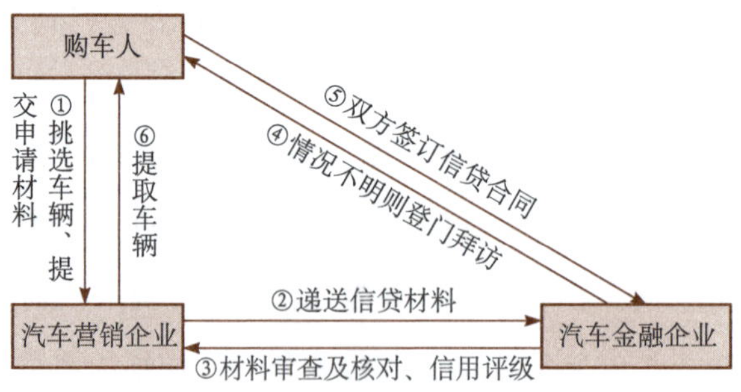

图3－34　汽车金融企业引导的信贷业务模式流程图

该模式下购车信贷申请的手续和流程较为简化，基于汽车金融企业的专业化程度较高，对客户的购车信贷审查和批复比较快，客户体验比较好。

（2）二手车消费贷业务介绍。二手车零售的金融参与主体主要有商业银行、汽车金融公司、经销商、电商平台及非电商性质互联网巨头，如表3-19所示，不同的参与主体在资金来源、产品特点上各有不同，形成了各自一定的优势，也不可避免均存在一定的劣势。在二手车的整个交易链条上，基本上2/3以上的交易都是由二手车经销商独立完成的。然而，二手车经销商的融资需求长时间以来无法得到满足，一方面代售二手车很难作为抵押物获得银行的征信；另一方面传统的金融机构也无法将其划定为中小企业进行综合授信。近年来，随着二手车在线交易网站、零售电商等多种模式的快速发展，二手车市场打破僵局，迎来了创新式的新发展。

以优信二手车为例，依托二手车电商平台优信二手车而发展起来的优信金融，为在优信平台上交易的2万多家二手车经销商提供了库存融资服务，且无实物抵押、无担保，只需电子化质押，利率优惠。由于优信二手车电商平台掌握了二手车的销售信息和关键财务指标等，一方面能够为经销商的审核提供依据；另一方面根据这些数据，能为平台建立数据模型，能够较为准确地决定贷款额度。因此，在其推动下，经销商的融资需求得到了一定程度上的满足，二手车市场迅猛发展。

表3-19 不同金融参与主体的二手车零售特点对比

	资金来源	产品特点	优势	劣势
商业银行	银行存款	1. 首付比例不得低于50%； 2. 征信要求较高； 3. 审批和放款效率较低	双低：利率和资金成本较低	1. 依托三方机构评估车辆，存在估价过高进而增加放贷风险的隐患； 2. 违约的追回成本较高，缺乏二手车处置渠道和经验
汽车金融公司	银行贷款、同业拆借和资产证券化	首付比例较低，10%，甚至零首付	拥有专业的二手车认证服务和品牌背书	多针对本品牌车辆，很少涉及其他品牌车型

续表

	资金来源	产品特点	优势	劣势
经销商	银行贷款和资产证券化	首付比例、尾款以及利率的确定比较灵活	1. 拥有比较专业的二手车服务平台，包括线下评估检测业务； 2. 销售渠道广，渗透到三四线城市，比较贴近消费者	融资成本较高，缺少资金，影响其规模化发展
电商平台	合作金融机构	线上化审批，速度较快，效率较高	拥有流量优势	产品不够丰富，可能出现坏账等系统性风险
非电商性质互联网巨头	小贷公司	1. 一般为零首付，但需提供一定比例的保证金（多为10%）及第一期的月供； 2. 积累了用户的消费等行为数据，征信信息较多	拥有客户多维度的信息，包括交易数据、社交数据和行为数据等，能够降低欺诈风险	可能出现坏账等系统性风险

3.3.2.2　车抵（质）贷业务介绍

（1）业务介绍：

①业务概述。P2P 车抵（质）贷是 P2P 理财平台依托平台自身的融资及三方资金渠道推出的一种抵押（质押）贷款业务，贷款人以自有车辆作为抵押物（质押物）取得贷款。图 3－35 为 P2P 车抵（质）贷业务的简易模式图，在资金端，出借人向 P2P 网贷平台投入资金并获取一定的收益，P2P 网贷平台利用获取的资金开展车贷业务，通过线下审核车辆及线下线上综合人审，最终决定是否向借款人发放贷款。在资产端，借款人以车辆为抵押物，通过押证或押车形式申请借款，满足资金周转的需求。

表 3－20 为 P2P 车抵（质）贷的 SWOT 分析，分别针对其优势、劣势、机会和威胁进行了阐述。尽管 P2P 车抵（质）贷行业有诸多无法忽视的劣势和威胁，其优势和机会仍然吸引着广大平台入场发展。截至 2017 年 12 月，P2P 车抵（质）贷行业的单月交易额已经达到了 230.15 亿元，发展势头较好。

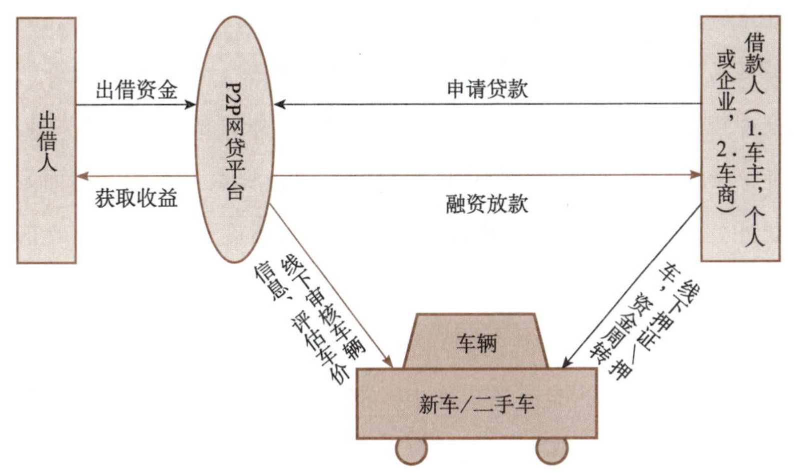

图3-35 P2P车抵（质）贷业务简易模式图

表3-20 P2P车抵（质）贷SWOT分析

P2P车抵（质）贷SWOT分析			
优势（S）	1. 业务层面：运作模式标准可复制，便于门店扩张 2. 风控层面： 车辆抵押，有车管所登记记录查询及GPS定位跟踪； 车辆质押：车辆保管于平台车库，受平台控制，如果发生违约，车辆变现能力相对于房产更快捷 3. 法律层面：小额分散，较符合暂定办法对限额的规定	劣势（W）	1. 采取线下风控模式，分公司和风控专员需尽可能覆盖多个地区，属于重资产类型 2. 地域特色明显，跨地区发展及流通受阻 3. 模式成熟，不容易形成差异化竞争策略 4. 车辆质押需要场所及人工，成本增加
机会（O）	1. 汽车消费市场存量和增量巨大，车抵/质押资产端来源广泛 2. 根据2016年8月24日出台的《暂行办法》，相对小额分期的P2P车贷业务合规性较好	威胁（T）	1. 银行、汽车消费公司等大的流量端入场，其拥有更专业的业务人员，将形成较大的冲击 2. 行业同质化，容易产生恶性同业竞争

②业务类型。P2P车抵（质）贷的业务类型分两种：车抵贷和车质贷，两种业务类型各有不同，下文将分别就这两种类型进行分析。

a. 车抵贷。车抵贷，是以车辆抵押为担保方式进行贷款的行为，借款人根据自身的资金需求提出借款申请，P2P网贷平台通过对车辆信息、借款人信息进行审查，通过后办理相应的抵押登记或证件收押流程，随后平台向投资人发布相关的借款信息，投资人进行投标。车抵贷的业务实质是车辆抵押贷款，需要车管所办理抵押登记手续，抵押的车辆需要安装 GPS，以保证 P2P 平台对车辆进行贷中跟踪检测，防止贷款人携车逃跑而发生违约；此外，抵押贷款具有信用成分，最终贷款额度是根据客户的信用表现、车辆评估价格综合确定。

b. 车质贷。车质贷的业务流程与车抵贷基本类似，不同的是，车质贷需要将车辆质押在平台自有的车库中。根据车的不同，车质贷分为新车质押和二手车质押。新车质押一般针对企业客户，通常为4S 店或经销商因资金流动性需要（库存融资）将待售车辆质押给车贷平台。另外，新车质押可分为中规车[①]和平行进口车[②]两种，一般平行进口车需要提供发票及购车合同，大贸车[③]还需要办理正常的海关手续，小贸车[④]则办理购车指标的转让手续。二手车质押主要针对个人用户，通常是用户风险相对较大或是车辆贷款成数要求较高时才会采用车辆质押。同时，车质贷对 P2P 平台车库管理能力及防盗抢能力要求较高。

车质贷目前有两种质押方式：一种是尚未办理抵押手续的车辆质押，另一种是已办理抵押手续的车辆质押。一般平台不接受已办理过抵押手续的质押业务，因为后续如若客户违约，涉及的纠纷较多，不过部分平台接受银行按揭车，但对按揭车授予的贷款额度相对较低。

---

① 中规车是相对非中规车而言的，二者均为国外生产厂同一流水线上的同样产品，为适应不同地区而在规格上略有不同，特定销往中国的汽车为中规车。

② 平行进口车是贸易商（并未经品牌厂商授权）从海外直接购买车辆引入中国销售，根据进口地的不同，车辆分为了“美规车”“欧版车”等，由于未经过总经销商、大区经销商、4S 店等销售环节，车辆价格低于同款车型的中规车。

③ 大贸车是指通过正规海关进口的车辆，而且经过正规经销商销售出去并缴纳购置税上牌可以随时更名过户的车。大贸车有海关货物进口证明书，有进口港的商检证，必须用进口许可证报关。

④ 小贸车是指国家为鼓励投资，对外商、海外留学生、华侨或投资额达一定数量的三资企业，每年都有一定的关税打折的国外车入境配额，这样的车业内称为“小贸车”。

c. 车抵贷与车质贷对比。两种模式具有相同之处，也有不同之处，分别如表 3－21 所示。

表 3－21　车抵贷与车质贷的对比

不同点		相同点
审查主体	车抵贷的审批额度基本是根据人的信用及车的评估价格综合而得； 车质贷基本不考虑人的因素，主要根据对车的评估价格确定贷款额度	贷前都需对车辆参数信息（包括行驶里程等参数信息，是否为事故车、盗抢车、火烧车、水淹车等，车辆违章信息及车辆登记信息等）进行考察，确定车辆评估价格，倘若借款人违约，未按期偿还贷款本金和利息，逾期时间较长或已经失联，平台都将根据放款时签订的协议处置标的车辆
使用权的归属	质押模式下，实物车辆的使用权归平台，需把车辆质押在平台指定的车库，归平台统一管理，如果借款人逾期，平台可以通过实现约定把车辆变卖进行兑现； 抵押模式的贷中监测主要依赖车辆安装的 GPS 定位系统，借款人仍然拥有车辆的使用权	
风险差异	抵押模式下，平台易面临车主变卖、藏匿或质押给其他贷款平台的风险，相比车辆质押，车抵贷风险系数更高	

③业务流程：

a. 车抵贷业务流程。表 3－22 为车抵贷的一般借款流程表，介绍了车抵贷流程中的重要环节及每个环节涉及的经办人员。客户申请办理车抵贷，首先需提交申请资料，包括身份证、驾驶证、机动车登记证等，随后业务人员对资料进行审查，并通过与客户面谈了解客户的还款能力及还款意愿，在无任何异常情况下，业务员再将基本信息上传至总部，由总部进行进一步的网查和电核；与此同时，门店评估师会针对车辆参数信息对车给予报价，并将信息上传总部系统，由总部评估价格与门店评估价格二者取其低为最终评估价格；人审与车辆审查、评估无问题之后，双方进行签订合同、变更保险受益人、安装 GPS 等后续流程。期间若发现客户本人征信表现较差或车辆存在重大问题等，平台将派人到客户家里或公司进行实地外访。待上述手续办完之后，平台将借助 GPS 定位系统进行贷中监测，直至贷款到期后客户正常还款，若客户有违约行为，平台将启动拖车流程。

车抵贷业务在获客及风控层面的强本地化特点决定了其现有业务模式。在获客方面，客源主要集中在当地，负责获客的门店销售人员一般为当地人，通过插卡方式进行地推；风控层面，为了核实借款人的信息准确性及贷款用途的真实性，平台会根据具体情况对借款人采取面审、电审、家访等审查方式，同时，签订合同之后，为防止车辆失踪，车贷平台会在车辆上装配3~8个GPS，如果借款人发生试图拆卸GPS装置、长时间未移动、车辆开出本省或开入二手车买卖区域等情况，就会触发GPS报警，车贷平台会及时做出反应，通常会通知门店风控人员核实具体情况，一旦发现风险，车贷平台会触发线下催收人员进行拖车。

表3-22 车抵贷的借款流程表

序号	受理流程	经办人员	操作细则
1	资料受理	权证专员+门店业务员	由线下分公司业务员邀请，或者线上客户自行申请，提交借款申请表、身份证、驾驶证、机动车登记证等基础材料
2	客户初审	门店业务员	完成面审环节，了解客户基本信息
3	车辆评估	门店评估师+总部评估	由车辆评估师对车辆各项参数进行检查估价，总部根据评估师上传的参数信息，通过4S维修记录、车管所等另一套系统再次评估，综合两次评估出具车辆评估报告（一般以较低价为评估价）
4	终审	总部信审—信息部	信息部核查材料真实性，进行网查，针对部分客户还增加了电审，综合审查后，根据客户所有材料确定授信成数及额度
5	外访	门店业务员	业务员实地外访客户住址或公司，需家庭或公司照片及业务员自拍（一般客户本人征信数据表现较差或借款额度较大时，才会选择实地外访）
6	合同签订	门店业务员	准备借款合同等材料，签订合同并领取备用钥匙和GPS
7	更改保险受益人	门店业务员	贷款额度在10万元上下时（各平台各城市标准不完全相同），要求变更商业险第一受益人
8	装GPS	门店技术人员	根据放款金额安装2~6个不等
9	抵押登记	本地商经办	办理车管所抵押登记
10	放款	总部财务人员	财务人员根据审批支付金额进行支付
11	材料归档	权证专员	纸质材料进行归档，原件登记保管保管箱，做好台账与信息部核对
12	贷后管理	信息部及权证人员	还款提醒，GPS管理，解除抵押登记等

b. 车质贷业务流程。表 3-23 是 P2P 平台车质贷的借款流程表，介绍了车质贷业务流程主要环节及各环节的经办人员。与车抵贷不同，车质贷流程整体更加简化，仅对车辆参数信息进行评估，由门店和总部分别评估确定最终放款额度，即可签订合同，并将车辆存放至车库，随后向客户发放贷款。贷中监测主要是对车库的管理和抽查盘存，若客户违约，平台将根据客户的还款意愿和能力决定是否将车辆变现。

由于质押后车辆需存放于车贷平台的车库中，因此车辆质押对于平台车库的安全性要求很高，P2P 平台一般会在当地设有自己的专用车库，车库地点较为隐蔽，同时，平台设置全天无休实时监控，安排专门人员进行看管，定时巡逻，防止抢车事件发生。

表 3-23 车质贷的借款流程表

序号	受理流程	经办人员	操作细则
1	初审评估	本地评估师 + 总部评估师	本地评估师如实描述车况，初审人员根据市场价格进行评估
2	查档	信息部查档专员	客户同意初步报价后进行查档，总部通过 4S 维修记录、车管所等辅助评估
3	终审	总部评估部	根据查档结果及车辆材料给予终审额度
4	合同签订	权证专员 + 本地业务员	确认收集完整相关资料后与客户签订合同，随后安排车辆入库
5	材料核查	信息部查档专员	根据提交材料核查真实性
6	放款	财务人员	财务人员根据审批支付金额进行支付
7	材料归档	权证专员	纸质材料进行归档，原件登记保管保管箱，做好台账与信息部核对
8	贷后管理	信息部 + 权证专员	定期盘库并不定时抽查，还款提醒
9	坏账处置	总部处置部	根据客户断档车辆进行变现处理

④业务模式。P2P 车抵（质）贷的业务模式主要分为业务加盟模式、直营模式及平台加盟模式三种，其典型代表分别为中融金（钱包好车）、投哪网和微贷网，这三家同样也是仅有的全国性质的 P2P 车抵（质）贷平台，下文将分别对这三种模式展开详细的描述。

a. 业务加盟模式。图 3-36 是 P2P 车抵（质）贷业务加盟模式下的业务流程图，该模式是以借款人和出借人为纽带，联结 P2P 网贷平台和加盟商，进而形成一个闭合的业务流。其中，价格评估、经营控制和业务的对接是由 P2P 平台总公司把控，获客和催收工作则由合作加盟商（当地合作车行）负责。具体实践中，P2P 网贷平台一般与当地车行（主要为当地车贷公司、二手车车行和融资租赁公司）合作，车行驻点人员一般为一人，负责资料保存和实时监控。

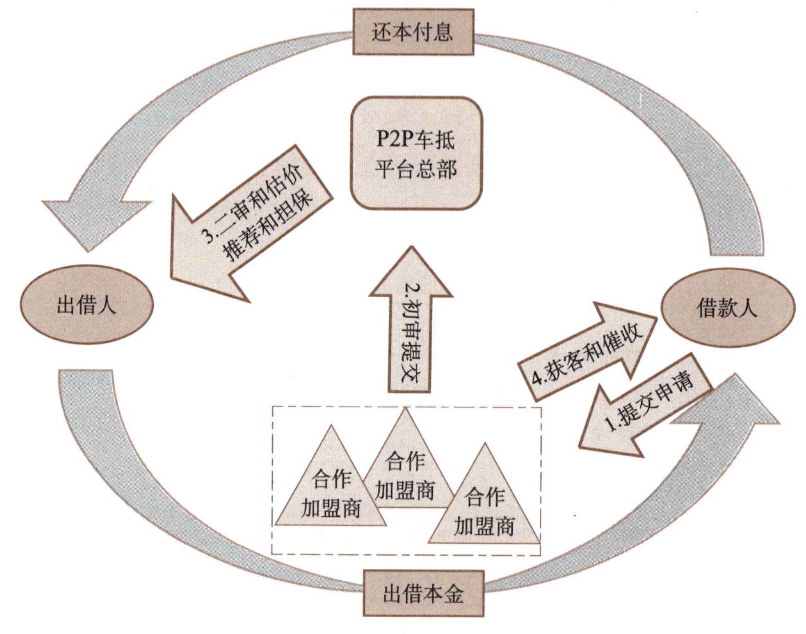

图 3－36 P2P 车抵（质）贷业务加盟模式流程图

业务加盟模式的优点：首先，采用与当地车行合作的方式，P2P 平台总公司不需要设立门店，运营成本较低，业务规模的扩展速度极快；其次，当地车行负责获客和催收环节，一方面更便于平台在当地拓展客源，另一方面由于当地车行在当地的资源较多，人脉较广，且熟悉当地环境，催收效率在很大程度上得到提高，事故处理能力较强。

业务加盟模式的缺点：首先，营业利润需要与当地车行共同分配，一定程度上降低了平台营业利润；其次，由于 P2P 平台总部对加盟商掌控力度有限，平台极易受到同行挖角的风险，如同一车行中有两家或以上 P2P 车抵（质）贷平台的驻点人员，可能出现驻点人员为抢夺订单而发生恶性竞争。当然，一些平台通过设立服务和资金的壁垒，如 T + 0 快速到账和较低的资金点位来获得对车行较强的控制力，这在一定程度上可有效地避免被挖角的风险。

b. 直营模式。图 3 – 37 是 P2P 车抵（质）贷直营模式下的业务流程图，直营模式是指由总公司直接在各个城市或区域成立办事机构或者开设分公司，由线下门店业务员推广获客或第三方机构推荐获客，初审后信息上传总部，总部复审最终决定是否通过审批及审批额度。业务模式、风控及资金等均由总公司统一管理，门店的审批流程较为标准化。

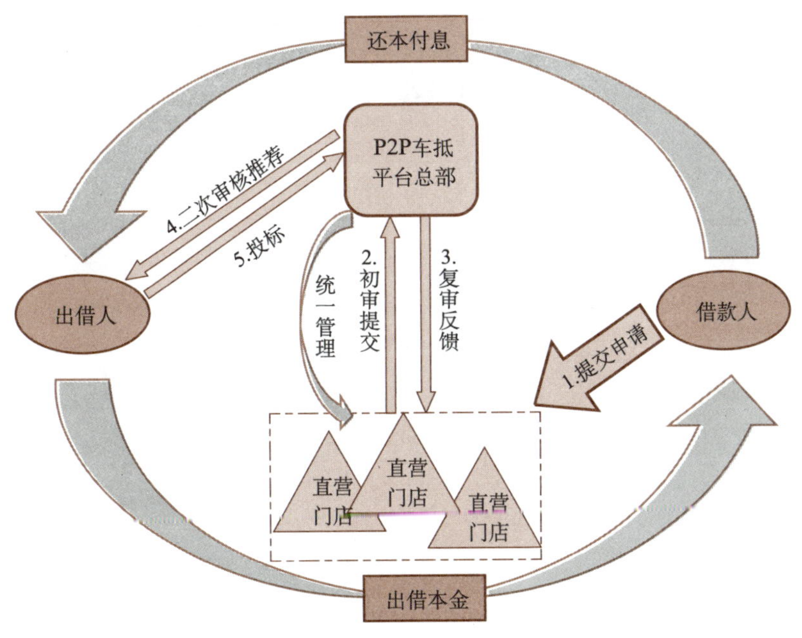

图 3 – 37　P2P 车抵（质）贷直营模式流程图

直营模式的优点：所有门店均为直营，对线下门店的控制力较强，获得的利润相较其他模式更高。

直营模式的缺点：首先，线下门店较多，人员组成复杂，对人员的管理较难，经营成本高；其次，由于采用直营模式，相较合作加盟商方式而言，直营模式在当地的力量比较薄弱，事故处理能力较差，且门店在全国各地的推广难于展开。

c. 平台加盟模式。图 3－38 是 P2P 车抵（质）贷平台加盟模式下的业务流程图，平台加盟模式是指以 P2P 网贷平台主体为一个整体，对各地区的加盟商进行地域划分，且由加盟商负责独立操作后台，并在加盟商自己的平台上展开业务，将业务不断铺展至全国，而风控则由总部把控，线上进行处理。下文以微贷网的模式为案例对平台加盟模式进行分析研究。

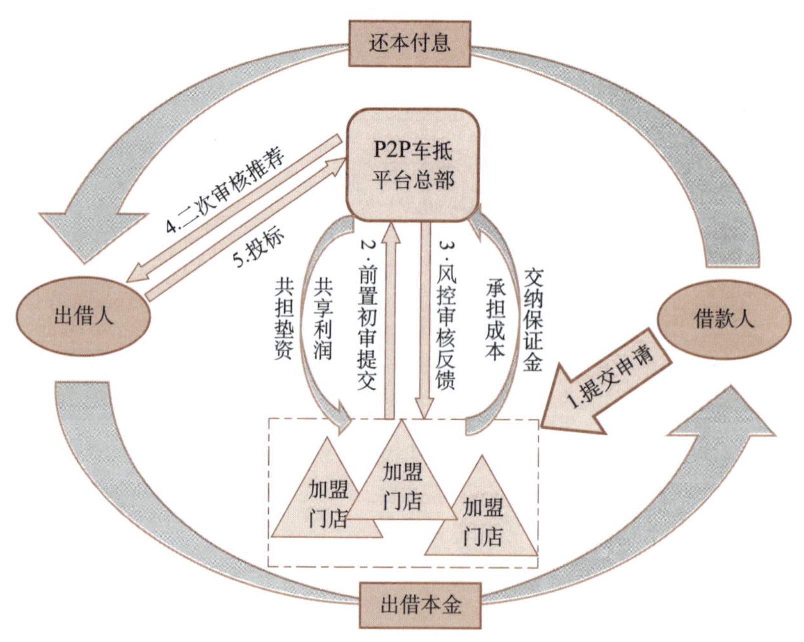

图 3－38　P2P 车抵（质）贷平台加盟模式流程图

微贷网成立早期，考虑到营业部的开设成本和运营成本较高，采取了加盟模式推进业务。该模式下加盟商以企业主体加入，按放款金额的一定比例向微贷网平台缴纳保证金，成本支出则由加盟商自己承担，逾期垫资由微贷网与加盟商共同承担，利润则由微贷网与加盟商共享。风控流程设置上，微贷网开设在全国各地的营业部做风险前置审核，营业部设置了业务员、资信人员和 GPS 安装人员，进件业务需通过业务员和资信人员的审核，再由总部风控端进行大数据风控审核，审核通过后，营业部进行后续合同签订、GPS 安装等流程，最终确认放款。其中，总部风控端设置了资料审核、电话审核、组长复核、审批经理、风控总监等逐级审核环节。另外，微贷网实行贷审分离，在审批权限的设置上，任何部门都不能独立完成整个审批流程。

B2C 模式的优点：采用与当地加盟店合作的方式，一方面节约了开设门店和运营的成本；另一方面由于人员属地性强，获客能力较强，对事故的处理速度也较快。

B2C 模式的缺点：对当地的加盟店管理难度较大，控制不足易导致事故频发，影响品牌声誉。

（2）产品及客群分析：

①产品分析。目前的 P2P 车抵（质）贷产品中，借款期限通常以 1 ~ 24 个月为主，借款金额大多在 8 万 ~20 万元之间，贷款利率为年化18% ~ 25%。由于车贷产品有担保物（抵押物）作为保障，欺诈风险较低，因而 P2P 车抵（质）贷行业通过率相比信用贷平台要高很多，基本能够达到 80%左右，而坏账率控制在 1% ~2%之间。下文将分别从费率标准、授信额度、借款期限 3 个维度对产品进行详细的分析介绍。

a. 费率标准

产品费率信息：

通常车贷平台对借款人收取的费用包括两部分：一部分是正常的贷款利息费用，另一部分是平台提供贷款服务的一系列服务费用，综合费率水平在年化 18% ~25%之间。服务费用具体包含以下两个部分：

- 平台提供贷款的咨询服务、放款手续等管理费用。
- 车辆的 GPS 安装费、抵押登记费、公证费、停车费（一般在贷款成功后一次性收取）。

需要注意的是，车贷分布地域较广，线下门店和加盟商众多，其实际利率因地区不同可在总部给定的幅度范围内适度变化。同时，借款人需要按借款金额的一定比例提交履约保证险，履约保证险一般在放款时即扣除，但不计息。

逾期产品费率信息：

不同平台对于客户逾期还款收取的费率及容忍度不同。平台一般按客户未还本金的一定比例收取违约金，违约金比例不固定，大多数平台按1%收取。另外，某些平台在未还本金的基数上增加了履约保证金。例如，投哪网收取抵押车辆放贷金额的10%作为履约保证金。

对于逾期超过一定期限的客户，平台将根据客户的还款能力和还款意愿确定是否实施拖车流程，一旦进入拖车环节，贷后部门将上门收车并收取收车费，如果收车设备遭破坏，平台会要求客户按市价赔偿设备损害费。收车后，P2P 平台将根据客户的还款意愿和还款能力最终决定是否卖车。

b. 授信额度。不同平台授信额度从 1 万 ~ 100 万元不等，集中在 8 万 ~ 20 万元之间。车辆评估价为门店的评估师或平台线上车辆估价软件估得的二手车市场价格的较低值。平台结合借款人资质、借款期限、抵押车辆使用年限及价格等综合因素设置授信成数，一般按车辆评估价格（二手车市场价格）的 5 ~ 9 成授信。

c. 借款期限。不同平台借款期限差异较大，集中于 1 ~ 24 期之间，还款方式普遍采用先息后本或等本等息的支付方式。一般情况下，12 期之内采用先息后本支付方式，即贷款发放时扣除相关费用及履约保证金，以后每期均支付利息和分期服务费，合同到期再偿还本金及最后一期利息；12～24 期采用等本等息支付方式，即贷款发放时扣除相关费用及履约保证金，每月按等额本息归还本金、利息和分期服务费，合同到期结清贷款。

除上述正常还款方式以外，一些平台也支持提前还款和展期还款方式，但视情况不同，提前还款需缴纳一定的违约金，展期还款需偿还一定比例的本金后才有展期资质，其实质是借新还旧。

②客群分析。由于车贷业务的特殊性，平台产品不但限制了目标人群，还对进件车辆严格规定，客户申请车贷既要接受人员审查，还要接受车辆的严格评估，除此以外还需提供本人与车辆的基本信息材料。

a. 申请人资格。本文参考了业内几家大型车贷平台的准入清单，列出如下关键几项以供参考：

一般情况下，车抵贷要求申请人为中国大陆公民、有稳定的收入来源，年龄要求 18～60 周岁、拥有合法且可抵押的车辆。另外，车贷平台均限制了部分人群进件，具体限制标准不同平台略有区别，大致有如下 2 种：

- 客户本人或直系亲属有过违法行为且处于被执法期间。
- 客户从事违法职业、高危类职业、保密性较强职业、公检法相关职业等及同业人员（包括车贷、民间融资和借贷、车辆销售和修理、融资租赁等人员）、无稳定工作人员。

b. 标的车辆要求。抵押（质押）车辆一般要求为非运营小汽车且主要为七座及七座以下，限制的车种不同平台略有不同，主要根据抵押车辆的车龄、里程数及事故情况进行判断，具体包括以下四类：

- 车龄限制，过小（主要指 2～3 个月内的新车）、过长（主要指 8～9 年之间的旧车）。
- 事故车、火烧车、水泡车等受损车辆。
- 房车或改装车及营运性车辆。

• 评估价较低的低价值车（一般在 3 万元以内）。

（3）风险控制：

风险控制是车贷的核心，风险控制的好坏直接决定平台是否能够长期持续经营。P2P 车抵（质）贷的风险主要有以下三种：

• 客户欺诈类风险，包括借款人个人资料虚假、车辆信息虚假等。

• 业务操作风险，主要指门店跑单、门店的风控人员和评估师在操作流程环节执行不到位、门店人员联合客户骗贷等。

• 贷中监测不到位、贷后催收能力不足，贷中监测不到位将导致客户违约风险无法及时发现，最终导致坏账发生；贷后催收能力不足，无法及时追回抵押物，出现坏账死账的概率将大大增加。

此外，需要注意的是，由于车贷业务具有地域性特点，并涉及大额实物抵押或质押，因此车贷的风险控制能力很大程度上取决于线下门店，包括门店本身的管理、门店风控人员和评估师的管理，而线上风控更多是车贷风控的必要辅助。

①贷前风控。车贷的贷前风控主要有两个目的：一方面进行人员和车辆的反欺诈控制，另一方面对车辆评估价格进行控制，因此贷前风控主要从对车的审核、对人的审核、车辆估值、门店及风控人员和评估师的管理四个方面进行考量。

a. 对车的审核。第一，需要防范车辆是否改过里程数或换过发动机，判断车辆是否属于水淹、火烧、盗抢、喷漆等非正常车范畴，若发现车辆有以上情况，P2P 平台一般会直接拒单。

第二，查询该车辆的车管所交易记录及公检法信息，判断该车辆是否发生过严重交通事故（如撞人、逃逸），查看车辆过户和抵押次数，目前是否有尚未结案或结案时间不超过 6 个月的法院诉讼等。如若发生以上情况，一般不予批准抵押。

第三，查询车辆历史违章情况，考察办理抵押时车主是否已清偿完所有欠缴费用。

第四，查询车辆历史撞伤损坏赔付情况，考量车辆抵押物的价值，判断车主所购保险是否足够覆盖抵押期间发生事故的损失，衡量是否需要更换车辆保险受益人。

b. 对人的审核。对人的审查包括线下面审、线上网查、电审、家访四个层次，平台一般会根据客户自身的情况和申请额度决定在四个层次进行部分还是全部审核。其中，面审主要是了解客户的基本信息，对客户基本证件进行核对校验，并将信息上传系统；线上网查主要了解客户的车辆登记证是否有尚未结清的抵押登记、是否有刑事违法行为记录等，目的是评估借款人是否有欺诈性风险、借款用途的真实性、债务压力等；电话审查主要了解对方是否为借款人亲属、朋友，以及是否同意借款人借款；家访的主要目的是通过线下走访客户住所考察住所真实性，客户提供的家庭信息等是否真实。

此外，借款人提交的申请材料一般分为两个档次：一类是必须提供的材料，主要是借款人的身份证、有效期内的行驶证、机动车辆登记证及车辆保险单；另一类是非必须提供的材料，借款用户不用必须提供，但是提供这些资料能够增加客户的授信，提高审批额度，这类材料主要指个人名下的一些财产证明（如房产）、个人的相关资信表现证明（如信用卡还款证明、贷款还款证明等）。由于贷款额度、放款速度、获客质量及平台风控情况不同，部分平台或同一平台的不同产品也会要求客户必须提供个人住址证明或居住证。

c. 车辆估值。车贷平台的车辆估值形式有如下三种：线下门店评估师估值、录入参数全线上软件估值、评估师和软件相结合估值。其中，线上软件估值需要评估师将车辆行驶里程、使用时间、体验效果等参数及上述排查事项检查结果参数集成至评估软件系统。车辆报价一般选取多方报价的最低价方案，最终放款金额通常为报价的 50% ~90% 。

d. 门店及风控人员、评估师的管理

对门店的管理主要通过无现金交易、限制门店权限、设立稽查组不定时稽查等方式，如投哪网规定门店的各部门由总部直属部门管理，不能进行现金交易，以防止门店跑单飞单。门店风控和评估师的管理主要采用轮岗、总部稽核组对门店订单的抽查核验、绩效考核、违规惩罚等方式。当然由于门店的风控人员和评估师主要是从门店当地招聘，跨区轮岗阻力较大，一般只能实现本地区的多家门店之间的轮岗或是大区经理进行轮岗。因此，对风控人员和评估师的管理主要还是依靠总部稽查组的稽查和绩效考核进行约束。

②贷中监测。车抵贷和车质贷的贷中监测不同，对于车质贷产品，客户已经将车停放在平台自有的车库中，一旦客户违约，平台可直接按约定处理质押物，车贷平台的贷中策略只需要做好车量的看管。车抵贷则不同，借款客户只需押证不押车，仍然拥有车辆的使用权，因此车抵贷产品的贷中监测需要实时监控抵押车的动向，主要用安装 GPS 来追踪车辆的行驶轨迹、停车区域及 GPS 的在线情况。若 GPS 监测的信息命中预警机制，系统将自动发出报警信号，贷中监测人员将根据报警信息进行可能性分析，判断是否需要贷后团队现场查看，一旦贷后团队现场查看发现异常，立即采取应对措施，包括警告、拖车等。通常 P2P 车抵（质）贷平台关注的车抵贷产品贷中监控信息包括以下 3 种：

a. GPS 系统离线或被拆机。若只是离线报警，考虑到可能是断电或驶入无信号区域等情况，贷中监测人员将根据离线时间的长短进行分析，一般 3 天左右即通知门店风控人员现场考察确认；若发生拆机报警，贷中监测人员会即刻通知当地门店风控人员进行现场确认。

b. 长时间未行驶。长时间未行驶的车辆，贷中监测系统也会发出报警信号，但不同平台策略不同，通常 2 ~3 天未行驶即触发报警系统，检测人员通过查看车辆停放区域和历史行车轨迹作出分析判断，若形迹可疑则会通知门店风控人员去车辆现场核实。

c. 驶入风险区域或停车地点异常。风险区域主要指汽车修理厂、二手车市场、车贷机构等，P2P 车抵（质）贷平台将这些地点的方圆几公里内设为风险区域，一旦车辆驶入，即触发报警系统，贷中监测人员立即通知门店风控人员现场查看核实。此外，当客户将车辆停放在生活和工作区域以外的地方，监测人员也会进行外访考察，确认这些地方是否属于风险区域而平台尚未发现，一旦发现，即将其划归为风险区域。

③贷后催收：

a. 催收策略。P2P 车抵（质）贷平台催收策略各有不同，但通常都包括三个阶段：第一阶段，到期前几日短信提醒客户还款；第二阶段，客户逾期早期进行电话催收，一般不超过 15 天；第三阶段，逾期超过一定时间后，平台对客户进行综合评估，如若客户还款意愿较差或客户已经失联，平台将委外催收（委托第三方机构或平台关联公司外催），并根据逾期时间的长短、客户的还款意愿和还款能力，确定是否进入拖车流程。

b. 车辆处置策略。车抵贷客户逾期不还，平台催收无效，在综合考量客户的还款意愿和能力后，若发现客户还款意愿不强或无还款能力，该笔交易便进入拖车环节，平台将以拖回的车辆处置收益弥补贷款损失。车质贷客户若违约拒不还款，平台将直接从车库取车进行处置。

平台车辆处置渠道通常包括以下 3 种：

- 对接拍卖平台，线上拍卖车辆。拍卖前平台事先通过询价确定车辆的保底价，若发生流拍，即以保底价出售给报价最高者。

• 将车辆处置权下放至门店和总部贷后部门，由门店和贷后部门共同提出报价，价高者获得车辆的处置权。

• 对接瓜子、优信等二手车机构，直接在二手车市场进行销售处置，这种方式处置效率较高。

④风控能力评估。通过上文对车抵贷和车质贷的基本分析，可以看出P2P车辆抵（质）押贷款具有自身独特的风控方法，综合来看，可以从以下5个方面来考察其风控能力：

a. 对抵押车辆的估价能力：需要考察P2P车抵（质）贷平台能否将价格控制在既满足借款客户的心理价位，又能使本公司利益最大化的范围内。业务比较好的平台一般采取当地门店 + 估价系统 + 总部三方估价的方式共同进行估价。

b. 抢车及同业协商能力：如果发生车主将抵押过的车辆质押给其他车贷平台或者黑中介的情况，能否将抵押车从对方手中抢出或者协商分成，弥补自身的损失。

c. 处理车的能力：在车主无法还款的情况下，车贷平台对抵押车的处理速度是否足够快，出售金额是否能够覆盖成本甚至是获得利润，目前大多数P2P车抵（质）贷平台出售途径为优信、瓜子等二手车专卖网。

d. 人员管理水平：车贷平台的人员组成比较复杂，内部管理十分重要，需要考察该平台是否具有完善的人员考核绩效制度、内部监察制度和轮岗制度及处理订单的手续是否健全。

e. 公关能力：P2P借款平台经常会出现负面舆论，直接需要平台声誉，P2P车辆抵（质）押平台自然也不例外，这就需要考察平台处理不良新闻的速度和效果。

3.3.2.3 主要合同列表

车贷类行业主要合同包括借款合同、渠道合作协议和抵押合同等，具体合同细节参考文末附录部分。

3.4　供应链金融类

3.4.1　行业分析

3.4.1.1　行业发展概况

（1）定义。供应链金融是以产业链为基础，为产业供应链上的核心企业及其相关的上下游配套企业提供交易、资金调配、风险管理等一整套金融服务，为整条供应链上的企业提供便利。其最大的特点在于，首先必须在产业供应链上找到一个较有影响力的核心企业，并以此核心企业为起点，为供应链上处于相对弱势的上下游配套中小企业提供金融支持。这样既可以有效解决中小企业融资难、融资贵和供应链失衡的问题；同时又可以通过银行信用来增强中小企业的商业信用，为中小企业与核心企业之间建立长期战略伙伴关系奠定良好的基础。

（2）产生背景。我国目前中小企业（指从业人员 1 000 人以下或者营业收入 4 亿元以下）数量已超过 4 000 万家，占全国总企业数量将近 99%，其创造的最终产品和服务价值占国内生产总值（GDP）总量的 60%，税收贡献占比 50% 以上，出口占比 68% 以上，解决全国 75% 以上的就业问题，这也反映出中小企业对我国经济社会的发展起着重大的作用。① 然而我国中小企业大多存在运营时间较短、财务账目不明朗、信用记录空白、可担保抵押的财产少等问题，这导致其很难在商业银行获得贷款，极大地限制了企业的发展。

---

① 资料来源：《全国小型微型企业发展情况报告》，国家统计局、国家工商总局。

供应链金融对比传统银行而言，其对单个主体授信的模式有所不同，它是以企业贸易的真实性和上下游客户的资信实力为基础，不再是仅仅关注中小企业的规模、固定资产价值、经营业绩和担保方式等情况。这样既可以有效地解决中小企业信用记录空白的问题，绕过账务不清的问题；又能在很大程度上增强整个供应链的群体竞争力。因而，供应链金融的产生有其必然性，为中小企业融资提供了新的渠道。

【案例】

为什么需要供应链金融

全球企业面临流动性困境

在贸易活动过程中，根据买卖双方的议价能力差异，所采用的支付结算方式也不尽相同。一般来讲，当买方强势时，一般采用以赊销（O/A）这样的更有利于买方的方式作为结算方式；而在卖方市场主导下，一般采用预付、现汇、信用证（银行承兑汇票）或较短的赊销方式结算。

伴随着全球贸易（尤其是中国内贸）全面进入买方市场，赊销逐步取代信用证，成为企业支付结算的主流方式。那么对于众多企业，它们的大量营运资金被锁定在供应链里。据统计，中国企业平均收回应收账款的天数为 83 天，是其他新兴经济体的 2 倍，且远远长于发达经济体。代表中国企业高级水平的上市型企业，尚且有 3 万亿元人民币的营运资本被困在他们的供应链中。

但是，国内金融市场又呈现出显著的信用二元化现象。以国企、央企、上市公司等为代表的企业能够轻易地筹集营运资金；而广大中小企业一方面大量资金被大型企业占据，另一方面又无法顺利筹集营运资金。根据供应链传导理论，一旦链条中某个节点出现流动性风险，若持续蔓延，最终将使整个链条的企业利益受损。以拥有管理能力的企业为入手，从整个供应链条的角度优化营运资金与流动性变得刻不容缓。

传统营运资金优化措施存在弊端

“早收晚付”是企业财务管理的金律，供应链条的任何企业都希望能够更快地收回货款，并在此之后向供应商支付。当贸易对手两端都希望早收晚付时，打破这个零和博弈的方式是加入“早付晚收”型工具。

传统的早付晚收工具是贸易公司，但“金融工具”作为更高效的早付晚收工具，逐步被应用到贸易过程。这就是贸易金融（链式金融、供应链金融）。

传统的贸易金融以动产质押融资为主，但随着买方市场和拉式供应链管理（以订单定产）的普及，贸易过程以存货等方式存在的时间日益减少，而更多以应收账款形式存在。

90%以上的企业选择自行筹集营运资金。由于没有统一的交易账本，应收/应付账款天然存在信息阻隔效应，降低了营运资金筹集的有效性。同时，传统的贸易金融产品极度复杂，企业无法正确理解并应用于 B2B 的贸易环节。另外，由于信息阻隔效应，供应链中资金充裕的高信用主体缺乏对交易链条企业流动性的统筹安排能力，导致其富余的资金和商业信用更多被用到收益极其低下的公司理财活动中。

传统服务于营运资金的体系存在缺陷

由于金融监管、偏好高信用主体、缺乏贸易过程可见能力、预警能力缺失等原因，全球流动资金贷款、贸易金融、商业保理、供应链金融等活动对贸易的覆盖程度严重不足。据统计，贸易金融对全球贸易的覆盖程度还不足7%。

贸易金融，或称供应链金融、交易银行，是一种典型的需要较强 IT、营销、运营和管理的资产类别。然而金融机构往往缺乏技术平台，无法深度介入到企业间的交易过程——而无法拥有对于 B2B

交易过程的可见能力，是这项金融安排区别于其他金融安排最为核心的特征。缺乏这一能力的结果是：金融风险难以把控及金融业务缺乏批量营销能力，从而导致金融机构的交易与管理成本高，缺乏竞争力。

直至今日，市场仍缺乏一种技术手段和模式安排，能够让金融机构在风险可控的情况下，将精准数量的流动资金以合适的价格注入到真正需要流动性的企业的交易活动中去。

（3）参与主体。供应链金融的参与主体包括了银行及非银行金融机构、金融科技公司、金融信息服务平台、B2B 平台、供应链公司企业、物流公司等各类企业，具体公司类别及占比见图 3－39。

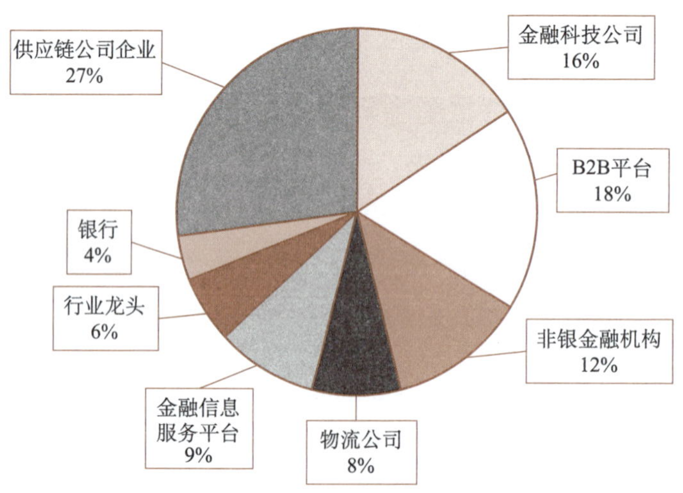

图 3－39　供应链金融公司类型分布

资料来源：《2017 中国供应链金融报告》，万联供应链金融研究所。

3.4.1.2　行业发展历程

从我国供应链金融发展历程的模式上来看，可分为四个阶段（见图 3－40）：

供应链金融 1.0 阶段是“1＋N”线下模式。这种模式是以银行为主

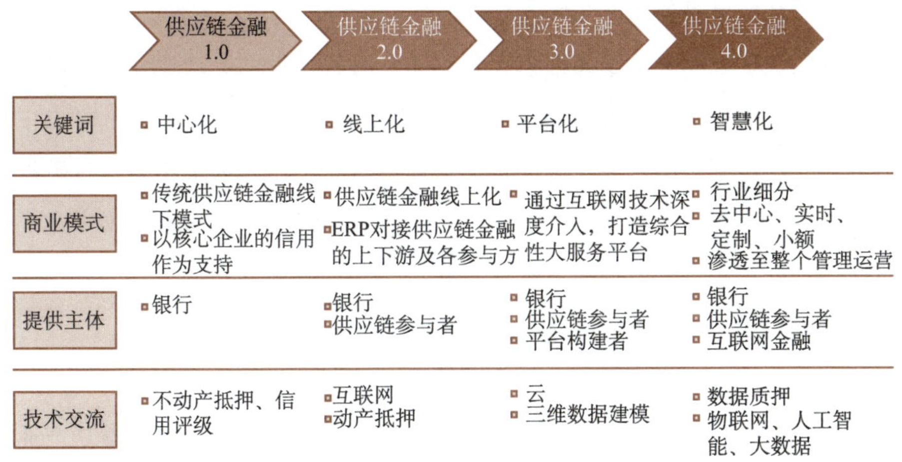

图 3－40　供应链金融发展阶段和特点

资料来源：《供应链金融研究报告》，普华永道思略特。

导，通过供应链中的核心企业“1”的信用保证，银行为其上下游配套的企业“N”提供金融服务，这一概念最早由平安银行（当时的深圳发展银行）于 2003 年提出。

随着互联网技术的推进，2012 年 12 月平安银行提出了供应链金融的转型，将企业管理引入一个全新模式，供应链金融 2.0 阶段也由此应运而生。2.0 阶段主要是通过技术手段对接供应链上的核心企业、上下游中小企业、物流服务商及金融机构等参与主体，其实质仍是“1＋N”模式，只不过将商流、物流、资金流及信息流均改成线上模式。不过，线上模式有其天然优势，它能够实时掌握供应链中小企业的经营情况，从而实现融资贷款的风险控制。在这一阶段，小贷公司、商业保理、融资租赁等企业也开始参与进来。

供应链金融 3.0 阶段的出现得益于互联网技术的深度介入，该阶段不再以核心企业为中心，而是打造一个综合性的大服务平台，运用大数据与征信系统给平台上的中小企业“N”提供信用支持，如向阿里、京东、苏宁等大型电商平台及顺丰等大型物流企业开展供应链金融业务。目前，我国供应链金融已迅速从2.0向3.0迈进。

供应链金融4.0阶段又称为智慧化4.0时代，借助于产业互联网的兴起，开创了供应链金融新模式，业务模式不再是中心化，而是趋向去中心、实时、定制、小额并渗透至整个管理运营。产品交易则主要通过数据质押的方式，应用物联网、人工智能、大数据、区块链等高端技术来完成供应链和营销链全程信息的集成与共享。

从参与主体看，供应链金融经历了四个阶段：

第一阶段：以银行为主导的金融机构向产业的渗透。这一时期，金融监管相对宽松，以银行为代表的金融企业开始向传统产业进行渗透。产业链中企业融资则更加依赖于已经渗透进来的商业银行。本质上讲，这仍是发展不完全的供应链金融模式，商业银行对于产业链上下游把控力的优势并没有真正建立起来。

第二阶段：核心企业登上供应链金融核心舞台。美国金融监管趋紧后，金融机构向产业的渗透开始受到限制，供应链金融模式面临变革，真正意义上的供应链金融模式随着核心企业实力的上升而最终确立，核心企业成为供应链金融的核心。这种模式下，核心企业具备了信用优势和业务信息优势，纷纷成立金融部门帮助中小企业解决融资难问题。如UPS成立UPS Capital、GE成立GE Capital，产融结合切入供应链金融。

第三阶段：核心企业模式遇到天花板。进入21世纪后，美国供应链金融模式发展日趋稳定，甚至出现负增长。供应链金融仅服务于主业的定位成为其发展的最大限制因素，同时出于资金来源和风险的考虑，核心企业也在逐渐收缩和自身主业不相关的金融业务，美国供应链金融核心企业模式的进一步发展遇到天花板。

第四阶段：金融科技公司崛起。2008年以后，一批金融科技公司登上历史舞台，成为“独立供应链金融服务商”。鉴于产业资本纷纷回归制造业，剥离金融服务业，但金融服务需求依旧旺盛。金融科技公司凭借强大的数字设计、服务体验和集成能力，逐渐培养出了大型企业将供应链金融服务外包的习惯，其中以 Primerevenue 和 C2FO 最具代表性。

【案例】

（1）银行主导模式

花旗银行 GTS 全球交易服务——花旗中国 E-trade

花旗银行的交易银行处在世界领先范畴，其方案、平台设计思路大量被第三方借鉴。2015 年以来，花旗银行践行 E-trade 理念。将其对公客户及其上下游整合到一个数字平台。对上下游企业来说，在这一平台上可以管理应收及应付账款，包括增值税发票等，既能满足银监会对贸易背景真实性的审查要求，又能够节省三方的时间精力；对核心企业来说，如果有一笔应付账款，花旗便会在平台上给予其上游的供应商一个融资机会，这一融资不仅更加稳定，利率也更加优惠；对银行自身来说，风险也更加清晰可控。

招商银行 GTS 全球交易服务

招商银行合并原现金管理部和贸易金融部，成立交易银行部，以客户为中心整合原有现金管理、供应链金融、跨境金融、贸易融资及互联网金融等优势业务，打造了以付款代理、票据池融资、E+账户、小企业 E+互联网平台等产品矩阵。招商银行 GTS 承载了“轻资产化转型”、“存量思维转化为流量思维”的招商银行重大战略转型职责——这种思维助力招商银行成为中国营利能力排名第五的银行。

（2）产业资本主导模式

通用电气金融

通用电气金融（GE Capital）是产业链金融典范，最早可追溯到 1936 年。通用电气产业链金融部门围绕通用电气旗下核心企业及外部合作的核心企业，提供围绕交易的一系列营运资金解决方案，包括应付账款解决方案TPS、商业分销及应收账款池融资CDF、服务于内部企业的WCS等。通用电气基于自身强大的数字平台Coms，为公司客户提供几乎纯线上的服务交付，其解决方案被众多外部金融机构学习借鉴。

海尔产业金融

海尔产业金融隶属于海尔金控，围绕海尔功效体系提供服务于供应商、经销商和客户的综合金融方案。海融易以品牌管理为核心，基于线上电商平台，联合众多外部服务商，提供贯穿融资—投资的互联网金融服务。海尔产业金融以构建良性运转的产业生态圈为目标，提供综合金融、技术交流、管理咨询及多元资源整合服务，定位“积极的金融、生态的金融和合作的金融”、“共创共赢新模式、共生共享新生态”。

(3) 银行新设交易平台模式

Nafin

Nafin是墨西哥政府在1934年创立的一家国有银行，目标是提供商业融资。业务范围包括：(1) 利用高新技术给中小企业提供贷款；(2) 利用更好的培训和技术上的帮助补足借贷。该业务叫“生产力链条”，在“大型买家”和小型供应商之间创造“链条”时起作用。大型买家是大的、信用可靠的企业、信用风险低。供应商是典型的、小的、有风险的企业，它们从银行系统部门进行融资有一定的困难。Nafin使这些小供应商用它们对大买家的应收账款来为营运资本融资，有效地将它们的信用风险转嫁给它们高质量的客户，而用更低的成本融到更多的资金。这是反向保理的一个成功例子。

M1xchange

M1xchange的应收账款融资系统是在印度储备银行（RBI）的批准

下建立的一个在线交易平台，旨在促进印度的质押融资发展模式和金融创新。应收账款融资系统的主要参与者是微型、中小型企业等供应商；大型企业和政府机构；银行等其他金融机构。M1xchange 旨在通过多个融资方通过公开招标的形式，以有竞争力的价格提供供应链相关的现金流融资。M1xchange 采用最新技术确保基础交易的真实性。

（4）交易所模式

RecX

RecX 平台是全球领先的买卖应收账款的电子交易平台，是 2011 年 9 月开始纽约泛欧交易所协会与 RecX 公司合作推出的平台，上面的交易是基于有“真实购销”背景的应收账款，目前 RecX 平台已完成了超过 20 亿美元的应收账款交易。

（5）政府主导模式

白宫 Supplier pay 计划

白宫 Supplier pay 计划是一项由苹果、日产、劳斯莱斯等公司签订的协议，同意加快向小型供应商支付货款的速度——因而它们就可以更快地将收入再投入到发展中。SupplierPay 项目要求联邦机构和私营部门在 15 天内向小型企业付款，使生产商更快地向供应商支付现金，投资企业将帮助供应商以较低成本获得融资。

（6）金融科技公司主导模式

Prime Revenue 全球营运资金交易市场

PR 是供应链金融科技领域的领军企业，为全球超过 500 家大型企业管理供应链金融项目。PR 的解决方案是一项三方协作的解决方案，它允许供应链中的供应商、采购商与参与供应链金融的资金方深度合作。PR 的解决方案最大的价值在于，通过云平台，整合了企业的业务流程和供应链金融流程，真正让供应链金融产品嵌入到了产业活动中——在它的解决方案下，供应商甚至不再有应收账款，充足的营运资金来源满足了企业应对危机、转型升级的需求。

SKUchain 与 Fluent 的区块链供应链金融解决方案

SKUchain 与 Fluent 是两家极具潜力的区块链供应链金融科技公司，为银行、大型企业和出借人提供区块链服务，它们的服务包括可以用在实时的 B2B 支付、供应链金融和 P2P 营运资本市场，有效帮助了供应商解决现存的金融交易问题。企业可以基于解决方案创建自己的电商平台和标记发票系统，这使得全球无摩擦的供应链业务达到了前所未有的水平。

（7）金融科技公司 + 金融机构模式

Marketinvoice 与英国中小企业投资银行在线发票融资计划

Marketinvoice 是一家在线发票出售平台，累计交易近 10 亿英镑的未结发票。这家科技企业通过一系列的技术、服务与机制设计，完美集合了中小企业应收账款融资与机构投资人的资产配置需求。英国中小企业投资银行是一家政府背景的银行，该银行直接通过 Marketinvoice 平台购买未结应收账款，助力中小企业融资。类似的平台还包括 RecX、Tradefinancemarket 等。

3.4.1.3　行业发展空间及机遇

（1）行业发展空间。供应链金融在我国起步较晚，目前尚处于初步发展阶段，但近年来得益于应收账款、商业票据及融资租赁市场的快速发展，我国供应链金融规模飞速增长。截至 2017 年末，规模以上工业企业应收账款 13.5 万亿元，比 2015 年增长 8.5%①，较 2010 年增长了 2.31 倍

① 资料来源：国家统计局。

（见图 3－41）。

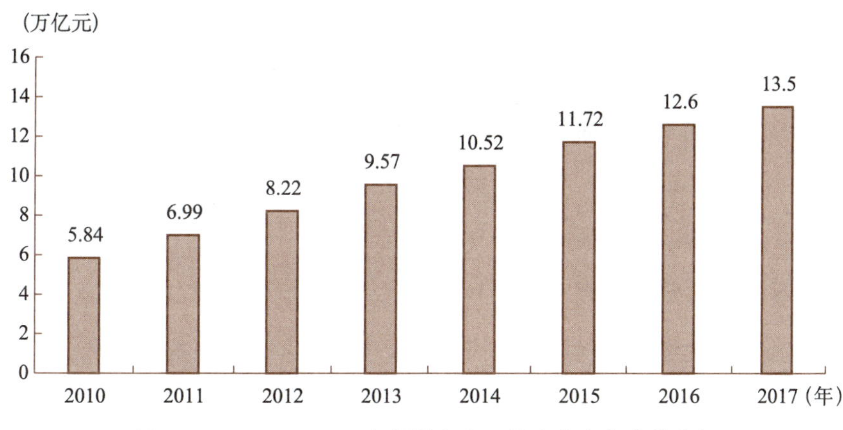

图 3－41　2010—2017 年规模以上工业企业应收账款净额

我国供应链金融的融资模式以应收账款为主，同时也正是应收账款规模的不断增长为我国供应链金融的迅速发展奠定了坚实的基础。据前瞻产业研究院相关数据显示，到 2020 年，我国供应链金融的市场规模将达 14.98 万亿元左右。这也从侧面反映，供应链金融已成为目前企业转型发展的重要趋势（见图 3－42）。

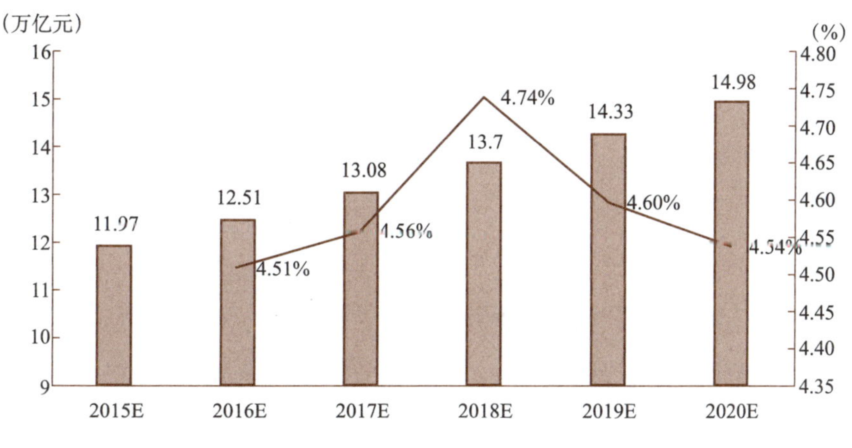

图 3－42　我国供应链金融市场规模预测

（2）互联网金融行业的发展机遇。近些年来，供应链管理受益于政策红利的持续释放，实现了跨越式的发展。诸多商业银行瞄准了供应链金融这块大蛋糕，但大多数商业银行开展供应链金融业务还处于摸爬滚打的状态，因此，在实际业务操作中，信贷部门仍以传统的风控眼光去挑选不动产抵押物充裕的企业，而忽略了不少具有良好成长性但不动产抵押物少的优质中小型企业。此外，中国人民银行规定商业银行不能在不同区域间交叉开展分支机构业务，而一条完整供应链上的中小企业往往需要跨越多个行政区域，供应链金融则可以顺利打破这种行政区域限制，正是这种传统行政体制的限制使得当前的大型商业银行难于大力开展供应链金融业务。

大型商业银行的“无力”正好给非银行金融机构尤其是互联网金融机构带来了绝佳的切入机会。以互联网金融行业为例，互联网金融机构在资金量、资金成本等方面无法与商业银行匹敌；但从另一方面来看，互联网金融机构因为规模小，转型速度反而更快更容易，相应的业务也可以快速渗透于从生产原材料至最终成品的整个供应链体系中，同时每一笔资本可派生出更多的借款机会。这也是互联网金融机构的重要利润产生点，即通过价值链不断地升值获取丰厚的利润。

另外，从风控层面上看，在供应链融资中，金融机构提供资金是以核心企业担保为前提、以上下游中小企业产生的真实业务交易为依据，有利于风险的预警和防控。特别是在当今互联网快速发展的背景下，在传统风险控制的基础上，互联网金融机构采取与供应链上核心企业合作的方式，通过收集分析上下游中小企业各个经营环节相关物流和财务状况信息，实现对各环节全方位的风险监控覆盖，实时掌控各项风险。为了进一步减少提供资金可能面临的风险，当前供应链融资中还允许资金提供方，通过要求融资期限相匹配于企业业务期限，实现对资金流动方向的把握，保证资金不被挪作他用。以互联网金融平台华融道理财为例，该平台目前以供应链业务体系中的低风险应收账款业务为主，其提供融资的供应链核心企业为远成物流集团，平台在传统风险控制模式的基础上，利用互联网实现对“企业 + 项目”的双重准入审核，并以此机制为基础形成一套进驻式风控体系，创造出在互联网金融行业内屈指可数的三年零违约的“惊艳”纪录。

3.4.1.4　国内外比较分析

欧美的供应链金融产生于 19 世纪末，发展时间较长，并随着国际贸易中买卖双方合作关系的变化，国际贸易供应链渐趋成熟和稳定。同时，近几年来，随着电子商务及互联网技术水平得到巨大的提高，供应链金融业务关于产品概念和运作模式方面的创新在国际市场上取得了突破性的进展。比如荷兰银行，2006 年荷兰银行因其研发的 MaxTrad 技术被誉为最佳网上贸易服务提供者，MaxTrad 技术能够为企业交易双方自动处理贸易交易，并且能够实现 24 小时的全天在线服务，很好地解决了企业的应收、预付账款问题。技术创新之处体现在：系统中添加了供应链金融模型，为客户提供了快捷变现周期、实时获取信息及电子化文件传递的网络工具，另外，使用者还能够在网上实时将应收账款货币化。

与欧美发达国家相比，供应链金融在我国仍是一个较新的业务，其差别主要体现在三个方面：融资主体、服务对象、融资模式及对象。

（1）融资主体。国外金融监管环境较为宽松，金融机构均实行混业经营，所以参与供应链融资的主体更加多元化，既存在商业银行、保险公司、基金公司等，同时又有物流企业和大型企业集团成立专门的金融部门等独立开展供应链金融业务，为中小企业的融资渠道提供了更为广阔的空间。参与主体比如有以物流企业为主导模式的美国联合包裹服务公司（UPS）、大型核心企业为主导的通用电气公司（GE）、商业银行为主导的英国渣打银行（SCB）等。

国内由于受银行分业经营的影响，参与主体相对较少，提供资金和进行相关结算的主体主要还是商业银行。现如今电子商务及互联网技术水平有了很大提高，国内供应链金融参与主体也呈现出多元化发展趋势，除了商业银行外，大型的物流企业及电商平台如阿里、京东等都参与其中，同时兴起的P2P网贷平台也参与到供应链金融业务中。

（2）服务对象。国外的供应链金融主要服务于产业链中的核心企业，核心企业集团通过设立金融部门或者与商业银行合作等方式切入供应链金融领域，解决自身的成本、销售、账期、回款等问题，同时也可以缓解整条供应链上的上下游中小企业资金被侵占的问题，从而达到财务成本的最小化。

国内供应链金融主要服务对象为处于产业链上下游的弱势中小企业，其主要是解决中小企业融资和风险控制难的问题。国内供应链金融以协议的方式被引入，并以核心企业的信用作为媒介，供应链管理更多地表现出松散特征，对于中小企业的控制能力较弱。

（3）融资模式及对象。从融资模式上看，国外的供应链金融的模式比较丰富，包括应收账款融资、订单融资和存货质押融资等，其中存货的品种包括农产品、原材料、产成品、半成品甚至在制品等。国内则主要局限于企业财务报表中的“存货、应收账款、预付账款”三类展开，其中，应收账款融资开展最早，相对比较成熟，是目前我国的主要融资方式。

从融资对象上看，国内外有一定的相似性，均是从最原始阶段的农户扩展至批发零售型的流通型企业，再逐步扩展至供应商和生产型的企业，形成专为供应链上中小企业全方位服务的融资体系。

3.4.2 业务分析

3.4.2.1 供应链金融主要业务种类分析

供应链金融主要服务于中小企业，为其解决供应链中资金分配的不平衡问题，通过打通上下游资金链、物流链、商流、信息流，使整个供应链在市场中更具竞争力。其实质是帮助企业盘活应收账款、预付账款和存货等流动资产，因此通常将产品分为三类：应收账款融资、预付账款融资和存货融资。

应收账款融资是帮助上游企业将应收账款转换成现金或应付票据；预付账款融资则是将本应即期支出的现金资产转换为短期借款或应付票据，帮助下游企业扩大单次采购额，提高采购能力；存货融资是以企业的存货作为担保方式，转换成现金或应付票据。存货融资通常没有核心企业参与，但因此类业务涉及对货权的控制和物流监管企业的管理，其管理方法类似于供应链金融流行的预付账款融资。

（1）应收账款融资。应收账款融资是指供应链上游的中小型企业向下游销售商品形成应收账款，由供应链核心企业进行担保，以未到期的应收账款向金融机构进行贷款的一种融资模式。其主要应用于核心企业的上游融资，如果销售已经完成，但尚未收妥货款，则适用产品为保理或应收账款质押融资；如果销售还未完成，融资目的是为了完成订单生产，则适用产品为订单融资，担保方式为未来应收账款质押，实质是信用融资。其业务流程如图3－43所示。

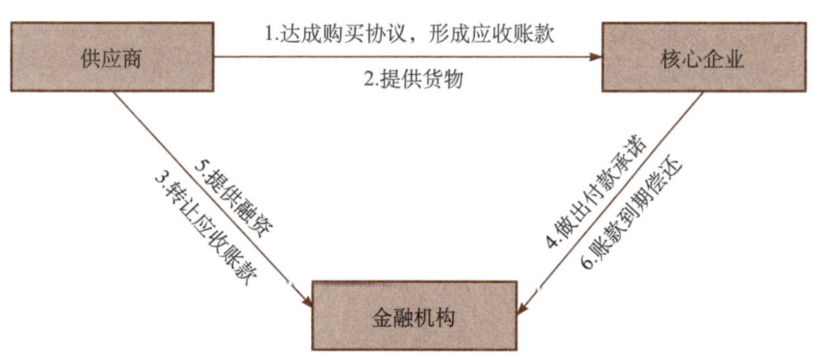

图3－43 应收账款融资模式图

图3－43显示，首先，供应链中的上游企业与核心企业之间需达成《购买协议》，约定由上游企业向核心企业提供货物，核心企业在收到货物后在一定时间（账期）内付款，形成一笔上游企业对核心企业的应收账款。接

着，上游企业将其对核心企业的应收账款转让或者质押给银行等金融机构，作为担保进行融资。核心企业将应收账款相关的单据等证明材料交付金融机构，并做出还款/回购承诺。最后，银行等金融机构调查其上游企业和核心企业之间交易背景的真实性，判断是否向上游企业发放融资款。

（2）预付账款融资。预付账款融资是发生在采购阶段的供应链融资模式，可理解成是“未来存货的融资”，其主要应用于核心企业的下游融资，这一模式需要上游供货商提供回购承诺，通常采用包含保兑仓、信用证等模式。其业务流程如下图：

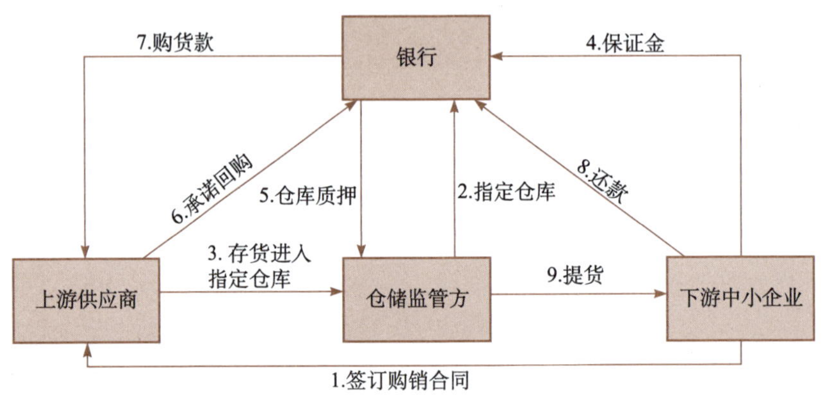

图 3 －44　预付账款融资业务流程

图 3 －44 显示，首先，供应链的上游供应商与下游企业需达成《购销协议》，约定由上游供应商向下游企业出售货物，下游企业向金融机构申请贷款用于预先支付货款。接着，下游企业凭借其与上游供应商签订的《购销协议》向银行等金融机构申请贷款，上游供应商则应向金融机构保证货物质量，并承诺在下游企业违约情况下，按金融机构要求对货物进行回购。如果贷款申请能通过金融机构的审核，金融机构会向上游供应商开具货款对应金额的承兑汇票，并与第三方的仓储机构签订《仓储监管协议》，要求发货过程中，上游供应商需向金融机构指定的仓储监管方发货，

并将仓单等单据交给金融机构。如果下游企业申请向金融机构提取货物，需缴纳相应金额的保证金，金融机构收到保证金后，会向下游企业签发提货单并通知仓储监管方，下游企业可以凭借单据从指示仓储机构获取相应货物。该流程不断循环，截止至下游企业缴纳的保证金额相当于承兑汇票金额并从仓储机构提取完全部货物。

预付款融资模式实现了下游采购商中小企业的杠杆采购和上游供应商核心大企业的批量销售。中小企业通过预付账款融资业务获得的是分批支付货款并分批提货的权利，有效缓解了第一次支付全额货款带来的短期资金压力。

（3）存货融资。存货融资是发生在生产运营阶段的供应链融资模式。存货融资是指中小企业以流动资产作为质押物，结合第三方物流或仓储公司的监管，向银行等金融机构申请信用贷款。存货融资可以实现生产销售稳定与流动性充裕两者之间的平衡。通常采用质押担保融资模式和信用担保融资模式，其业务流程如图 3－45 所示。

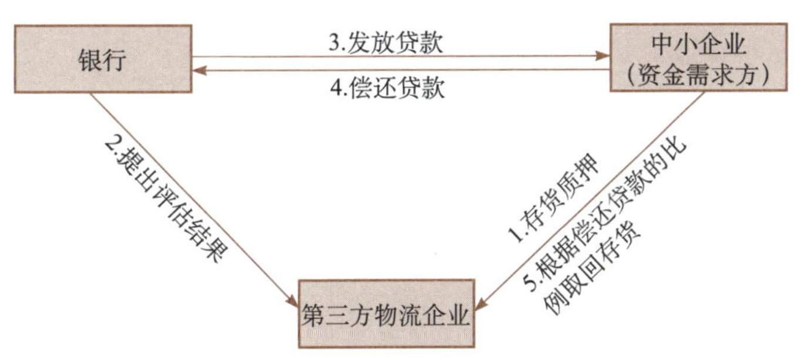

图 3－45　存货融资的业务流程

质押担保融资模式。质押担保融资是中小企业以其存货向银行等金融机构申请动产质押贷款。首先，中小企业将作为抵押的存货存入第三方物流公司的仓库，金融机构委托物流公司对中小企业提供的动产价值进行评估并出具评估报告。如果其评估结果通过了金融机构的审核，金融机构会向中小企业提供贷款。中小企业可以出售存储于第三方物流公司仓库内的部分存货，但需要第三方物流公司为中小企业向金融机构提供担保，同时需要偿还对应出售存货额的贷款。在中小企业未能按时归还贷款时，资金提供方享有存货处置的有限受偿权。

信用担保融资模式。资金提供方对第三方物流公司的信誉状况、业务范围、经营成果等进行评价，根据评价结果给予第三方物流企业一定的信贷额度指标。第三方物流企业可根据企业资质发放不同额度的贷款，并对资金需求方存储与指定仓库内的存货价值进行担保。该模式对第三方物流企业的经营规模及信用状况有较高的要求。

3.4.2.2 互联网+供应链金融的新模式

互联网供应链金融平台运用互联网技术，尤其是其对于数据的收集、分析、处理能力，不断地完善中小企业的信用评价，由此来减弱核心企业在供应链金融模式中的作用。同时，核心企业可依托互联网技术实时把交易数据上传到平台的内部系统，平台在对数据进行实时分析后，以此来预测和把控中小企业的运营情况，及时发现并处理风险，可以说互联网技术在很大程度上完善了供应链金融的模式。

许多大型物流、电商等企业，利用本身的信息、交易资源和客户资源等优势，逐渐取代了银行在供应链金融中的绝对主体的地位，纷纷投入了供应链金融。

（1）电商小贷。现在的商业交易模式由于电子商务的兴起发生了巨大的改变。传统的商业模式是依靠多层级的贸易伙伴来完成垫资过程，而如今，大型的电商平台承担了该责任，起到了垫资的作用。不仅如此，电商平台在切入供应链金融领域中，可快速方便地获取并整合供应链内部交易及资金流等核心信息，在不断积累的过程中，分析这些真实的交易数据，总结出借款人的信用和经营特征，最后在云计算和大数据技术的支持下，电商平台就可以以较低的成本得到合理的风险定价及风险控制。

①发展模式。电商平台模式是指电商金融服务平台依托自身平台的巨大的供应商资源及大数据优势，开展供应链金融业务。电商平台通过上下游的交易、现金流、物流等关键数据给出信用评级，利用系统算法给出融资额度，从而解决供应商的资金融通问题，并以此获得利益（见图 3－46）。目前，国内的成功案例包括京东、阿里巴巴、苏宁等。

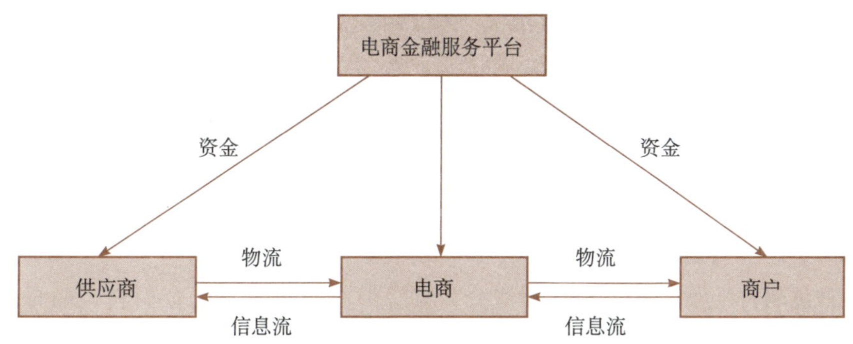

图 3－46　电商平台发展模式

图 3－47 是阿里巴巴电商主导平台的模式图，阿里巴巴电商平台解决了卖家以往的融资痛点，淘宝卖家需要买家付款并确认收货后，才可以收

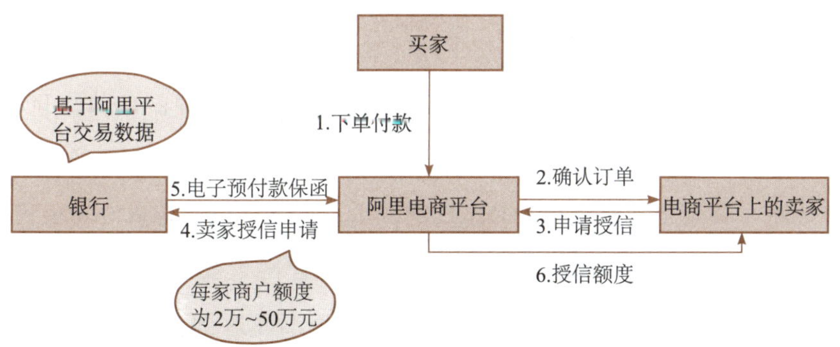

图 3－47　阿里巴巴电商模式

到货款，一般需要10~12天的周期，在这期间货款须冻结在支付宝，由此可能会导致卖家缺乏流动资金进行备货及生产，导致错过商机等后果。阿里巴巴通过电商平台的解决方案，给供应链金融服务带来了全新的体验，率先实现了“融资在线秒杀”、“期限按日设定”等具有开创性意义的创新功能。

②平台介绍。目前，国内以电商模式做供应链金融的成功案列有京东、阿里巴巴、苏宁、上海钢联、生意宝等。

阿里巴巴公司于2010年成立小贷公司，其主要业务是通过互联网给中小企业提供小额信用贷款服务。其产品分为阿里信用贷款、速卖通信用贷款、天猫供应链质押贷款等，为0抵押、0担保的信用贷款，线上申请，可随时还款。年化利率根据不同信用状况及不同产品，从15%~17%不等，产品期限最长为12个月，申请额度最高为100万元。有付息还本及等额本息两种还款方式。贷款用途分为购买原材料、流动资金周转、购置或更新经营设备、购买厂房土地、归还债务（贷款）、对外投资、支付经营场所租金。据阿里人士透露，当前阿里巴巴旗下小微信贷款产品的平均坏账率为1.3%。

京东从2012年开始开展供应链金融业务，产品主要包括京保贝、京小贷。京保贝于2013年12月初上线，全面对外开放，企业需要有整合的应收账款系统数据，支持线上处理，无须担保和抵押，自动化审批，放贷时间从申请起只需3分钟，最长融资期限为90天，融资成本约为9%。京小贷则是针对京东平台上的开放平台商家，信用贷款最高授信额度为200万元，最长期限为12个月，根据官网数据，其利率最低为11.88%。订单贷款最高额度可至500万元，可达到秒放，期限为2个月。

苏宁是从传统企业转型为电商企业的代表，一路都在求新求变、力求上进。苏宁于 2012 年成立了“重庆苏宁小额贷款有限公司”，推出了“苏宁小贷”，其主要产品分为两种：“省心贷”和“随心贷”。其中，“省心贷”的固定借款期限最长为 90 天，而“随心贷”没有固定的借款期限，主要是随借随还的形式，以满足供应商不同的资金需求。苏宁在 2014 年推出“供应商成长专项基金”，主要服务对象为供应链中的小企业，并以 10 亿元的资金规模帮助这些企业实现融资。另外，苏宁在推出“苏宁小贷”融资业务后，还与众多银行合作推出“银行保理”，现在是目前国内开展互联网金融业务与银行合作数量最多的电商平台。

③风控方式。电商企业利用平台上采购、交易及财务运营状况与贸易记录，进行大数据分析及风险评测，确认信用额度进而发放贷款，风控审核自动化。在所有环节中，电商作为整个交易环节的核心，不仅通过数据了解各企业的征信情况，还可以实时监测上下游企业。

电商平台依靠其天然的优势，以平台上客户不断积累的行为数据和信用数据为基础，通过在线资信调查和网络数据模型的模式，把客户在电商平台上的行为数据映射成企业及个人信用评级。

（2）P2P 网贷。P2P 网贷作为互联网金融的重要分支，近年来得到了飞速的发展，根据零壹财经数据显示（见图 3－48），截至 2017 年 12 月底，截至 2017 年 12 月 31 日，我国 P2P 网贷平台数量达 5 382 家，本月新增平台 1 家，新增问题平台 75 家，环比增加 25.00%，累计问题平台达 3 631家，在运营平台 1 751 家，同比下降 8.52%。另外，截止到 2017 年 12 月份，全国 P2P 网贷行业累计交易额保守估计约为 6.07 万亿元，其中 2017 年交易额约 2.71 万亿元，同比增长 38.8%。然而，随着同质化竞争的激烈，P2P 行业问题平台频现，监管政策频出；再加上商业银行等传统金融机构加速互联网化及 BATJ 等电商巨头加入，大量 P2P 网贷平台转型已迫在眉睫。与此同时，供应链金融有着安全系数高、未来发展空间巨大等特点。P2P 切入到供应链金融，为 P2P 网贷行业转型提供了新的突破口。

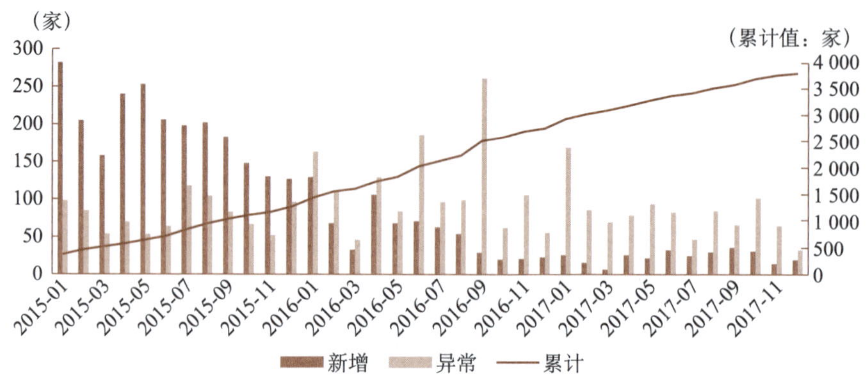

图 3－48　2014—2017 年 12 月 P2P 网贷平台数量

①发展模式。现在，P2P 平台切入到供应链金融中有三个核心，分别为核心企业、核心资产及核心数据，其主要模式见表 3－24。

表 3－24　　P2P＋供应链金融主要模式

P2P＋供应链金融主要模式	
核心环节	具体模式
核心企业	围绕一个或几个核心企业做链条上下游中小企业的短期应收账款模式
核心资产	围绕企业针对核心企业应收账款的收益权，与保理公司进行合作，相当于债权转让模式
核心数据	围绕大数据实施风控，为合作企业提供融资服务

a. 围绕核心企业的短期应收账款模式。

图 3－49 应收账款模式是 P2P 网贷平台借助与在供应链上具有较大控制权的核心企业合作，针对上游企业（供应商）提供由于赊销模式而存在的应收账款融资需求。供应商第一还款来源是签订真实贸易合同项下的应收账款，投资人与供应商之间的借贷关系则由 P2P 平台进行撮合。同时，核心企业与 P2P 平台相互协作，为 P2P 平台提供对供应商的信息核实工作，并对平台投资人的本息保障进行兜底，承担风险监督的责任。

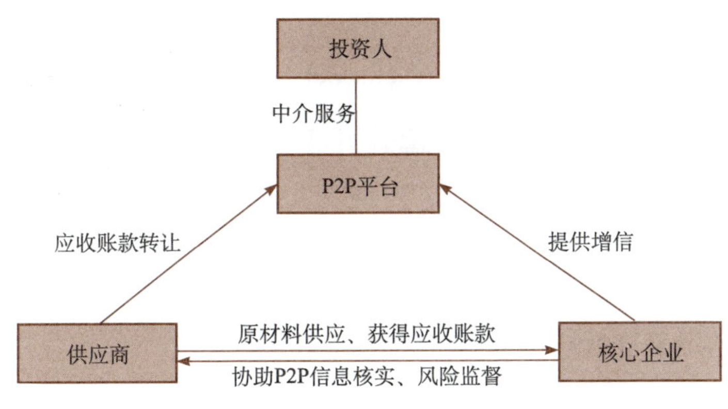

图 3－49　应收账款模式

b. 围绕核心资产的债权转让模式。

不是所有 P2P 网贷平台都采用与核心企业直接合作的方式，在 P2P 网贷平台介入之前，以小贷公司、保理应收账款等环节作为资金来源。当 P2P 网贷平台参与其中时，通过和保理公司进行合作，供应商将应收账款转让给商业保理公司（见图 3－50），之后保理公司再将应收账款收益权转让给 P2P 网贷平台。在这一过程中，为了保证投资人的资金安全，P2P 网贷平台会采用保理公司回购、引入担保或保险、设置风险准备金等方式。为了控制合作方的风险，P2P 平台只需对保理公司进行授信和筛选，相当于一种债权转让模式。

c. 掌握供应链中的核心数据挖掘融资需求。

图 3－51 模式中占主导地位的是数据，主要是互联网公司、电商平台、软件公司等。电商由于掌握其自有平台中的交易记录、交易流水，从而建立风控制度，以满足买家和卖家的融资需求。在该种模式下，平台采用大数据分析风控方式，做出定制化的融资平台，根据不同的数据结果得出相应的评级。控股方为软件公司的 P2P 网贷平台，其主要的服务对象是使用同种软件的企业，利用软件上的历史数据寻找融资项目，为企业提供相应的金融服务，如基于企业运行管理需要的 ERP 等软件。

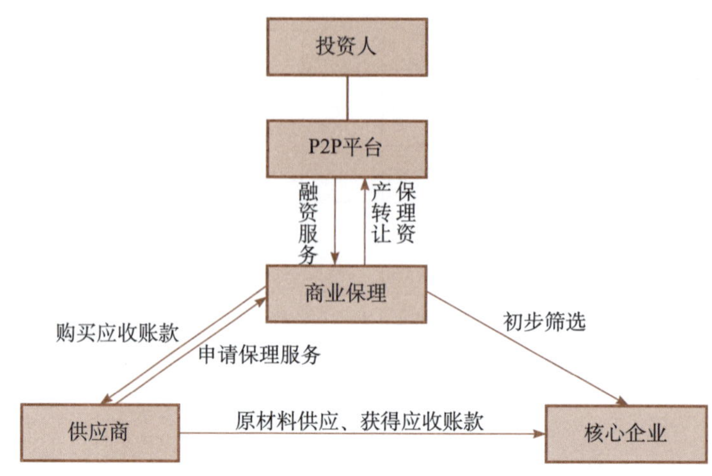

图 3－50　债权转让模式

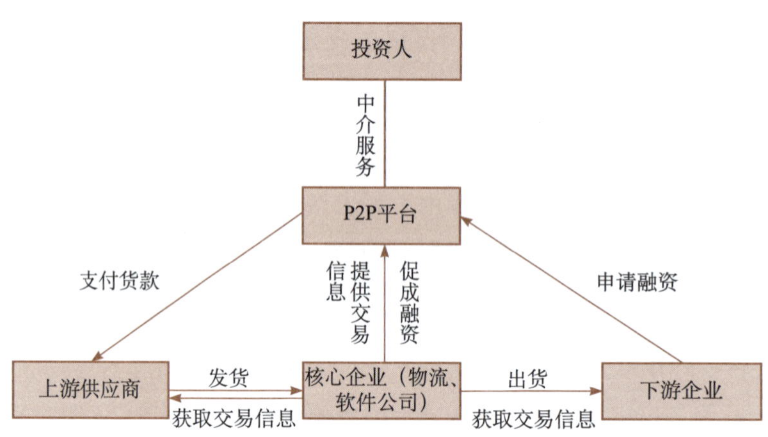

图 3－51　围绕核心数据的模式

该种模式的核心是数据的获取和分析能力，要求 P2P 平台有较高的技术能力，因此，以核心数据为重点的模式一般仅限于大型互联网企业或者大型软件公司，如国内的蚂蚁金服、京东金融、苏宁金融、用友等，可推广性不强。

②平台介绍。据网贷之家数据显示，在较活跃的网贷平台中，目前有开鑫贷、道口贷、电网贷、海融易、宝象金融、农发贷、大麦理财等平台

以供应链金融业务为主。

以国开行旗下平台开鑫贷为例，开鑫贷 2012 年 12 月上线，由国家开发银行全资子公司——国开金融有限责任公司和江苏国信、江苏省再担保等省内大型国企出资设立，具备银行 + 国资双重背景。开鑫贷平台积极发挥支农支小作用，方便“三农”和小微企业得到民间的富余资金。“开鑫贷”产品的综合融资成本一般不高于 15%，单笔借款额最高不超过 300 万元，借款挂牌利率在 11% 以下，远低于行业平均利率。

宝象金融公司的服务对象是以农业上市公司及龙头企业供应链中有核心企业担保的小微企业，2015 年，宝象金融针对精耕农贸市场推出了“助农 E 站”产品，其产品主要针对农贸市场，产品额度最高不超过 20 万元，期限为 10 ~ 90 天，利率年化 6% ~ 12%，最快当天即可放款。华尔街投资大鳄吉姆·罗杰斯关注到宝象金融之后推出的“商汇易站”，并进行了注册投资。截至 2017 年 12 月，宝象金融平台注册用户达到 121.3 万人，累计投资用户 21.6 万人，撮合交易近 61 亿元。

③风控方式。P2P 平台开展供应链金融针对不同的发展模式，其风控方式也有所不同。

围绕核心企业的模式。该模式参与度高，通常会与核心企业产业链相结合，但缺点也很明显，即过于依赖一家或几家核心企业。因此，P2P 网贷平台在选择核心企业时，重点关注企业的经营规模、行业地位、运营稳定性等评判因素，基本上选择的是规模较大和实力较强，且在上下游有话语权的企业，这样可以有效地防止所选行业的系统性风险和企业的道德风险。

资产转让模式。应收账款真实性及各环节参与企业应收账款坏账风险是资产转让模式的主要风险。因此，在该模式下，P2P 平台会要求合作的资产转让方有较高资质，并严格筛选和授信合作的保理公司，以此来控制业务风险。

掌握核心数据的模式。该模式要求P2P平台自身有较高的技术水平，能够获取核心数据并自建风控模型，因此P2P必须提前收集到海量数据，进行清洗建模，从而确保分析结果的普适性。

（3）金融科技重塑供应链金融。传统的供应链金融涉及多方协作，而且严重依赖纸质合同，导致实际运营中由于欺诈、高信用主体缺乏配合意愿、操作成本高等原因，导致实际经营效果不佳。但是金融科技，其中以区块链技术和AI（人工智能）技术为代表，将为供应链金融带来新的发展机遇。可以说，区块链技术重塑了生产关系，而AI技术重塑了生产力，将极大提升参与各方的信任度、智能化和在线化水平。

【案例】

区块链

——企业贸易结算与链式金融领域的新驱动力

区块链，其中包含的分布式记账和智能合约技术，将为B2B结算和链式金融领域带来新的机遇。由于该领域天然是多方参与、协作，涉及信息、物、资金的流转，需要建立一个可信的交易环境，所以被认为是区块链最佳的应用场景。

1. 分布式账本与三式记账法

简单而言，传统的金融服务机构或企业采用的是中心化的复式记账法，作为账本维护的主要手段，这种方式存在了数百年。然而，在经济活动越发复杂、涉及多方协作的情况下，传统的账本维护方式已经逐渐不能满足某种经济活动的需求。比如在企业间贸易与结算活动中，应收应付账款天然存在数据割裂的情况，非常多的供应商直到应收账款到期未收到款项时，才发现客户账本里的应付账款完全记录了截然不同的到期日。另外，在传统的贸易金融活动中，由于无法知晓整个贸易过程，或知晓整个贸易过程的操作成本极高，导致金融服务对贸易的支持程度严重不足。

不过分布式账本技术为 B2B 结算和贸易金融活动带来了新的可能——通过区块链网络，按照时间发生顺序记录每一笔成功或不成功的交易，多方见证，不可篡改，这无疑为 B2B 交易和 B2F 交易建立了一个可信环境，并极大地简化了各方的对账，通过共识算法让贸易金融交易过程更为顺畅，降低了操作成本和操作风险。

2. 资产代币化

资产支持代币并不是某种带有价值储藏功能的数字货币，而是将其作为某种有价值的资产的代表，这些资产可以委托银行、金融资产交易所或专业资产管理公司保管。资产代币化的潜力主要有：(1) 可以对真实资产进行隐藏，降低交易双方的信息泄露顾虑；(2) 可以对真实资产进行区块链平台标记，降低“多头融资”风险；(3) 最重要的是，代币作为一种数据结构，可以在不改变外部系统的情况下进行整合（比如银行或财务公司系统），只需要若干代码。

代币化设计的核心目标是“易于整合和被整合”，比如与传统金融机构票据、信用证等贸易金融系统整合，提升对公业务的互联网化水平；与互联网金融、数字资产交易所整合，形成去中心化的直接融资平台等。

3. 智能合约

智能合约本质是若干代码，用于区块链世界与现实世界的交互（比如资产交易层面的交互）。基于智能合约，能够极大提升 B2B 支付结算和 B2F 金融资产交易的智能化和自动化程度。由于贸易金融属于专业、烦琐、依赖操作和策略的金融管理领域，高端人才稀缺，导致非常多的贸易金融项目落地困难或运营不畅（这在由工商企业主导的金融项目里尤为突出）。

4. 数据脱敏特性

区块链平台本质上是让各方拥有一个开放的交易账本，而无须在特定业务下自行记账。B2B 领域的用户往往存在核心数据泄露风险的担忧。但是区块链平台天然具备数据脱敏特性，且数据的所有者仍是用户本身，应用平台无权占用用户数据，这对于 B2B 领域构建信息安全层面的信任至关重要（非常多的 B2B 厂商比如 SaaS 公司都受“如何保证客户信息安全”问题的困扰）。

伴随着经济下行的压力，为数众多企业的大量营运资本被锁定在它们的供应链中。供应商融资，有时被称为反向保理或应付账款融资，是一套以买方企业发起，旨在服务于自身和供应商的现金流优化解决方案。它允许买方企业能够延长它们的付款条件，同时提供给它们供应商一个高效、在线化的供应链融资服务机会。

这是一个三赢的局面：买方优化营运资金并延长付款周期，供应商获得营运资金支持，金融服务商有机会完全基于买方的信用和配合承做供应链融资业务，从而降低信用风险、欺诈风险及操作风险。不同于贷款，供应商融资或反向保理是买方应付账款的延伸，对于供应商，它代表了一个真正的销售回款。

【价值创造】核心企业可以延长付款周期，降低采购成本，提升利润率，提升闲置资金收益，盘活闲置信用额度，优化供应链合作关系，提升对供应商的商务谈判能力；供应商降低了融资成本和机会成本，简化了操作，优化了现金流。

供应商融资平台的协作流程（集智金融平台提供）

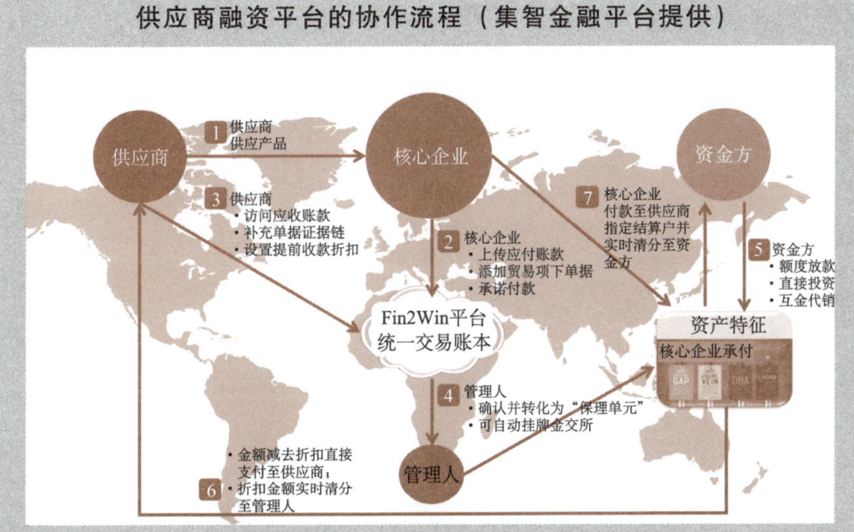

供应商融资流程

开展买方信贷业务，帮助中小经销商更好地做生意

买方融资平台是一种买方融资的解决方案，对于方案中的买方而言，它等同于使用"企业白条"进行延期或分期付款。但是与单纯的"企业白条"不同之处在于，买方融资平台往往是交易中的优质卖方（厂商）发起的，旨在扩大销售及为其客户提供商业授信。

对于卖家而言，在扩大销售、追求业务增长的过程中，往往需要考虑使用促进销售的金融工具，但卖方的核心诉求是增加销售并快速收取销售款项，这与延期支付或分期支付的现金流特征相悖。

创建买方融资服务平台好处在于：既可以尽可能接受买家多样的支付条款，从而把握商机，扩大销售；又尽可能不占用或少占用自身的营运资本。它同样是一个多赢的解决方案。

在买方融资平台业务中，由卖方推荐合适的买家入驻平台，并向金融服务实施部门提供必要的交易数据作为买家核定信用额度的支撑。

卖家可以仅仅作为推荐方推荐买家客户，也可以创设一些增信（如差额补足，回购等）或优惠（采购让利）等使得方案对于金融参与方更具吸引力。

方案创设后，买家将通过平台向卖家下达采购订单，并标记由金融部门代为支付，采购货款将直接支付到卖家的账户中，并由金融部门为买家转换付款模式和账期。

买方融资平台适用的买家是多样性的。对于有一定自有资金和信用等级的买家，使用买方融资平台进行延期或分期支付是一种优化财务结构的“安排”和“选择”；而对于营运资金短缺的中小企业，买方融资平台则真正起到了融资的功能

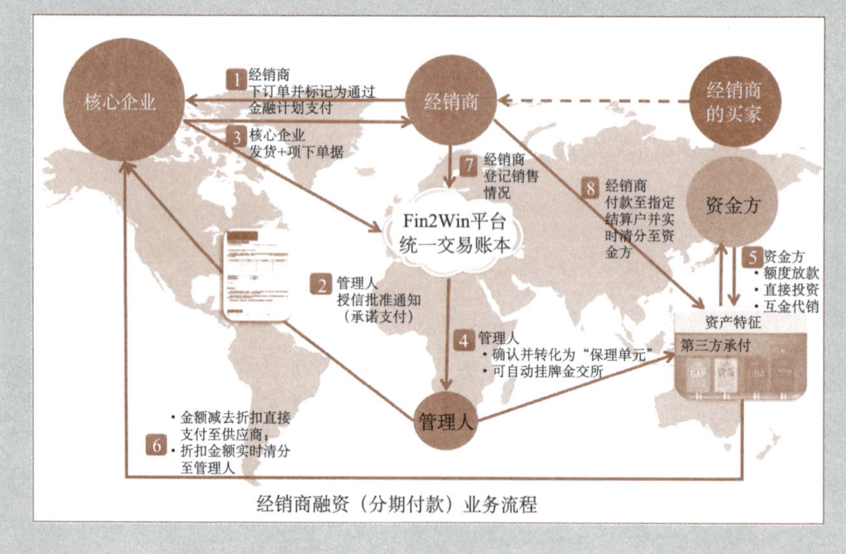

经销商融资（分期付款）业务流程

3.4.2.3 风险控制

（1）风险来源分析。目前我国中小企业数量众多，分布于各个社会生产部门，成为我国经济发展的主力军。有相关数据显示，在一条完整的产业链中中小企业的数量占比高达80%，而在当前我国的经济环境下，这些

中小企业普遍都面临着资金紧张的难题，于是在这样的背景下供应链金融应运而生。供应链金融的本质就是核心企业通过为分布在其上下游的中小企业进行背书和增信的方式使这些中小企业在融资过程中处于有利地位。但就供应链金融本身来说，也存在着一些方面的风险。

①核心企业风险。通过对供应链金融本质的描述可以知道，核心企业位于整个供应链金融的至高位置，核心企业本身的存在及与上下游企业的相互关系是供应链金融能够稳定运作的关键。供应链能够形成并维持靠的是信用，一方面是核心企业自身的信用，必须有足够良好的信誉、长期稳定的经营、较强的盈利能力及良好的发展前景才能有资格担负起在供应链中的主导地位；另一方面是核心企业与上下游企业之间的信用，其相互之间必须能够建立起长期的战略伙伴关系，才能保证供应链不发生断裂。因此，核心企业风险是供应链融资面临的最主要的风险。

②政策风险。国家任何的政策变化都有可能对供应链金融产生大大小小的影响，但对其影响最大也最直接的是产业政策，因为供应链金融依附于产业链，国家产业政策的变动会直接影响到供应链金融存在的根本。如在进行产业结构的调整时，国家会出台一系列政策来支持或限制某个产业的发展，这个受限制的产业链将使受影响的源头企业传播至最后的零售商，或带来生产规模缩小，或价格被迫设定上限。如果银行选择的供应链核心企业位于这条产业链上时，那么与此供应链金融业务相关的所有信贷业务都会受到影响。因此可以说，产业政策的变动是供应链金融所面临政策风险的主要来源。

③真实性风险。在供应链金融中，银行作为资金的提供方，其为供应链中上下游企业提供融资业务所依据的是供应链上交易方的真实交易所形成的应收账款、预付账款、存货抵质押等。供应链金融的长久运转以真实的交易为前提，因此我们可以说自偿性是供应链金融最显著的特点。一旦

交易背景的真实性不存在，出现伪造合同或是应收账款不存在或不合法的情况，银行盲目给借款人授信，将会面临巨大的损失风险。

④市场风险。由于作为资金供应方的银行提供融资业务以中下游企业的质押货物、企业资产为基础，因此这些质押货物、企业资产可以看作是供应链金融融资中贷款收回的最后防线。但由于这些企业的质押货物、企业资产大都是动产，其价格会随着市场供求关系变动而发生变化，而一旦这些动产市场价格下跌、价值下降，这条最后的防线就会变得薄弱，供应链金融融资形成的借贷业务也会面临不断变大的风险，因此这种由于质押货物或企业资产市场价格变动带来的风险，就是供应链金融所面临的市场风险。

⑤操作风险。操作风险的来源是被提供资金的上下游中小企业，主要是由于这些企业内部操作过程或系统存在漏洞、人员无意或故意违规及外部事件所带来的直接或间接损失，这种操作风险在仓储物流行业、网贷行业及民间借贷中较为常见。2014 年，在红岭创投广州纸业项目中，借款企业与仓库物流同流合污、合伙犯罪，通过将同笔货物重复抵押给银行的方式骗得贷款，显示出极大的操作风险。

（2）风控要点：

①保证信息治理质量，通过对供应链中相关企业运营过程中各种数据和信息的及时收集和分析，实现对企业经营全生命周期信息的管理，掌握企业实时发展状态。

第一，确保供应链中企业之间业务往来的真实性，防控真实性风险。即要能够通过企业运营中各种数据信息的收集和分析确保供应链中企业呈现业务是真实发生的，并且这些业务能够给企业带来持续的、稳定的价值。

第二，确保供应链中物流服务的质量，防控操作风险。即对于在供应链中从事物流服务的企业，要对其提供的每笔物流服务的质量、物流作业数量、物流服务时间、地点、价格及服务方向等相关信息有明确清晰的掌握。

第三，确保供应链中资金财务风险清晰可控。供应链金融中最重要也是最基本的就是资金的流动，因此对于供应链中资金的管理效率直接关系到整个供应链中的金融风险大小，实现对交易的信息化管理一个极为关键的方面就是对供应链中资金的流动运转情况和企业的财务状况有清楚透彻的了解。要达到这一目标就要从以下几个方面实现对信息的全方位掌控：一是现金流和利率状态；二是企业自身的财务管理状况及企业内控体系的建设和运作；三是借贷状况，企业的融资借贷活动是了解企业财务状况和财务管理能力的重要途径，同样也是实现交易信息化不可忽视的重要方面，具体应该包括企业在融资借贷活动中的信用、借贷的目的及资金使用状况等因素。

②判断能否以当前确定的供应链收益或是未来的预估收益全面覆盖供应链金融中未来所有可能产生的费用、风险。

第一，产品业务的价格风险：即要结合大的社会经济环境和国家产业政策，根据不同的产品业务自身的特点，观察市场趋势，考察产品价格的稳定程度。

第二，产品业务的销售风险：只有产品业务的顺利销售才能实现资金的流转，保证资金链的衔接，销售端的风险会直接影响到供应链中企业的收入自偿能力。

第三，产品业务的价值风险：不同于市场供求关系变动引起价格波动带来的价格风险，产品业务的价值风险取决于产品业务内在质量和能力的高低，比如产品业务的变现能力、生产的标准化水平、产品的易损易腐程度及提供产品业务之后配套服务的好坏。

③在当今互联网背景下，供应链金融的风险有增无减。要保证供应链的紧密衔接，就要保证供应链中相关企业内部组织职能的完善和企业之间职能的对接，任何一环职责的弱化都会产生一系列的连锁反应，带来巨大

的风险。如今在很多供应链金融产生的风险，都可以归结于没有协调好战略和管理的关系，或者说目标的畸形化导致的过度战略扩张带来管理制度和流程的断裂。因此我们在进行风控的过程中，需要确定供应链上每一个公司组织结构和职能的完备性和清晰性，确定战略和管理的稳定与协调。

3.5 融资租赁类

融资租赁又称设备租赁或现代租赁，是指实质上转移与资产所有权有关的全部或绝大部分风险和报酬的租赁。资产的所有权最终可以转移，也可以不转移。融资租赁公司根据承租人对租赁物的要求，向供货商购买租赁物，并租给承租人使用，承租人则向融资租赁公司定期支付租金，租赁期内租赁物的所有权属于融资租赁公司，承租人只有使用权。

融资租赁主要有直租和售后回租两种模式，在此基础之上业务模式发展逐渐多样化，主要集中在各行业的设备租赁业务。融资租赁集融资与融物于一体，一旦承租人出现违约，融资租赁公司可以将租赁物取回并处置，相较于信用贷款，对企业的资质和信用担保要求没那么严格，比较适合中小企业。

我国近年来融资租赁市场增长迅速，根据 Wind 资讯统计，截至 2017 年 6 月，市场规模已达 5.6 万亿元。伴随着互联网的深化发展，融资租赁与互联网相结合的模式也逐渐发展，并且出现了一些互联网电商租赁平台，如易点租、人人租机等，新型融资租赁模式逐步发展。

3.5.1 行业分析

（1）传统融资租赁发展历史：

①国外发展历程。融资租赁这一模式最早起源于美国，美国租赁公司（现更名为美国国际租赁公司）成立于 1952 年，也是世界上第一家融资租

赁公司，随后在 20 世纪 60 ~ 70 年代，融资租赁在全球取得了快速发展，现已成为企业用于更新设备的主要融资方式之一。2008 年经济危机之后，全球融资租赁业于 2010 年开始复苏，业务规模连续 4 年保持增长状态，北美洲、欧洲、亚洲是世界租赁市场的三大主体，这三个地区的交易总量占全球的 90% 以上。

北美地区的租赁业务量在全球市场中居于首位，占全球租赁市场份额的 40% 左右。其中，美国为全球第一大单一租赁市场，独占全球设备租赁业务额的 1/3，欧洲地区紧随其后，英国、德国占据全球租赁市场的主导地位，俄罗斯近年来汽车领域的租赁业务发展迅速。

中国为全球第二大租赁市场，但是我国租赁市场投资渗透率远低于其他国家。根据《中国融资租赁行业 2016 年度报告》显示，2015 年美国的市场渗透率为 22%，英国为 28%，德国 16.4%，而中国只有 3.4%，而 2016 年中国融资租赁市场渗透率也仅有 8.9%。由此可见，中国的融资租赁市场仍然是新兴行业，发展空间巨大。

②国内发展历程。我国的融资租赁业是伴随着改革开放而逐渐发展起来的。1980 年，中国国际信托投资公司最早开始引进融资租赁，主要目的是为引进国外先进的技术和设备，开辟利用外资渠道。1981 年 4 月，中国东方租赁有限公司成立，是我国第一家合资租赁公司，同年 7 月，中国租赁公司成立。这些融资租赁公司的陆续成立，标志着融资租赁业在我国正式产生。

截至 2017 年 6 月，我国融资租赁企业数量共计 8 218 家，其中内资融资租赁企业 224 家，外资融资租赁公司 7 928 家，金融租赁公司 66 家（见图 3 - 52、图 3 - 53）。融资租赁行业期末合同余额为 5.6 万亿元。伴随着全球融资租赁业在经济危机之后的复苏，我国也呈现出高速发展趋势，根据最新数据显示，我国的融资租赁业期末合同余额在 2012—2015 年间保持 30% 以上的增长率，2016—2017 年的增速稍有所放缓（见图 3 - 54）。

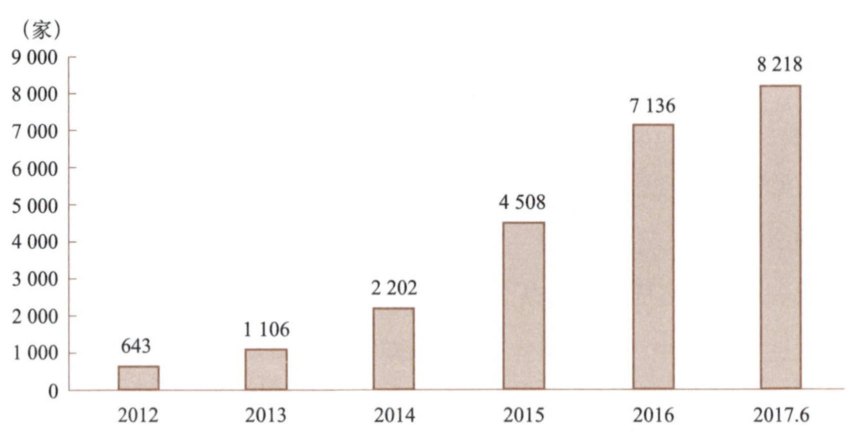

图 3－52 融资租赁企业数量统计

资料来源：Wind 资讯。

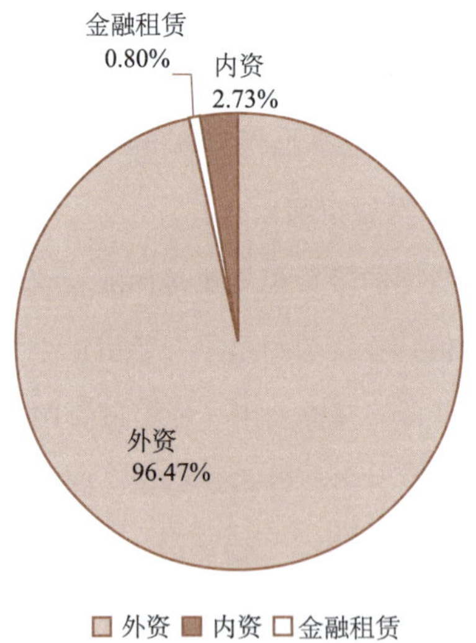

图 3－53 各类融资租赁企业占比统计

资料来源：Wind 资讯。

根据商务部发布的《中国融资租赁行业发展报告（2016—2017）》数据显示，2016 年我国融资租赁企业实现营业收入 1 535.9 亿元，较 2015 年增长 37.5%，融资租赁企业利润总额 267.7 亿元，较 2015 年增长 25.4%，

图 3－54　融资租赁业期末合同余额

资料来源：Wind 资讯。

可以看出 2016 年我国融资租赁企业的经营效益呈上升趋势。2016 年，融资租赁企业融资租赁投放额为 8 971.6 亿元，比上年增速 37.5%。融资租赁企业资产负债率为 65.4%，逾期租金合计 291.5 亿元，占资产总额比例为 1.4%，较上年增加了 74.3 亿元，逾期水平较低。

从融资租赁行业分布来看，融资租赁业主要分布在工业装备、基础设施及不动产、交通运输设备、通用机械设备、能源设备、建筑工程设备、医疗制药设备、采矿冶金专用设备及节能环保设备等行业，从地区分布来看，90% 以上的融资租赁企业分布在东部地区，具体到省市来看，以上海、天津、深圳的企业数量最多。

（2）互联网 + 融资租赁发展历程。“互联网 + 融资租赁”模式从 2013 年开始出现，经过四年的发展，衍生出了越来越多的交易模式。2013 年融资租赁 P2P 产品的成交额为 1.19 亿元，此后多家平台陆续上线融资租赁产品，如网信理财、理财范、爱投资等。根据 Wind 资讯数据统计，截至 2016 年 8 月，融资租赁 P2P 产品累计成交额达 852.44 亿元。此类平台的融资租赁类 P2P 产品以各类机械设备为主，同时汽车融资租赁项目兴起。

根据Wind资讯数据统计（见图3－55、图3－56），截至2016年6月，上线融资租赁P2P产品平台数量为51家，6月当月新增成交额6亿元。根据网贷之家最新数据，截至2017年8月，涉及融资租赁业务的平台共计24家。而融资租赁产品当月成交额在经历过2015年的高速增长之后，在2016年迅速下降，随着以融资租赁债权转让而著称的e租宝平台非法集资事件的爆发，以及2016年8月《网络借贷信息中介机构业务活动管理暂行

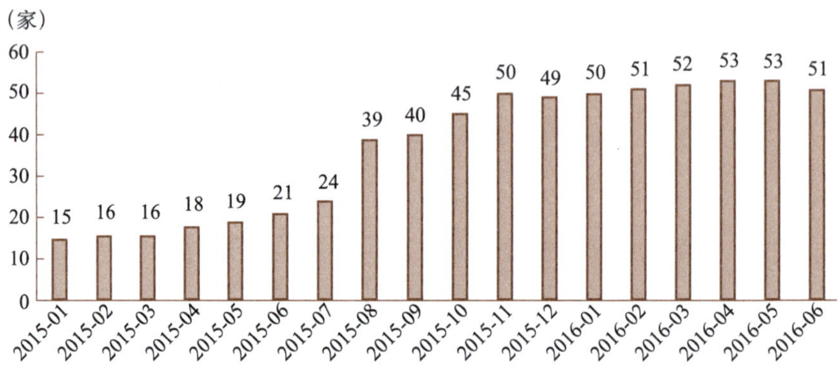

图3－55　融资租赁P2P产品平台数量统计

资料来源：Wind资讯。

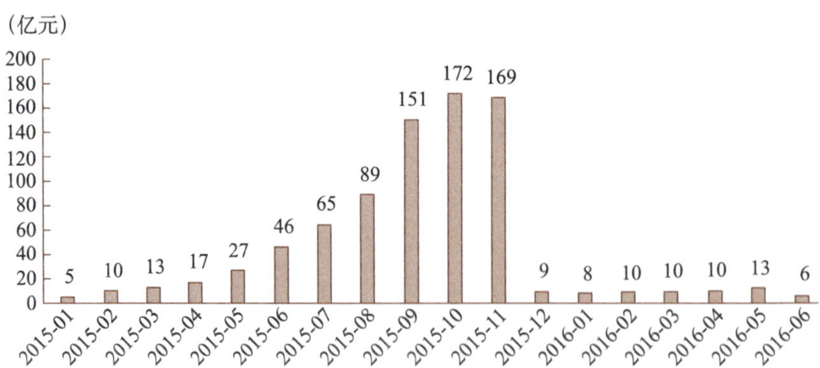

图3－56　融资租赁P2P产品当月成交额

资料来源：Wind资讯。

办法》的发布，对于借款人的借款额度作出限制，同时禁止了部分特殊的债权转让行为，P2P + 融资租赁模式的发展受到舆论与监管政策的双重不利影响，成交额大幅下降，且出于政策方向考虑，部分平台也停止了融资租赁业务。

融资租赁众筹模式发展相对缓慢，2015 年 9 月，由狮桥租赁发布于平安众筹平台，截至 2015 年底，融资租赁众筹成交规模为 810.8 万元。同时 2015—2016 年开始出现以易点租、优易租、人人租机为代表的互联网电商租赁平台，通过互联网平台为企业提供办公电脑设备的线上经营租赁服务。

3.5.2　业务分析

3.5.2.1　传统融资租赁

租赁主要包括经营性租赁和融资性租赁两种，经营租赁一般租赁期较短，且出租人不仅要向承租人提供设备的使用权，还要向承租人提供设备的保养、保险、维修和其他专门性技术服务的一种租赁形式。融资租赁则不需要提供以上服务，且融资租赁和经营租赁的最大区别是租赁期满后所有权是否转移，一般经营性租赁承租期满的经营租赁资产由承租企业归还出租方，融资性租赁则多为长期租赁，对于租赁资产有优先购买权。

融资租赁的业务模式分类众多，基本都是在直租和售后回租两种基本的业务模式之上演变出的分类业务模式，因此此处我们主要介绍比较常见的直租和售后回租这两种模式：

（1）直租。直租即融资租赁公司根据承租人要求购买指定的商品，出租人与承租人之间签订融资租赁合同，承租人按期支付租金，租赁物大部分为新设备，承租人只有使用权，所有权属租赁公司（见图 3-57）。

图 3－57　直租模式图

（2）售后回租。售后回租即承租人将商品的所有权转移给租赁公司，再对其进行回租，租赁物的所有权转移至融资租赁公司，承租人对于租赁物只有使用权（见图 3－58）。

图 3－58　售后回租模式图

3.5.2.2　互联网＋融资租赁模式

（1）基于 O2O 的以租代售模式。除了传统的大型设备融资租赁，电脑等办公用品的租赁也逐渐被多数企业所接受。随着我国互联网的深化发展，互联网与传统租赁相结合，出现了“以租代售”的线上租赁新型模式。

①业务模式。此类互联网平台主营业务多为电脑等办公设备的在线租赁，依托互联网形成 O2O 租赁模式，服务对象为企业，选择租赁设备、提交资料及订单、支付租金均在线上完成，且无须缴纳押金，租赁物由平台线下进行快递配送，且提供设备的维修保养等线下上门服务。其具体业务模式如图 3－59 所示。

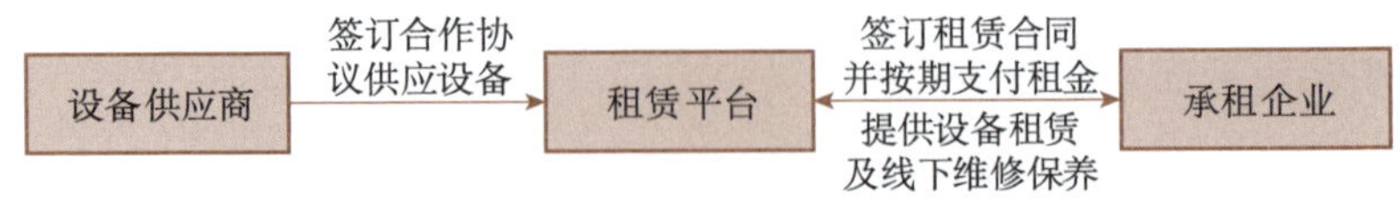

图 3－59　互联网电商租赁模式图

②代表平台。此类模式的代表平台有易点租、人人租机、优易租、快租 365 等，基本都为免押金的租赁模式，详细信息见表 3－25：

表 3 – 25　　互联网电商租赁平台统计

平台名称	上线时间	主营业务	是否免押金
易点租	2015 年 3 月	办公电脑租赁	是
人人租机	2016 年 6 月	以复印机、打印机、投影机等办公设备租赁为起点，现覆盖办公设备、工程机械、工业、智能机器等行业	否
优易租	2016 年 7 月	复印机租赁和电脑租赁	是
快租 365	2016 年 3 月	办公电脑及相关 IT 设备租赁	是

③风控方式。线上的电商租赁多采用线上 + 线下的风控审核方式，通过线下传统的信贷审批流程，同时结合大数据风控进行辅助审核，平台会对接部分第三方数据征信机构，对企业信用进行辅助评估。

首先平台会通过风控模型对申请企业进行初步评分，同时线下有工作人员进行电话审核及上门实地核实，最终会根据客户的实际情况授予其免押金额度，如果所申请的租赁无押金，在免押金额度之内，则无须支付押金即可租赁。

④申请流程。以易点租平台为例，主营办公电脑免押金租赁，为企业提供包括租赁、租后维护等服务，其租赁方式有随租随还、租完即送、固定租期等。用户通过在线选择机型，提交免押金申请资料，获得一定的免押金额度。

客户申请流程如图 3 – 60 所示：

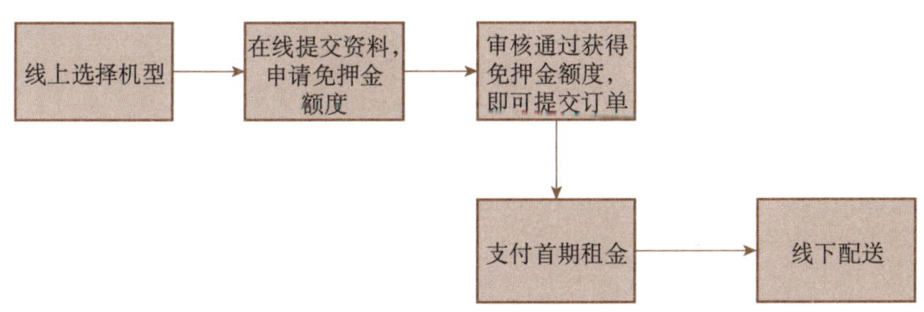

图 3 – 60　互联网电商租赁申请流程

（2）P2P + 融资租赁。传统融资租赁公司的资金来源较为单一，大部分资金都源自银行信贷和资本金或股东拆借，尤其是中小型融资租赁公司，其资金渠道较少，P2P 与融资租赁相结合的模式，可以拓宽中小企业的融资渠道。

P2P 平台与融资租赁组合存在期限不匹配的问题，前者平台投资者多为短期的理财投资，而后者一般为 3～5 年的长期项目，短期的项目也不短于 1 年，存在项目资金收回的期限与须向 P2P 投资者分配收益和偿还本金的期限不匹配的问题。

①业务模式。为避免上述提到的期限不匹配问题及额度限制问题，P2P+融资租赁模式目前较为适用于一些短期的小额分散项目，主要集中在直接租赁和售后回租上，现有的平台标的多为汽车融资租赁项目或农机租赁项目等。

融资租赁公司与承租企业签订融资租赁协议后，通过 P2P 平台发起项目募集资金，并且为该项目提供担保，P2P 平台也会将项目的具体信息向投资人进行线上披露，投资人的收益来自于承租企业定期支付的租金，其具体业务模式如图 3－61 所示。

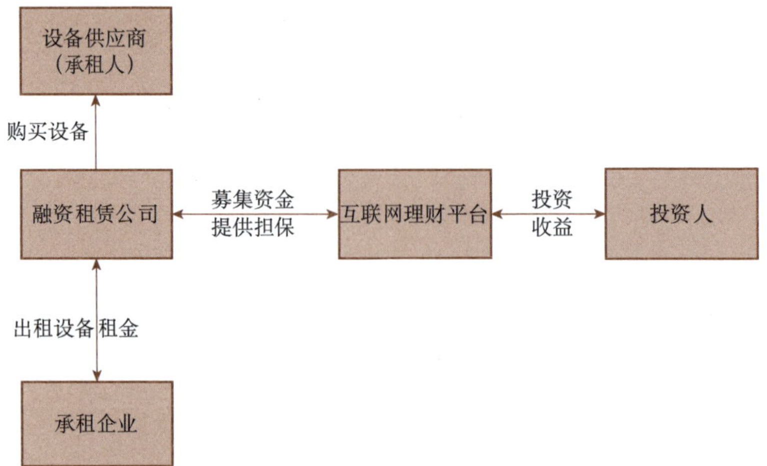

图 3－61 P2P+融资租赁模式图

②代表平台列表。

表3－26 融资租赁类P2P平台统计

平台名称	平均参考收益率	平台标的期限（月）	月成交量（万元）	是否上线银行资金存管
普资金服	9.00%	6.18	31 821.00	否
爱投资	11.04%	12.02	140 110.28	否
奇乐融	6.81%	2.54	4 773.51	是
融租E投	8.15%	5.52	9 932.49	否
有融网	11.01%	2.64	47 869.22	否
365易贷	10.38%	5.03	36 731.92	是
鲁金所	8.72%	3.81	1 073.65	否
聚优财	7.68%	7.00	32 052.52	是
信广立诚贷	9.82%	5.31	12 972.50	是
今日捷财	8.60%	5.78	4 723.79	是
惠投无忧	9.68%	5.19	1 695.79	否
拾财贷	9.00%	N/A	N/A	否

③风控方式。由于融资租赁行业本身有严格的风控标准与准入门槛，风控发展较为成熟，因此对于互联网平台来说，来自融资租赁企业的产品标的具有一定的风控优势。融资租赁项目一般相对应的有真实的租赁物，融资租赁公司对于租赁物有所有权，如果承租人出现违约，可以取回并且对租赁物进行处置，从而一定程度上降低了违约风险。

不过由于融资租赁企业承诺回购，因此一旦承租企业违约，融资租赁企业需支付投资人到期本息，面临一定的流动性风险。因此平台在引入融资租赁债权时，要对所合作的融资租赁企业进行筛选，对于平台所发布的债权项目真实性需做好风险把控。

第一，要设立较为严格的融资租赁企业准入标准。结合融资租赁公司的基本信息、实际经营情况、实力背景及信誉状况等信息进行调查和筛选。

第二，需保证平台上所公布的交易项目的真实性，信息披露充分。对于项目所涉及的合同及相关文件信息，要进行风控审核。对租赁物的买卖合同、付款凭证、发票、登记权证及产权转移凭证等相关证明材料需进行严格的核实，确保租赁物的物权及债权归属清晰，并且平台对于较大的项目应定期进行贷后的跟踪风控。

④合规性分析。《网络借贷信息中介机构业务活动管理暂行办法》规定：同一法人或其他组织在同一网络借贷信息中介机构平台的借款余额上限不超过人民币 100 万元，在不同网络借贷信息中介机构平台借款总余额不超过人民币 500 万元；在负面清单中明确规定（第十条第八项），“P2P 不得从事开展类资产证券化业务或实现以打包资产、证券化资产、信托资产、基金份额等形式的债权转让行为”。

同时，《上海市网络借贷信息中介机构事实认定与整改工作指引表》中第 42 条指出，网贷平台禁止“开展融资租赁公司、典当行、保理公司、小额贷款公司等各类专业放贷机构及各类金融机构的债权转让业务”。

根据监管要求，借款人与借款项目应遵守一一对应，不拆标、不进行期限错配的原则，避免产生资金池。由于互联网理财平台的标的以短期小额为主，且债权转让模式的发展受到限制甚至禁止，照此趋势，小额分散的融资租赁项目较为适合互联网模式，且收益权转让模式仍是合规的。

随着监管办法的落地，市场上汽车新车的以租代售的融资租赁业务兴起发展，主要是为计划购买汽车的单一借款人所提供服务的产品类型，主要由于这一群体融资金额小，风险可控，且符合监管的要求。

3.5.3 风险控制

3.5.3.1 风险类型

（1）信用风险。融资租赁业务的信用风险主要指承租企业因租赁物损毁或者灭失、经营管理不善等，到期拒付租金或者非法处置租赁标的。为了合理规避该风险，融资租赁企业在合同签订前要做好各项审查工作，详细调查承租方的资信状况，准确把握承租人的现金流情况和盈利能力。

（2）产品市场风险。租赁标的物的市场占有率、租赁物销路、租赁物市场的发展趋势、租赁物处置的渠道等都是产品市场风险的重要因素。如果承租人违约，租赁公司需收回租赁物，若租赁物的处置受阻，租赁公司将面临遭受损失的风险。

（3）技术风险。技术风险是指由于租赁设备陈旧过时，需要更新换代时，可能会导致承租人的租金支付意愿及支付能力下降，从而影响租赁公司的租金收益。因此融资租赁公司可在条件允许的情况下对于租赁物的选择做好应对措施，降低遭受损失的可能性。

（4）政策风险。在我国当前的政治环境下，融资租赁公司在监管、财税等各个方面享受各种政策扶持优惠，面临的政策风险很小，行业政策环境利好。2015 年国务院总理李克强主持召开国务院常务会议，特别指出要加快融资租赁和金融租赁行业的发展，会议决定支持广东、天津、福建自由贸易区的融资租赁发展。

3.5.3.2　风控要点

融资租赁企业对于项目的风险方式主要以线下尽职调查为主，除了对于申请企业的资质审查以外，其主要关注风险点为租赁标的物的回收、处置和变现问题，具体风控内容如下：

（1）分析行业及不同客户特点，不同行业的回款、设备、季节性周期都有所不同，客户企业的大小及背景也有所不同。

（2）法律法规在租赁标的物的物权保证方面是否完善是考虑融资租赁的一个重要因素。一般而言，法律法规对产权归属确认完善的行业是最适合做融资租赁的。

（3）租赁标的物处理的难易程度及价值变化。需关注标的物的贬值速度和技术更新换代速度。对于租赁标的物容易处理的业务，一般都有完善的法律登记制度，风险管理的核心在于对标的物本身具有控制权，只要控制了标的物并能够成功处理，租赁就没有实质风险。比如汽车、船舶、航空器等。

对于标的物需要费一番周折才能处理，但是处理后能够覆盖风险的租赁业务，需要关注标的物本身的价值、客户本身的实力及自身的标的物取回能力。比如医疗设备、非成套的工业设备等由于缺乏完善的登记制度，一旦处于客户的掌控使用后，取回会遇到各种障碍。

对于标的物无法取回或者取回后无法覆盖风险的业务，需要对客户本身有足够的风险判断或者附加保证，以控制项目风险。如成套设备、一些管线设施等。

3.5.3.3 风控内容

对于企业本身的尽职调查主要包括以下内容：

（1）历史合作记录，历史合作是否存在问题、原因、处理措施及结果。

（2）企业基本情况调查：企业名称、注册地、注册资本、实收资本、员工人数、基本户开户行、行业、股权结构、管理团队等。

（3）申请企业生产经营情况及近期是否有重大投资计划、关联企业交易情况。

（4）申请企业的融资情况及贷款卡查询情况，企业实际控制人的征信情况。

（5）申请企业近3年财务状况分析：包括主要会计科目核实分析、盈利能力、偿债能力、营运能力及发展趋势分析。

（6）相关项目风控措施：承租企业法人的房产抵押、应收账款质押等。

（7）项目担保企业的基本情况调查。

（8）租赁物及抵押物情况分析：租赁物的设备发票、账面原值、购入时间、已用年限。租赁物的物权是否明晰，以及抵押物的保值和流通性分析。

（9）还款来源分析：第一还款来源为承租企业的经营所产生的现金流，所以需结合租赁企业的业务经营情况、业务量发展及现金流的健康状况综合评价。第二还款来源为租赁物或抵押担保物。

3.6　农村金融类

3.6.1　行业分析

农村金融是指在农民生活消费及生产经营活动中产生的资金需求及供给。近年来，由于我国传统农村金融供需不平衡，伴随着我国移动互联网的普及、互联网金融的发展，以及政府对互联网农村金融的政策扶持，市场上出现了一批以服务“三农”为业务重点的互联网农村金融平台。这些平台主要为农村企业、中小企业及农户提供生产经营及消费性贷款。

3.6.1.1　农村金融发展历史及现状

（1）农村金融需求。目前，我国农村居民呈现基数大、收入低的特点。根据 2010 年第六次全国人口普查数据显示，我国农村居民总数为 7.74 亿，占全国人口总数的 50.32%（见图 3－62）。同时，农村居民收入较城市居民收入而言偏低。根据国家统计局数据显示，在 2012 年，城镇居民家庭人均可支配收入为 24 564.7 元/年，农村居民家庭人均收入为 7 916.6元/年，仅占城镇居民家庭人均可支配收入的 32.2%[①]。

《2017 年金融机构贷款投向统计报告》显示，2017 年末本外币农村（县及县以下）贷款余额 25.1 万亿元，同比增长 9.3%，农业贷款余额 3.9 万亿元，同比增长 5.7%，增速比上年末高 1.5 个百分点，全年增加 2 187 亿元，同比多增 394 亿元。

---

① 资料来源：国家统计局数据库。

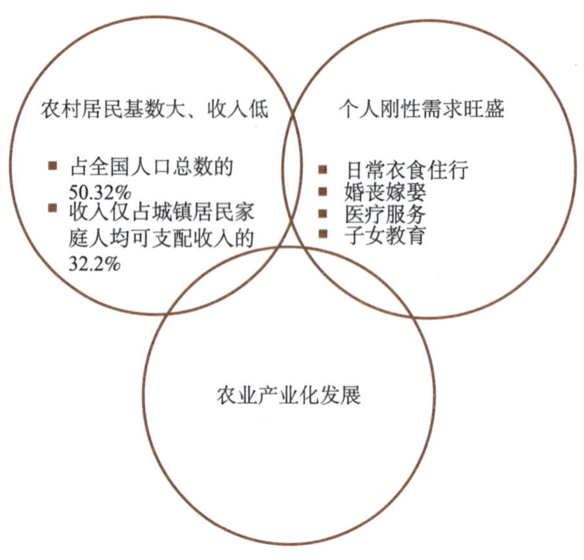

图 3-62 农村金融需求分析

农村金融融资主体可分为农户及农村企业，农村金融融资需求可分为消费性需求和生产经营性需求。下文将具体分析农户及农村企业产生消费性贷款及生产经营性贷款的不同原因。

针对低收入农户而言，其消费性需求多呈现刚性需求的特点，贷款主要为满足日常衣食住行、婚丧嫁娶、医疗卫生及子女教育等方面。同时，由于我国农村地区征信及金融服务设施不完备、农户欠缺偿还能力等原因，传统金融机构无法满足其借贷需求，因此目前低收入农户救助性需求主要依靠政府财政政策以现金补贴方式实现。针对中高收入农户而言，其有稳定的收入来源，但由于农业种植及养殖周期性会导致其有周期性消费及生产性融资需求。同时，在生产经营层面，中高收入农户的生产性融资需求增长，一些中高收入农户已经逐步从传统的农业生产方式转变为高效农业生产、非农生产、个体户及中小企业等，这也促使其产生较为强烈的生产性融资需求。

农业产业化发展促使了农村企业产生较为强劲的生产经营性借贷需

求。在农业产业化进程中，陆续出现了龙头企业、农村合作社、家庭农场等新兴经营主体。这些新型主体的加入使得农业企业对金融服务的需求变得更加多样化，既有小额分散的流动性资金周转需求，也有大额长期的持续性融资需求。因此，目前农村金融企业融资需求已经由单一需求逐渐转变为多种融资需求相结合的新兴农业融资需求。

我国农村金融基础设施落后及征信体系的不完备限制了传统金融机构在农村地区的发展。目前，我国农村地区以现金交易为主、支付结算方式单一、储蓄以农村信用社存折为主，以及网点布局覆盖范围有限等原因，导致偏远地区农户难以被服务，其他金融业务也难以发展。

（2）农村金融发展情况：

①国外农村金融发展情况。美国是世界上农业机械化程度最高及世界上最大的粮食出口国之一。据美国农业部数据显示，2014 财年美国农产品出口收入为 1 525 亿美元[①]。而在如此庞大的农业体系及农业收入下，美国农业人口占比只有总人口的 2%。由此可见，美国农业的高度机械化、农产品的高产量及农业人口的低占比与其完善的金融服务体系密不可分。

美国目前主要负责农业贷款的机构有：合作农业信贷系统、政策性金融机构及商业银行等。美国绝大多数地方性商业银行都办理农业贷款业务，并设有农贷专员，为农民在生产、消费等方面提供咨询及相关金融服务。除了覆盖各个层次贷款需求的农业贷款机构以外，美国农业保险体系也十分健全。目前，在美国的保险体系中，私营保险公司直接承担各项保险业务，美国政府机构只负责保险政策的制定、监督、再保险等。私营保险公司提供的险种包括价格类保险、收入类保险、产量类保险等。其中，价格类保险可防范农作物价格波动带来的风险，产量类保险可降低农作物

① 资料来源：《全球互联网金融商业模式格局与发展》。

减产导致的损失，收入类保险涵盖各方面因素可直接作为承保和理赔的依据。保险无论从险种还是稳定性来说均非常全面，保证了农业的现代化操作及稳定的物价市场。

首先，美国农业机械化程度高、农业生产率高，约为我国农业劳动生产率的100倍。这种高度发达的机械化水平及天然优良的地理条件使得美国农民收入较高。其次，美国完备的征信体系、农业金融服务系统，以及丰厚的农业补贴使得农民各种贷款需求可以很好地被覆盖，这也解释了在美国并没有产生大规模互联网农村金融的原因。

②国内农村金融发展情况。2003年以来，我国经历了农村金融体制改革，农村金融体系不断完善，国家出台多种税收政策支持“三农”发展。然而由于我国传统农村金融体系的二元结构、农村地域广泛，以及农村基础设施发展起步较晚等原因，致使传统农村金融体系无法有效服务广大农户。

目前我国农村金融体系呈现二元结构，即正规金融机构和民间金融机构。参考银监会对正规金融机构的分类，可将我国农村金融机构分为以下几大类，如表3－27所示。

表3－27　　我国农村金融机构分类

<table>
<tr><th></th><th>机构类别</th><th>机构名称</th><th>机构特点</th></tr>
<tr><td rowspan="6">传统银行类</td><td>政策性银行</td><td>农业发展银行</td><td>直属国务院领导的我国唯一的一家农业政策性银行，主要承担国家规定的农业政策性金融业务</td></tr>
<tr><td rowspan="2">商业银行</td><td>农业银行</td><td>我国唯一一家以服务“三农”为特色的大型商业银行，旨在支持发展现代高效农业，加快农业产业结构调整</td></tr>
<tr><td>中国邮政储蓄银行</td><td>全国网点规模最大、覆盖面最广、服务客户数量最多的商业银行</td></tr>
<tr><td rowspan="3">农村合作金融机构</td><td>农村信用社</td><td rowspan="3">我国主要的支农渠道，网点广泛、贴近农户、手续简单，在税收、补贴等方面享有优惠</td></tr>
<tr><td>农村合作银行</td></tr>
<tr><td>农村商业银行</td></tr>
</table>

续表

	机构类别	机构名称	机构特点
新型金融机构类	新型农村金融机构（银行类）	村镇银行	服务农户的小额贷款需求与服务当地中小型企业的银行业金融机构
		农村资金互助社	经银行业监督管理机构批准，由乡（镇）、行政村农民和农村小企业自愿入股组成，为社员提供存款、贷款、结算等业务的社区互助性银行业金融机构。农户社员的借款金额需与其股金额度相匹配
	新型农村金融机构（非银行类）	贷款公司	设立于农村地区，信贷额度较高、贷款方式较灵活
		互联网金融小额贷款公司	放款速度快、时间短、利率灵活

资料来源：《全球互联网金融商业模式格局与发展》。

民间金融是指由个人或企业自发成立的，从事金融相关业务的实体。民间金融机构游离于金融监管之外，主要包括典当、私人钱庄及民间借贷等。

在农村金融机构中，农业发展银行主要面向“三农”领域的企事业法人或其他经营组织并提供信贷服务，不涉及农户个人贷款业务。其余金融机构均面向农户提供个人消费及生产经营类贷款。贷款形式主要有传统农户贷款及创新农户贷款两种方式。传统农户贷款又可分为农户联保贷款、农户保证贷款、农户质押贷款、农户小额信用贷款四种形式。其中，农户联保贷款为农村地区最主要的贷款形式。农户联保贷款是借款人向自愿组成联保小组的农户发放的贷款，实行“个人申请、多户联保、周转使用、责任连带”的管理。创新农户贷款可分为针对特定人群及用途的农村专业大户贷款、“三权”抵押贷款（农村土地承包经营权、农村居民房屋权、林权）、农户种养殖业贷款、农业机械购置补贴贷款、农业保证保险贷款等。

尽管我国目前已初步形成了较为完备的农村金融体系，但由于农村金融市场需求的多变性及难以标准化等特点，目前已有的机构种类及数量都无法很好地覆盖农村金融需求，农户贷款存在巨大缺口。因此，为了促进

“三农”发展，国家出台政策支持互联网农村金融发展，旨在更好地服务农村居民及企业。

3.6.1.2 我国农村互联网金融发展情况

近年来，由于我国移动互联网的发展、互联网金融的兴起及国家政策对“三农”领域的扶持，促进了我国农村互联网金融的发展。

根据 CNNIC 第 40 次《中国互联网络发展状况统计报告》数据显示，截至 2017 年 6 月，我国互联网用户规模达到 7.51 亿。综合互联网普及率达到 54.3%，较 2016 年年底提高 1.1%。其中，农村网民规模为 2.01 亿，占比为 26.7%。根据图 3－64 可知，我国城乡互联网普及率在 2014—2017 年间均有稳步提升，但截至 2017 年 6 月，农村互联网普及率仍显著低于城镇互联网普及率。在普及接入层面，农村互联网普及率上升至 34.0%，较 2016 年年底提升 0.9%，但仍低于城镇的 35.4%，农村互联网市场的发展潜力依然较大（见图 3－63）。

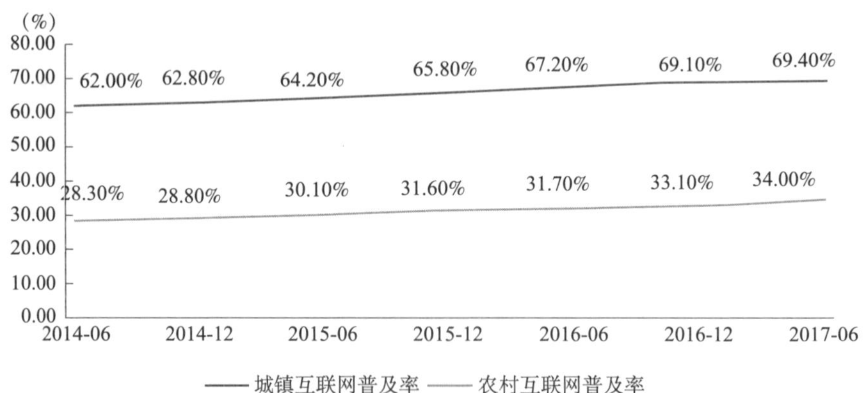

图 3－63 中国城乡互联网普及率

根据 CNNIC 第 40 次《中国互联网络发展状况统计报告》数据显示，截至 2017 年 6 月，我国互联网理财用户数达到 1.26 亿，较 2016 年 12 月增长 27.5%；我国使用网上支付的用户规模达到 5.11 亿，半年增长率为

7.7%，我国网民使用网上支付的比例从 64.9% 提升至 68.0%。因此，随着移动互联网在农村普及度的提高，以及网上支付、互联网金融的发展，被市场一致认为是处女地的农村地区逐渐被纳入服务范围。

国家一直重点关注“三农”领域，2012—2017 年间出台多个文件，明确表明支持农村互联网金融的发展，尤其是在促进农业产业化及现代化、农村新型化、农民收入多元化上不遗余力。

表 3－28　农村互联网金融的发展支持政策

年份	文件
2012	中国人民银行会同有关方面启动农村移动支付的试点工作，推动各金融机构和支付机构积极探索业务模式，试水农村互联网金融改革
2014	1. 中共中央、国务院发布中央一号文件，对加快农村金融制度创新、强化金融机构服务“三农”职责做出全面部署； 2. 银监会起草《关于落实普惠金融要求推进农村金融服务体系建设的报告》，提出采取多项措施深化农村金融体制机制改革，不断丰富金融服务主体，积极构建多层次、广覆盖、可持续的农村普惠金融服务体系
2015	1. 中央一号文件《关于加大改革创新力度加快农业现代化建设的若干意见》对“新常态”下实现农业农村新发展给出明确的答案，提出五项要求； 2. 全国两会，国务院总理李克强强调要大力发展普惠金融；同年，国务院印发《关于加快高速宽带网络建设推进网络提速降费的指导意见》，指出至 2017 年年底，4G 网络要全面覆盖城市和农村； 3. 5 月，国务院公布《关于大力发展电子商务加快培育经济新动力的意见》，提出加强互联网＋与农业农村融合发展； 4. 7 月，国务院在《关于积极推进“互联网＋”行动的指导意见》中明确了 11 项重点行动，其中包括“互联网＋”现代农业； 5. 8 月，商务部等 19 部门发布了《关于加快发展农村电子商务的意见》，争取到 2020 年，在全国培育一批具有典型带动作用的农村电子商务示范县； 6. 10 月，国务院总理李克强在国务院常务会议上提出，完善宽带农村及偏远地区宽带电信普遍服务机制，部署加快发展农村电商，明确促进快递业发展的措施
2016	1. 2 月，中央一号文件《关于落实发展新理念加快农业现代化实现全面小康目标的若干意见》下发，这是改革开放以来我国第 18 份以“三农”为主题的中央一号文件，其中，互联网金融第一次出现，文件第五部分第 24 条提及，引导互联网金融、移动金融在农村规范发展，开展农村金融综合改革试验，探索创新农村金融组织和服务，全面推进农村信用体系建设，强化农村金融消费者风险教育和保护； 2. 7 月，就政协委员会议提案，银监会在回复文件中表示，政协关于利用互联网发展农村金融的建议非常有建设性，银监会正以利用现有金融服务基础，坚持普惠金融理念，借助互联网触角无限延伸的思路，大力提高金融服务在农村地区的覆盖度，涵盖开户、现金、储蓄、汇兑、支付、理财等金融业务各个方面

续表

年份	文件
2017	1. 一号文件对于农村金融的指示更加具体：鼓励金融机构积极利用互联网技术，为农业经营主体提供小额存贷款、支付结算和保险等金融服务； 2. 工信部发布了《信息通信行业发展规划（2016—2020 年）》提出，要在“十三五”期末，促进城市和农村地区无线宽带网络的协调发展，实现 4G 网络深度和广度覆盖

资料来源：《中国农村互联网金融发展报告》，零壹智库。

P2P 农村金融起源于 2009 年，少数农户及农村小企业通过红岭创投等 P2P 网贷平台进行消费性融资或生产经营性融资。2011 年，农村金融发展史上的标志性企业——翼龙贷上线，其致力于为“三农”服务的理念开始在 P2P 网贷领域传播开来。此后，逐渐出现了更多旨在为“三农”服务的互联网金融平台，如农分期、沐金农等。

2014—2015 年，国家连续出台多个政策文件，表明加快农村金融创新成为国务院等部委的战略部署。在政策环境利好的背景下，涉足农村金融的网贷平台从 2013 年的 11 家增长为 2014 年的 30 家，2015 年达到 47 家，呈现“跳跃”式增长。图 3－64 显示了 2011—2016 年间以农村金融为重点业务且年交易额在 1 000 万元人民币以上的 114 家 P2P 网贷平台的上线时间分布。

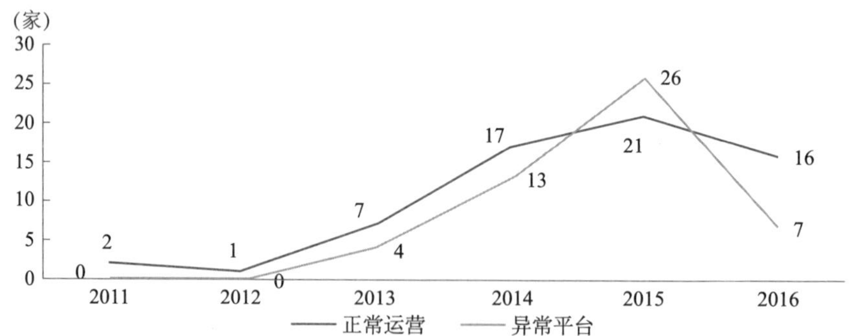

图 3－64　P2P 农村金融网贷平台上线时间

资料来源：《中国农村互联网金融发展报告》，零壹智库。

2016 年，随着国家加强对互联网金融行业的监管，新上线的网贷平台数明显下降，继而导致 P2P 农村金融网贷平台数量下降。2016 年间正常运营的平台数为 16 家，较 2015 年减少 5 家。同时，由于 P2P 农村金融网贷平台数量下降，以及翼龙贷、希望金融等大平台抢占了行业市场上大部分份额，可以预计 2016 年之后涉农平台将不会出现爆发式增长，市场及交易规模增长将主要由大平台推动。据零壹智库分析员评估，2017 年 P2P 农村金融网贷在 600 亿元①以上。

3.6.1.3　我国农村互联网金融数据

此部分将 P2P 农村金融同 P2P 网贷行业整体数据进行对比，主要从平均借款期限、交易金额、投资利率三个方面进行阐述。

根据零壹智库数据显示，在 2016 年 1—12 月期间，P2P 农村金融借款期限显著高于 P2P 网贷行业整体水平，且波幅较大。2016 年 1—6 月期间，P2P 农村金融借款期限保持平稳，平均期限为 360 天；7—12 月借款期限开始上升，在 9—12 月出现明显波动，并在 12 月达到全年借款期限峰值 520 天（见图 3－65）。

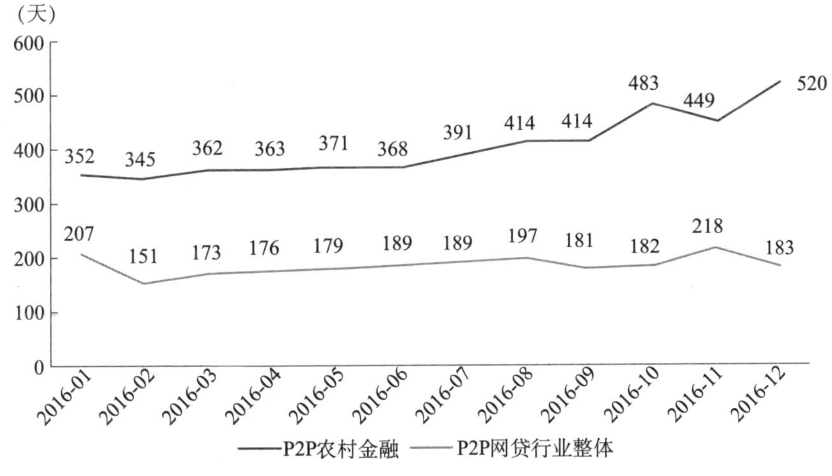

图 3－65　2016 年 P2P 农村金融借款天数

资料来源：《中国农村互联网金融发展报告》，零壹智库。

① 资料来源：网贷天眼。

图 3 - 66 显示了 2012—2016 年 P2P 农村金融交易金额及平台数量变化情况。柱状图代表交易金额变化情况，曲线图代表正常运营且涉农交易额在 1 000 万元以上的 P2P 农村金融平台。2012 年及以前，由于互联网金融处于起步期，且农村地区移动互联网普及度较低，P2P 农村金融平台数量很少，累计交易额仅为 5 000 万元。2013 年出现少数 P2P 农村金融平台，年交易额开始增长，为 5 亿元。2014—2015 年，随着 P2P 网贷业务的兴旺发展，P2P 涉农平台数显著增加，年交易额大幅上升，由 2014 年的 35 亿元上升至 2015 年的 200 亿元。2016 年由于 P2P 网贷政策监管趋严，正常运营的 P2P 农村金融平台数由 2015 年的 21 家减少至 2016 年的 16 家。但由于移动互联网在农村地区的进一步普及及政策对“三农”金融的大力扶持，P2P 农村金融交易额进一步攀升至 450 亿元。这也说明市场已进入稳定发展期，资质较好的平台逐步在农村金融领域站稳脚跟，占据一定市场份额。

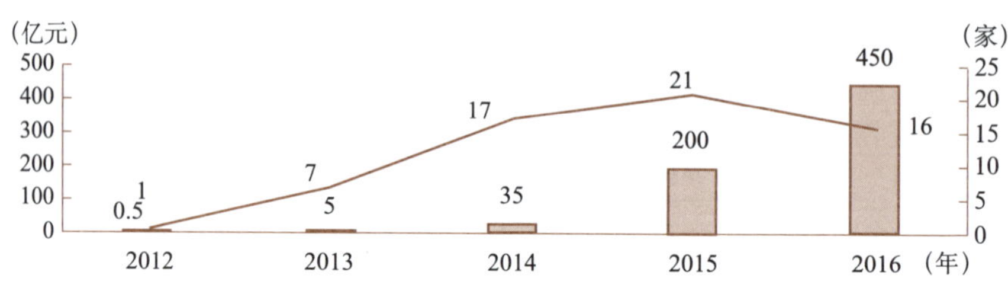

图 3 - 66　P2P 农村金融交易金额

资料来源：《中国农村互联网金融发展报告》，零壹智库。

图 3 - 67 显示了 2016 年 1—12 月 P2P 农村金融及 P2P 网贷行业整体投资利率变化情况。2016 年 1—3 月期间，P2P 农村金融平均投资利率高于 P2P 网贷行业整体，为 11. 82%，并在 3 月达到峰值 12. 1%；4 月 P2P 农村金融投资利率下跌 2. 91%，跌至 9. 19%。4—12 月 P2P 农村金融投资利率维持在 8. 5% ~9. 3%之间，略低于 P2P 网贷行业整体利率水平。

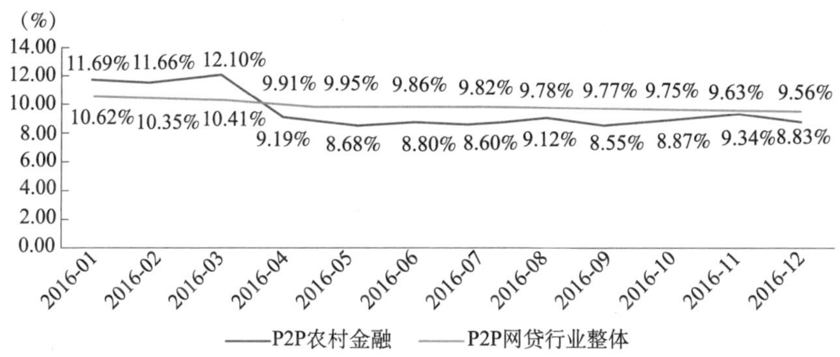

图3-67 P2P农村金融投资利率

资料来源:《中国农村互联网金融发展报告》,零壹智库。

3.6.1.4 知名企业分析

表3-29显示了截至2016年年底涉及农村金融的P2P平台。其中,翼龙贷、希望金融、合金融、天壕普惠、沐金农等平台涉农贷款占比超过50%。在2016年,翼龙贷为唯一一家涉农贷款规模在百亿元以上的平台,其涉农贷款规模为216亿元,涉农贷款占比占其全部业务的80.10%。希望金融(新希望旗下)农户贷款为17.3亿元,涉农贷款达到平台总规模的70.5%。天壕普惠涉全部业务涉农贷款,主要为城市中能接受较高融资点位的涉农企业提供融资服务。沐金农涉农占比100%,主要面向农户提供小额贷款服务。在服务对象上,翼龙贷、人人贷、沐金农主要面向农民及从事农业工作的城镇居民提供贷款服务,贷款比均金额不高于10万元;天壕普惠、贷贷兴隆、合金融等则多面向涉农企业,因此贷款比均金额较高。

表3-29 P2P农村金融代表平台

序号	平台名称	平台背景	涉农贷款规模(亿元)	涉农贷款占比	笔均融资金额(万元)	银行存管
1	翼龙贷	风投背景	216.00	80.10%	5.90	厦门银行
2	希望金融	上市公司	17.30	70.50%	26.90	厦门银行
3	贷贷兴隆	国资背景	5.20	65.00%	131	浙商银行

续表

序号	平台名称	平台背景	涉农贷款规模（亿元）	涉农贷款占比	笔均融资金额（万元）	银行存管
4	可溯贷	风投背景	4.50	21.90%	27	N/A
5	融租 E 投	风投背景	2.80	30.50%	23.30	上海银行
6	宜农贷	风投背景	2.60	100.00%	11.20	广发银行
7	合金融	国资背景	2.50	79.40%	95.50	浙商银行
8	短融网	风投背景	2.30	10.90%	17.50	厦门银行
9	沐金农	风投背景	1.80	100.00%	5.80	N/A
10	天壕普惠	上市公司	1.70	100.00%	194.10	浙商银行

资料来源：网贷天眼、IT 桔子数据库、平台官网网站。

综上所述，我国农村居民基数较大，收入较低，农户的消费及生产性融资需求及农业企业的生产经营性融资需求缺口较大。近年来，随着移动互联网的普及、P2P 网贷的发展及政府对“三农”金融的大力扶持，陆续产生了以翼龙贷、希望金融、沐金农为代表的 P2P 农村金融平台。但参与平台数较少、贷款规模较小、难以服务到农村基层。受 2016—2017 年互联网金融风险专项整顿及 P2P 网贷监管日趋严格的影响，P2P 网贷存量平台陆续减少，投资利率持续走低。受其影响，截至 2016 年年末，以农村金融为重点的 P2P 存量平台仅 64 家，P2P 农村金融平台数量不再增长。由于农村金融需求较大，可以预测 2017 年以后农村金融市场规模将进一步扩大，交易规模将由翼龙贷等大平台推动。

3.6.2 业务分析

3.6.2.1 业务模式

（1）业务特点。我国目前农村互联网金融业务开展模式主要为线上 + 线下模式。由于农村借贷主体征信信息缺失、农村征信体系不完备，以及渠道下沉需求等原因，在整个借贷链中，从前端获客、借款主体信用评估、贷款款项追踪及贷后催收等环节都需要线上线下相结合来完成。其中，获客、渠道推广、信用评估等仍以模式较重的人工操作为主，从而导致了业务推广难度大、标准化程度不高、运营及人力成本较高等问题。目前，部分平台在业务中实现数字化运营，通过后台对农户信息进行收集、整理、储存及数据分析挖掘，通过三方征信机构及自建评分系统对农户贷款风险进行测评，并从申请人以往信用记录、申请贷款额度、还款能力、家庭状况、贷款用途等因素进行交叉验证，并最终确定贷款利率及贷款额度等。

（2）业务开展模式：

①自营模式。自营模式的代表平台有：诺普信旗下理财农场、宜信农商贷等。

自营放贷模式主要是由涉农互联网金融服务商在农村地区组建的地推团队线下开展业务。金融服务商在农村地区招收熟悉当地环境的信贷员，信贷员在接受平台系统培训后开始业务，主要负责业务拓展及线下信用评估。

以诺普信旗下理财农场为例。理财农场通过划分不同地域单位，在线下培养一线信贷员。信贷员在拓展业务的同时，也要进行初步尽职调查。在尽职调查时，信贷员需要全方面了解借款农户具体情况（如用户个人基本信息、生产经营信息等），进行初步风险判断并将借款农户的资料上传至平台总部风控系统进行信用评估。在总部进行借款农户信用评估的同时，信贷员需要同平台合作与经销商进行洽谈，询问经销商是否可提供农户所需的农资农机设备。待借款农户信用评估通过后，信贷员会依照平台流程将农户所需农资农机款项划拨至经销商账户。一个生产经营周期结束后，农户用收获所得款项进行还款。

自营模式下涉农互联网金融平台线下信贷员同时充当业务员及信贷员。在尽职调查过程中，信贷员不仅要对借款农户进行信用评估，也要根据实际情况对农户进行技术指导。这种模式的优点是平台自己招收信贷员可以有效把握信贷员质量及其服务质量；但培训成本和推广成本较高，区域拓展速度较慢。同时由于业务员既要拓展业务又要负责信用评估，容易产生信贷员和农户联合骗贷的情况。

②加盟商模式。加盟商模式的代表平台有：翼龙贷、村村乐、阿里巴巴村淘、京东金融等。

加盟商模式的实质是利用对当地情况熟悉的当地人进行业务拓展，并分担风险分享收益的模式。一方面可以快速拓展业务，另一方面可以相对有效地控制风险。比如翼龙贷在业务开展过程中，通过与全国担保公司、小贷公司、投资公司等合作的方式，迅速在全国范围内拓展渠道及开展业务。蚂蚁金服及京东金融通过其自建的针对农户板块村淘及家电下乡服务收集农户情况，并开展信贷业务。

3.6.2.2 产品类型

（1）融资租赁模式（信用贷款）。融资租赁模式的代表平台有：宜信、农业银行等。

①直租即融资租赁公司根据承租人要求购买指定的商品，出租人与承租人之间签订融资租赁合同，承租人按期支付租金，因此直租的大部分为新设备，承租人只有使用权，租赁物的所有权属租赁公司。

②融资租赁模式为无能力一次性购买农机设备的农户提供了新兴的融资方式，从而有效提高了农户及农村企业的融资及生产经营能力。融资租赁业务开展中涉及承租人、出租人和供应商几个主体。在农村互联网金融中，已经有不少涉农服务商开始使用融资租赁模式。

直租的流程如图 3－68 所示。

图 3－68 融资租赁直租模式流程图

a. 承租人（农户/农村企业）在供应商（厂商/经销商）处选择所要

租赁的农机设备，并提供详细的设备名称、型号及购买价格。

b. 承租人向出租人（融资租赁公司）提出租赁申请，并提供相应资料，配合出租人进行信贷审核。

c. 出租人对承租人进行线下信贷审核，出具评估结果。

d. 承租人通过出租人的信贷审核后，同出租人签订融资租赁合同，同供应商签订设备买卖合同及到期回购承诺函。

e. 出租人按照设备买卖合同内容所示，向供应商支付设备全款价格，供应商购买设备购将设备租赁给承租人使用。

f. 承租人向出租人定期支付设备租金。

g. 待设备租赁期结束且承租人付清租金后，出租人向承租人出具租赁设备所有权转移证明。此时，租赁设备所有权转移至承租人处，融资租赁完成。

在农村互联网金融实践中，租赁物主要包括农业生产的耕种收等全流程器械租赁，以及农民在种养殖中由于资金缺口导致的生产资料缺口（如奶牛租赁）等。

（2）供应链模式（信用贷款）。供应链模式的代表平台有：新希望、大北农、诺普信、蚂蚁金服、京东金融等。

供应链模式以龙头企业为主体，通过第三方担保为农户及农村物资经销商提供信用贷款，提高了融资主体的组织化程度，并降低了信贷审核及交易成本。金融服务商依靠其获得上下游经营主体较为准确及时的信息，将龙头企业的信用引入上下游经营主体的授信中，基于链式交易中的存货、应收账款、预付账款等资产提供贷款服务。

供应链模式的流程如图 3－69 所示。

①农户向农村金融服务商提出贷款申请。

②农村金融服务商同龙头企业及担保公司共同对借款农户进行信用评

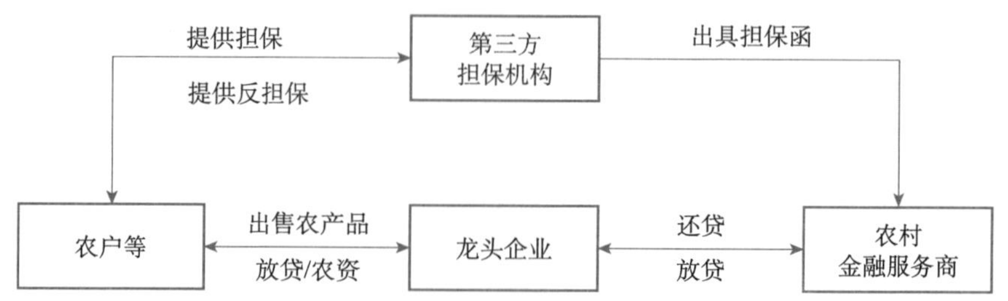

图 3-69　供应链模式流程图

估，并确定其授信额度。

③信用评估通过后，农村金融服务商将贷款款项划拨至龙头企业。

④龙头企业将农资器具划拨至农户。

⑤待农产品收获后，农民还款至农村金融服务商。

（3）土地经营权抵押模式。土地经营权抵押模式的代表平台有：聚土网等。

土地经营权流转模式本质是面向拥有土地经营权的农户提供土地经营权抵押贷款服务。获客方式以线下拓展业务为主。

融资租赁和供应链模式在本质上均为信用贷款，而对于农村金融来讲，由于农村征信体系不完备，纯信用贷款将对龙头企业及农户资质有较高要求。土地经营权流转是农村金融发展的一个基础条件，如果土地制度可以得到进一步改革，土地流转可以进一步发展的话，土地经营权抵押及其形成的抵押贷款方式将有相当大的发展空间。目前，已出现一些创新型平台以土地流转开展经营权抵押贷款，如聚土网。农户可在聚土网自建的农资交易平台上寻求找地、挂牌、预约看地、撮合、权证、法务等交易服务。目前，聚土网在开展土地流转业务的同时，也开始发展信贷业务。

3.6.2.3　盈利来源

（1）盈利模式。互联网农村金融平台主要通过收取分期利息及服务费的方式盈利。平台利息通常会高于农村信用社（一年期贷款利率为 4.68% ~10.52%）及农商行，但由于其放款时间快、审核便捷、办理手续简单、借款金额较高，因此农民接受程度较高。以农分期为例，平台会根据农户的贷款资质、贷款金额、贷款期限的不同设置不同的费率，通常费率在年化 10% ~14%，借款期限在 1 ~2 年。部分平台会收取 1% ~2% 作为服务费。

（2）定价策略。鉴于涉农网贷平台多采用分期模式，以及借款用途常跟农产品收益挂钩，而农产品利润较低等原因，费率设置多略高于农村信用社利息，但远低于信用贷等产品借款利率。

由于涉农贷款多与农户种养殖业经营情况挂钩，以及在供应链模式中有第三方担保，因此资产质量表现良好，若农户发生逾期等情况，可采用收回农作物等方式回收成本。

3.6.2.4　风险控制

（1）风控流程（见图 3 -70）。由于农村征信体系不完备的原因，互联网农村金融平台贷前风控采取线下调查 + 线上审核的模式，无法实现全线上大数据风控。

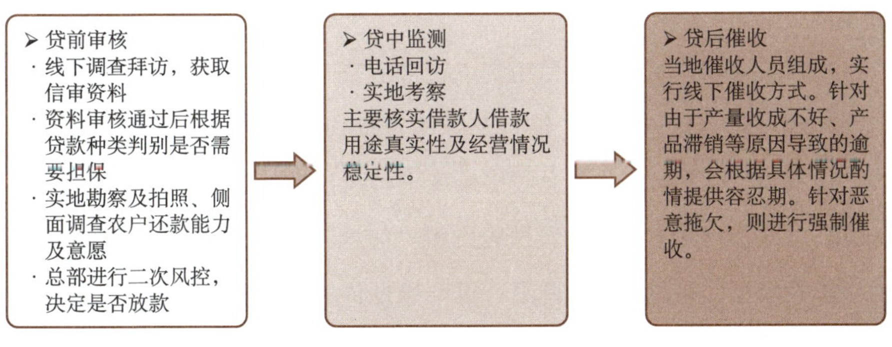

图 3 -70　农村金融风控流程

贷前准备内容是风控准入及重点审核项。信贷员采用线下调查拜访的方式获得借款农户的信审资料，信审资料大致分为借款农户基本信息、客户来源、经营情况、贷款情况、征信情况、现有资产、负债情况等。客户基本审核通过后，不同平台会根据贷款种类判断是否需要第三方个人或机构担保。同时，信贷员会前往农户家中进行实地拜访，完成实地勘察及拍照，现场完成权益检测，从而判断风险点。信贷员也会侧面调查农户的基本权属（经营项目、规模、经营年限、资产负债情况）、人品信用情况、是否有不良嗜好、家庭是否和睦等情况。调查结束后，信审员将材料提供至总部进行下一轮风控，由总部判断是否通过审核，由总部或信审员制定还款计划，明确还款时间。

贷中监测主要有电话回访及实地考察两种方式。主要核实借款人借款用途真实性及经营情况稳定性。

贷后催收一般由当地催收人员组成，实行线下催收方式。针对由于产量收成不好、产品滞销等原因导致的逾期，会根据具体情况酌情提供容忍期。针对恶意拖欠情况，则进行强制催收。

（2）风控要点。同信用贷及其他消费场景分期不同，互联网农村金融平台主要通过线下实地尽调的方式进行风控及信用评估。其主要有如下三点原因：

①农村信用体系缺失。信用贷或正常消费分期场景下的贷款，大多为针对城镇居民的信用贷款，银行及各助贷机构主要通过人民银行征信系统、电商消费数据、工作信息等多维度进行风控审核。而由于农村基础设施落后，征信体系不完备，农村居民相关信息较少。因此，现在通用的风控数据及模型，在涉农互联网平台很难通过传统数据进行风控，需要另行打造符合农村市场的大数据风控体系。

②农户资产评估复杂。针对抵押贷款类借贷方式，城镇居民通常会使用标准化可估值的抵押物，动产或不动产，并且城镇居民通常有稳定的收

入来源。针对农村居民，由于农村土地政策原因，农村宅基地的所有权归集体所有，这就导致在宅基地土地上建造的农户个人房屋无法定权属及难以评估等问题。并且由于农户资产结构复杂，生产经营范围涉及种、畜、牧、林、矿、渔等，农资农机等生产资料及畜牧本身难以有统一标准可量化的估值方式，因此需要信贷员在评估农户贷款风险时具体问题具体分析，根据实地考察情况决定是否放款。

③同村村民口碑作为考察因素。因为农村社会多为熟人社会，同村居民对彼此的个人信息及生产情况非常熟悉，因此信贷员常根据同村居民口碑衡量农户还款意愿及还款能力。

3.6.2.5　主要平台产品及服务领域

目前互联网涉农金融从参与主体上看，主要包括以核心企业为中心的供应链模式、涉农电商平台模式、P2P涉农互联网平台模式。例如，新希望等农业产业龙头企业依托农业产业化及互联网金融的发展，凭借其在农业领域的客户及资源积累，发展线上链式借贷体系；阿里巴巴及京东等综合电商巨头依靠其农村线下商城获客、进行数据积累并开展信贷业务；翼龙贷等P2P平台通过与同城实体企业合作，向农户及合作社发放信用贷款。下表列举了其有代表性的农村互联网借贷平台，以及服务用户及领域。

表3-30　互联网农村金融代表平台

平台名称	产品名称	产品介绍
翼龙贷	翼农贷	同城O2O模式，针对三农家庭信用贷款
	翼商贷	针对个体工商、大农户、合作社经营性信用贷款
希望金融	惠农贷	为新希望饲料厂有稳健养殖能力的养殖户购买养殖饲料进行定向融资
	应收贷	为核心企业（饲料厂、新希望地产等）上游原材料供应商或工程承包商进行到货融资或应收账款融资
	兴农贷	为农村养殖户、种植户、个体工商户提供小额资金中短期融通服务

续表

平台名称	产品名称	产品介绍
蚂蚁金服	旺农贷	网商银行针对农村市场的纯信贷产品，包括针对农村消费者、小微及中型种养殖户的农户贷款，以及针对种粮大户、农村合作社的供应链金融服务
京东金融	乡村白条	向所有符合条件的乡村推广员提供的一种短期赊销服务，有效缓解推广员的垫资压力和退货申请退款慢等问题
	京农贷	1. 先锋京农贷为种植环节的生产资料需求提供速效贷款 2. 仁寿京农贷托农产品收购订单，为订单农户提供生产所需的流动资金贷款 3. 养殖贷探索“互联网信贷 + 保险 + 担保”的模式，为新希望六和产业链上下游的农户提供贷款支持
农分期 - 种子金服	农分期	农机、农资、土粮流转资金分期，农业相关保险
沐金农	拿下分期	农资分期购买（河北），电动车、摩托车分期购买（佛山、杭州）
	妈妈小贷	农村妇女小额信贷
	信用贷	土地经营权抵押贷款（黑龙江大庆）
什马金融	什马分期	农民买车分期付款
	信用贷	经销商进货资金周转信用贷款
可溯金融	正大合作项目	为正大集团下游采购饲料的经销商和养殖户制定个性化的金融服务产品
	扶贫助贷计划	雨露计划、雨润计划。建立可溯电商平台，提供产研供销一体化服务
农发贷	富农贷	为农户生产经营过程中的资金需求、日常生活的消费需求消费资金支持。当农户生活中有短期资金需求时，可向农发贷提出借款申请
	种植贷	为农户的农资采购需求提供资金支持。当农户向零售店、经销商采购农药、化肥、种子等农资产品时，可向农发贷提出借款申请
	农机贷	为农户、专业服务公司的农机具采购需求提供资金支持。当农户或服务公司采购耕地机具、施肥机具、收割机具等农机具时，可向农发贷提出借款申请
	经销商贷	为零售店、经销商、代理商的农资进货需求提供资金支持。当经销商向生产厂商批发进货农药、化肥、种子等农资产品时，可向农发贷提出借款申请
农泰金融	信贷产品	产品分为经销商贷、零售店贷、种植贷、收购袋等

资料来源：网贷天眼、IT 桔子数据库、平台官方网站。

目前，农村互联网金融发展方式以农户分期为主。各平台根据自身专注的领域不同及差异化产品为农户提供贷款分期服务。由于农村属于熟人社会，农民购买种子、化肥等农资产品多采用赊账的方式，而采购生产设备等农机用品多采用先付方式，因此多数涉农互联网平台在场景及产品设计方面，多选择投放农资分期，少部分平台会涉及农机分期。

3.6.2.6　案例分析

（1）基于电商的链式金融模式。基于电商的链式金融模式的代表企业有：京东金融、蚂蚁金服。

2015 年 3 月京东金融全面布局农村金融，提出农村电商“3F 战略”——农业品进农村战略、农村金融战略及生鲜电商战略。京东金融旨在利用消费场景发展全产业链和全产品链农村金融服务，构建从城镇到农村的自营销售网络及从农村到城镇的农产品直接供给渠道，为城镇居民提供具备可靠来源的农产品，以及为农户提供稳定的销售渠道。2015 年 7 月，京东金融推出农户消费信贷产品“乡村白条”；2015 年 10 月，推出针对农业生产的“京农贷”，以四川、山东地区为试点为农户提供购买农资的贷款业务。图 3－71 为农业生产融资流程及农户经营融资流程。

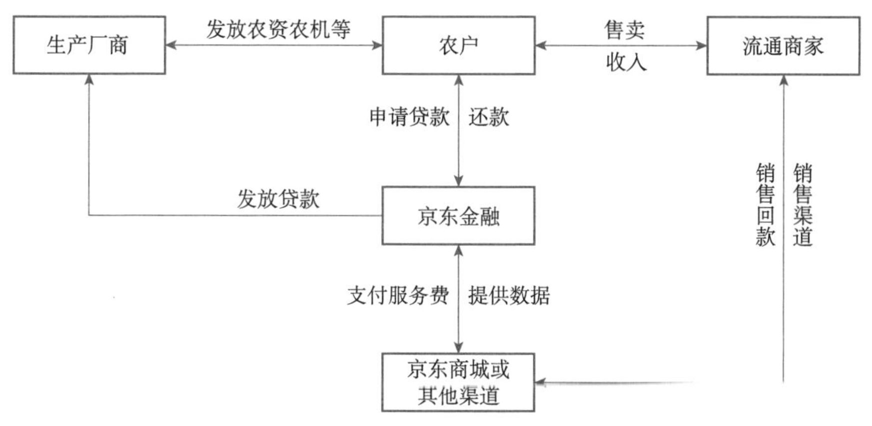

图 3－71　链式金融模式流程图

资料来源：零壹智库《中国农村互联网金融发展报告》、京东金融官方网站。

京东金融对于农业生产性融资的考量是通过产业链的方式提供金融服务。通过与涉农机构合作，并结合自身电商凭条的数据沉淀，从而了解农户的信用水平并控制风险。其针对农户经营性融资的考量初衷是推广京东商城电商下乡服务，基于销售链条对农户进行信用评估（见图 3－72）。

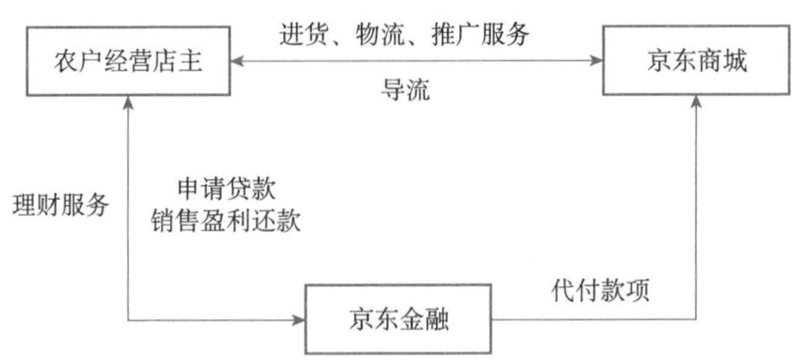

图 3－72 京东金融链式金融模式流程图

资料来源：零壹智库《中国农村互联网金融发展报告》、京东金融官方网站。

目前，京东金融针对三农的主要产品为“乡村白条”“京农贷”。下文将就两个产品的业务模式做具体分析。

①乡村白条。“乡村白条”本质上是一种京东金融向乡村推广员提供的短期赊销服务。由于农户在向零售商购买产品时通常采用赊销模式，“乡村白条”的出现在一定程度上缓解了推广员垫资的压力。

表 3－31 乡村白条产品介绍

目标人群	符合要求的京东乡村推广员
资金来源	自有资金
分期额度	最高 3 万元
分期数	3 期、6 期、12 期
总服务费率	服务费率每月 0.5%； 30 天内免息，总服务费率 3 期 1.2%，6 期 3%，12 期 6%

资料来源：平台官方网站、《全球互联网金融商业模式格局与发展》。

其运营流程为：推广员通过 APP“乡村管家”进行线上申请→填写个人信息→审核通过即可获得乡村白条额度进行分期贷款。

②京农贷。京农贷面向农村种养殖户提供生产经营性贷款。根据不同农户的生产经营需求，京农贷先后推出了针对种植环节生产性融资的先锋京农贷、针对农产品收购所需流动资金需求的仁寿京农贷，以及同希望六和合作针对其上下游企业提供的链式融资服务。

表 3－32　京农贷产品介绍

目标人群	部分地区特定用户
资金来源	自有资金
分期额度	最高 30 万元
分期数	1～9 个月，支持提前还款
总服务费率	0.54%～1%/月

资料来源：平台官方网站、《全球互联网金融商业模式格局与发展》。

其运营流程为：登录京东金融农村金融京农贷频道“申请贷款资格”进行线上申请→线下到合作商户提交纸质材料→商户上传资料到京东平台审核→审核通过后签订电子贷款合同→商户收到京东放款后为农户提供种子→农户在京东平台分期还款。

综上所述，京东金融通过其家电下乡业务铺展的物流体系及自建乡村推广员体系，为农户消费提供了基础。乡村推广员在拓展业务的同时，又扮演着信审员、催收员的角色，成为京东深入基层农村的主要力量。京东金融自身电商系的运营体系使其可以统一管理人员，但这种模式很大程度上为电商业务服务，并且束缚了其业务拓展速度。

（2）P2P 网贷模式。P2P 网贷模式的代表平台有：沐金农、农分期。

涉农互联网金融平台的运营模式主要是依靠线下获客，以熟人借贷的方式开展业务，在网络借贷业务链中扮演前端获客、风控授信及贷后催收的角色，资金来源主要为银行、消费金融公司、小贷公司、P2P 理财平台等。下文将通过分析沐金农及农分期两家平台具体说明其业务模式。

①沐金农。沐金农是一家专注三农领域的垂直型互联网金融平台，成立于 2014 年 7 月。业务之初，主要为农户提供生产经营性贷款。2016 年 6 月，针对农户的消费及生产经营性需求，沐金农推出拿下分期、妈妈小贷、沐借贷等产品。截至 2017 年 5 月，沐金农已经在全国包括河北、山东、黑龙江、吉林、辽宁、河南、陕西、内蒙古、山西、四川、广东、浙江等省份的 80 多个城市、500 多个县开展业务，累计放贷金额达到 3 亿元人民币，拿下分期累计放贷金额达到 10 亿元人民币。目前沐金农业务网点

共有 105 家，其中 85 家为自营门店，20 家为加盟门店。

a. 渠道：加盟 + 直营 + 场景。

• 直营方式：平台自建线下团队，业务员通过线下方式走访农户拓展业务。其优点为平台可统一标准化的管理人员及控制风控流程；缺点为运营成本和培训成本高，业务拓展速度慢。

• 场景方式：通过与经销商、商户合作，在经销商及商户门店悬挂海报等宣传方式获取客户。其优点为拓展成本低、客户质量有一定保障；缺点为拓展效果难以保障。

• 加盟方式：结合农贸、粮贸产业链龙头企业、上下游企业作为合作渠道进行获客。其优点为拓展速度快；缺点为人员管理及风控难以统一。

b. 运营模式：产业链方式。沐金农的获客主要是通过与线下农资经销商合作，针对农户生产经营性需求（农资器具），为农户提供代付类生产经营及消费类贷款。与产业链中的龙头企业合作，通过链式融资方式为其上下游企业提供融资服务。其资金来源主要为玖富、团贷网等 P2P 平台。

表 3－33　　沐金农产品介绍

<table>
<tr><th>产品名称</th><th>借款用途</th><th>额度</th><th>期限</th><th>还款方式</th><th>适用主体</th><th>贷款方式</th></tr>
<tr><td>沐借贷</td><td rowspan="5">生产经营性需求</td><td>3 万～10 万元</td><td>6～12 个月</td><td>先息后本</td><td>养种植大户、涉农个体工商户等</td><td>信用担保</td></tr>
<tr><td>沐农工</td><td>3 万～30 万元</td><td>3～18 个月</td><td>先息后本</td><td>垦丁农工</td><td>联合体连带担保</td></tr>
<tr><td>沐商贷</td><td>1 万～20 万元</td><td>12 个月</td><td>等额本息</td><td>餐饮、食品加工、超市等</td><td>信用担保</td></tr>
<tr><td>沐养贷</td><td>1 万～15 万元</td><td>3 个月</td><td>等额本息
先息后本</td><td>规模养殖农户</td><td>信用担保</td></tr>
<tr><td>沐种贷</td><td>1 万～5 万</td><td>3～12 个月</td><td>先息后本</td><td>种植农户</td><td>信用担保</td></tr>
<tr><td>妈妈小贷</td><td>生产经营性需求</td><td>3 000 元～1 万元</td><td>12～48 个月</td><td>等额本息</td><td>长期生活居住在农村地区的 22～55 岁妇女</td><td>信用担保</td></tr>
<tr><td>拿下分期</td><td>消费性需求</td><td>1 000 元～3 万元</td><td>6～24 个月</td><td>等额本息</td><td>三四线城市、县城及三农领域家庭消费分期</td><td>信用担保</td></tr>
</table>

资料来源：平台官方网站、零壹智库《中国农村互联网金融发展报告》。

c. 风控管理：全流程控制。沐金农采用线上线下相结合的风控策略，其开发的信贷业务全流程线上系统——耕苗系统类似于供应商关系管理系统。这种模式的优点是可以约束信贷员的线下操作，防范信贷员和农户勾结骗贷，同时也使信贷员可以线上提交资料，在手机 APP 端进行操作（见图 3－73）。

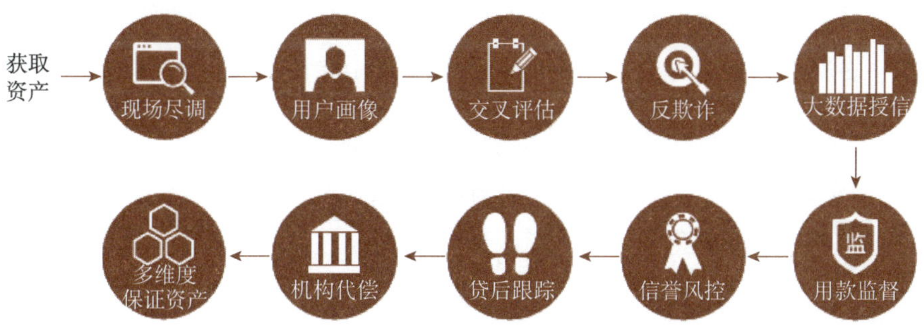

图 3－73 沐金农风控流程

资料来源：平台官网方网站。

贷前风控以线下现场尽职调查为主，对各类主体准入条件进行审核。例如，餐饮业对卫生条件的要求，养殖业对畜牧数量及养殖场所面积的要求。

授信审核以线上用户画像为主。考察维度主要有：农户家庭结构，资产结构等基本身份特征；家庭代际、社交网络等社群关系，过往经营情况、生产周期、资金周转周期、农业技术更迭周期等生产能力；农户种养殖产业在产业链中位置、价格周期、产品需求情况等行业定位；农户所在区域风险和属性等地理因素。系统在进行多维度交叉评估后确定是否通过审核及授信额度。

贷中及贷后风控主要以线下为主。通过系统性的跟踪农户借款情况判断农户划款能力。在出现逾期的情况下，根据实际情况判断应用何种方式代偿。

②农分期。农分期是一家专注于“互联网+农业+金融”的农业综合服务平台，也是国内首家以农机分期金融切入农村市场的互联网金融平台。2013年年底，农分期率先尝试采用互联网金融与农业产业化生产相结合的方式为农业大户提供金融服务。2015年4月，农分期在江苏南京正式成立，面向农机合作社及产业化种养殖大户提供土地流转分期贷款及农资农机贷款融资服务。截至2017年6月，农分期在江西、河南、山东、江苏、安徽、湖北、河北等地共设立业务网点100多家，业务范围覆盖村镇1万余个，为全国35万户农户提供贷款服务，累计放款规模达10亿元。

表3-34　　农分期产品介绍

目标人群	规模化种植的农业大户、农机合作社
消费场景	农资、农机购买及土地租金
资金来源	众安保险、云南信托、苏宁互联网小贷、ABS
贷款额度	平均分期额度为8万元
贷款期限	平均1~2年
贷款利率	10%~14%/年

资料来源：平台官网网站、网贷天眼。

a. 渠道：线上+线下获客。

• 自有客户经理推广：农分期目前有600余人的线下团队，通过深入农村了解客户需求，为最主要的获客途径。

• 经销商推荐：农分期与千余家经销商合作，通过经销商分期付款形式解决由于农户赊账而导致的经销商垫资问题。同时，平台通过与各个县城下面的乡镇的超市、农资商店、农机合作社合作，把店铺门头换成农分期宣传广告，建立合作点位并经常维护，实行商户推荐奖励机制。

• 与县级农委合作：政府有关部门通过培训、会议、宣传刊物等方式向农村种养殖业大户推荐农分期产品。同时，平台也会采用陌生拜访的方式拓展业务。例如，深入村镇到农业大户家时，在其墙上贴上农分期海报进行宣传。

• 老用户推荐：口碑相传。平台注重深挖老客户，加强老客户的关系维护，配合推荐奖励等市场活动，开发老客户转介绍。

b. 运营模式[①]。农分期的运营流程分为借款人申请、风险评估、综合授信、业务放款四部分。第一步，有贷款需求的农户可通过电话向分销商提出申请或自主在其拥有的网上商城挑选农机，在线申请贷款并留下电话方式，完成申请环节。第二步，客户经理会通过电话预审的方式筛查出目标客户。第三步，客户经理会对通过电话预审的客户进行线下实地尽调，由线上风控进行最终审核。第四步，风控审核通过后，农户与农分期平台、资金方及农机供应商签订融资及购买协议。农户一般需要支付农机总金额的 20% ~50% 作为首付。一般在资料符合要求的情况下，需要 3 ~5 天时间可以完成借款业务办理，农户就可以把农机开回家。图 3 –74 显示了农分期的业务流程。

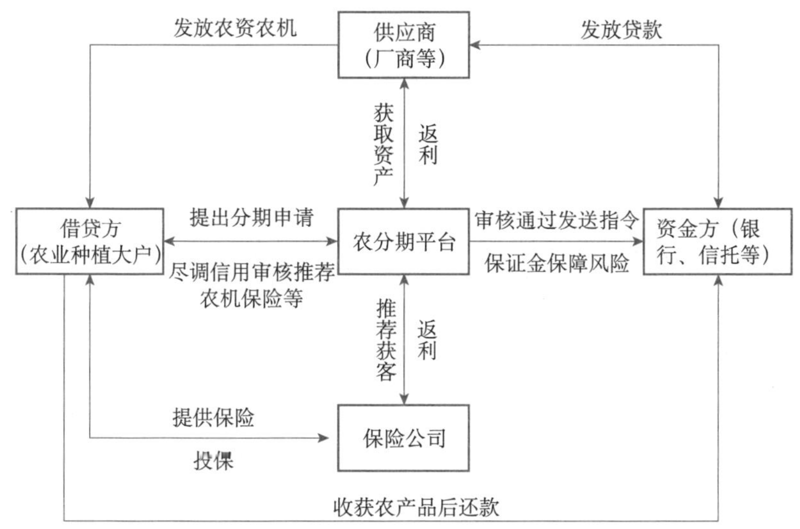

图 3 –74　农分期业务流程

资料来源：零壹智库《中国农村互联网金融发展报告》。

① 资料来源：零壹智库《中国农村互联网金融发展报告》。

在资金流走向层面，农分期的放款方式主要有两种，约 80% 的客户放款是通过受托支付，资金方直接将钱支付给农资经销商或农机经销商；剩余 20% 的客户因为从多处购买农资等原因，需要多笔支付等情况，放款时资金方直接将钱支付到客户本人账户，让其自主分配。还款主要分两种方式：一种是资金方划扣收款，农分期按照还款计划将客户的还款信息推送给资金方，按照还款信息从客户卡中直接划扣收款后扣除本金和资金成本，将剩余资金定期返还给农分期。另一种情况，针对不能扣款的资金方，农分期通过接入第三方支付公司划扣收款，并将本金及资金成本定期返还给资金方。

c. 风控管理：线上 + 线下。农分期贷前风控以线下为主。通过双人作业模式，由多人线下地推和风控信息收集团队组成，每人负责若干乡镇。这么做是为了规避员工操作风险及联合欺诈风险。信贷员从借款农户个人属性、家庭属性及社会属性三个维度考察用户还款意愿，从农户经营收入状况及经营周期判断其是否具备还款能力，从未来种植收益判断其是否拥有还款保障。在风险分析层面，主要考虑农户资金需求时间是否合理、缺钱原因、自有资金解决方式（防止客户自有资金全部为借款）。

表 3 – 35　　风控审核维护

	维度	材料
贷款情况	贷款用途及目的	贷款金额、目的、用途
还款意愿	个人属性	个人经历、居住信息、种养殖经验、经营年限等
	家庭属性	婚姻家庭状况，如是否为夫妻共同经营、家庭成员数、子女工作、妻子是否同意借款、需要提供妻子及其他亲属电话号码
	社会属性	村内社交关系
还款能力	农资、农机、土地租金、粮食等家庭资产和权益	存款证明、银行流水、央行征信、固定资产证明、收入证明、对外担保情况、以往贷款是否还清、过去几年收入与大额支出情况等
还款保障	家庭资产、经营资产	种植周期及未来收益等

贷中风控通过线下实地走访考察。线上将收集的所有资料上传到农分

期数据库，后台自动生成客户画像，决定是否通过分期申请。客户放款 90 天以内，客服人员会电话回访客户，并跟踪农户种植经营情况，针对有异常的客户，会指派线下人员上门走访，进行调查核实。若逾期，农分期会派出专业催收团队进行催收。

综上所述，P2P 农村金融平台以注重资产开发为主，在网络信贷业务中扮演着前端获客、审批授信、风控催收等角色。大部分涉农平台均采用线下获客的方式，通过信审员进行业务推广及初步的信用评估，后将材料提供至平台风控系统进行多维度审批决定是否放款。目前，涉及农户生产经营性融资的 P2P 农村金融平台多采用链式融资方式，通过龙头企业业务把关及保险公司担保的方式降低风险。但由于地推模式人员成本较高，且农户分布分散、金融需求难以标准化等原因，部分纯金融服务平台正在探索向农业综合服务商的方向转化，旨在利用综合优势效用降低人力成本，实行规模经济。

第4章　普惠金融政策环境

数字普惠金融是实现普惠金融目标的必由途径，是顺应科技发展、催生金融体系变革的动力。数字普惠金融对普惠金融的实现集中在互联网金融领域，即利用互联网技术向更广泛的群体、更偏远的地域提供金融服务，将低收入者和小微企业纳入金融体系，并形成可持续的运营模式。

普惠金融资产是互联网金融在普惠金融领域应用的结果，是互联网金融价值的体现。普惠金融资产既扩大了金融受众，同时也放大了金融风险。在当前征信体系不完善、信息不对称等问题仍大范围存在的情况下，普惠金融面临着来自流动性、信息泄露、货币系统等方面的风险，而金融监管则是防范上述风险、促进普惠金融健康发展的必要一环。

4.1　普惠金融监管的主要任务

对数字普惠金融的监管主要表现在互联网金融领域。互联网金融在为低收入者和小微企业提供融资渠道、拓宽金融服务范围的同时，也给传统金融体系带来了一定的冲击，其在支付、征信、签约、借贷等方面引起的变革，使得传统金融秩序受到极大的冲击，金融监管亦面临着新的任务。

4.1.1　防范金融风险

与数字技术相结合的普惠金融，存在三个层次的不同风险：传统金融风险、普惠金融风险及与数字技术相结合而产生的新的风险。这些风险层次的划分受普惠金融资产的类型影响。

就传统金融风险而言，巴塞尔协议有效监管的核心原则，将金融风险划分为信用风险、市场风险、操作风险和流动性风险等四类风险。普惠金融同时存在上述风险：信用风险是普惠金融突出存在的风险，普惠金融服务的群体大多无法提供传统金融所需要的物或人的担保，存在信用差、信息提供成本高等问题；操作风险是普惠金融普遍存在的风险，互联网金融公司相比成熟的银行体系，操作风险更大，管理成本更高；流动性风险也是普惠金融的核心，经济形势转差，环境风险发生时，普惠金融行业也极容易出现流动性风险。

以互联网金融为代表的数字普惠金融虽然为传统普惠金融提供了风险解决机制，也同时创造了新的风险。互联网技术与普惠金融的结合，扩大了客户资金安全的风险，互联网金融公司以承诺保本保息、提高回报率等手段进行资金获取的竞争，导致互联网金融成为传统金融行业媒介，造成客户资金安全难以得到保障；互联网金融采集了大量的客户信息，扩大了信息问题产生的道德风险；同时数字普惠金融的发展带来了业务风险、机构风险、系统风险与社会风险等新的风险，个人数据容易被滥用，机构缺乏实体，金融体系系统性风险扩大，社会问题频繁发生。

与数字技术结合的普惠金融也容易带来部分特有的金融风险，随具体业务模式的不同而不同，比如互联网支付容易产生恶意套现风险，而网络借贷往往面临着资金安全风险、数据安全与个人信息保护的风险。一般主要表现为信用风险、信息风险、系统风险。具体风险点如表 4－1 与表 4－2 所示：

表 4－1　数字技术与普惠金融结合的具体风险

业务模式	信用风险	信息风险	系统风险	其他监管风险
第三方支付	恶意套现风险	数据安全与个人信息保护风险	“大而不能倒”的系统性风险；削弱货币供给的可控性	洗钱风险；垄断竞争风险

续表

业务模式	信用风险	信息风险	系统风险	其他监管风险
第三方征信	N/A	数据安全与个人信息保护风险	N/A	垄断竞争风险
电子签约	信息伪造风险	数据安全与个人信息保护风险	N/A	N/A
网络借贷	资金安全风险	数据安全与个人信息保护风险	“大而不能倒”的系统性风险；信贷规模的控制程度	社会风险

表 4－2　　数字普惠金融风险类型

类型	风险
传统金融风险	巴塞尔协议四类风险
普惠金融风险	客户资金安全风险
	信息问题产生的道德风险
	业务风险、机构风险、系统风险、社会风险
数字技术与普惠金融结合的具体风险	信用风险
	信息风险
	系统风险
	其他监管风险

4.1.2　规范市场竞争

互联网金融行业最为重要是客户。为抢占客户资源，增加用户黏性，恶意市场竞争时有发生。监管缺失下的恶意市场竞争将导致逆向选择，伤害正当经营机构，损害客户的合法利益，抑制金融创新。规范市场竞争、维护良好的市场秩序是金融监管的主要任务之一。

市场秩序可分为自由竞争、垄断竞争、垄断、寡头等形式。互联网金融强大的用户黏性和激烈的竞争态势，使得市场呈现垄断竞争的格局。目前，互联网金融公司致力于发展差异化产品，依托各类平台，抢占用户，一旦监管缺失，随着互联网金融行业的进一步发展，小企业的生存空间将越来越小，长此以往，市场将形成寡头竞争或者垄断的局面。因此，规范市场竞争，增加市场主体和产品的多样化，是促进普惠金融发展、让更多人享有金融服务的重要举措。

4.1.3　数据安全与个人信息保护

数据安全与个人信息保护问题是互联网金融行业最受关注的问题，也是金融监管的重点。数据安全有两个方面的含义，一是数据本身的安全，主要是指采用现代密码算法对数据进行主动保护；二是数据防护的安全，主要是采用现代信息存储手段对数据进行主动防护。个人信息保护是指对互联网金融用户个人信息的存储和保护，包括用户基本信息、资产信息、工作信息、社交信息等。

数据是互联网金融行业发展的基础。随着互联网金融行业对数据的重视越来越高，行业内经常出现倒卖数据、出售用户信息等非法行为。因此，针对互联网金融行业，金融监管不紧要从公司层面规范公司经营，提高信息披露度，更要从数据和个人信息层面严防数据泄露，保护个人信息安全。

4.1.4　促进普惠金融健康发展

对互联网金融进行监管，在规范其业务的同时，金融监管还要注重监管的方向性，坚持以对普惠金融的扶持与包容性监管为原则，促进普惠金融行业健康有序发展。如何在具体的监管措施中落实针对互联网普惠金融的社会性功能目标，是对数字普惠金融进行监管的重要目标。

要发挥政策监管对普惠金融的促进作用：一是要构建完善的监管体系，创造安全有序的市场环境，充分发挥金融法律法规体系对普惠金融发展的支持作用；二是要保持政策稳定性，形成市场上对政策的稳定性预期，从而对互联网金融的具体业务的合法性进行明确的确认；三是要防止监管套利，监管套利表现为牌照企业参与主流金融行业竞争，而忽视普惠金融服务对象，或是服务对象过度扩张，带来新的问题，对监管套利现象的处理，也是金融监管需要注意的重要内容。

4.2 普惠金融监管现状

目前对普惠金融的监管表现在两个方面：一方面是对小微企业和农村金融的扶持补贴，另一方面是对互联网金融的监管限制。

对小微企业和农村金融，国家一直坚持扶持的政策，以解决小微企业融资难、农村金融服务缺乏的现状。其中，对小微企业的政策扶持主要表现在税收优惠上，也表现在通过完善金融体系、规范互联网金融发展从而降低小微企业融资门槛的间接影响上；对农村金融的政策扶持主要表现在对农村金融的政策鼓励，包括税收优惠与补贴，鉴于“三农”问题一直是国家关注的重点，未来对农村金融的扶持力度还将进一步加大。

对互联网金融的监管始于 2015 年，从最初的“无准入门槛、无行业标准、无机构监管”，到最近监管政策的不断出台，监管政策体系逐步形成。2015 年 7 月 18 日，中国人民银行联合中国银监会、工信部等十部委出台了《关于促进互联网金融健康发展的指导意见》，分别对 P2P 网贷、股权众筹、互联网保险、互联网证券等互联网金融业态的性质及对口监管机构作了规定，并指定相关机构适时制定监管细则，这一年被称为互联网金融的“监管元年”，互联网金融正式告别了“野蛮生长”时代。监管细则陆续出台后，从业机构的性质、业务、经营活动得到较明确的规范，违法违规行为直接受到监管机构的制止甚至惩处。然而，由于互联网金融自 2013 年爆发性增长以来，一直处于“无监管”状态，需要监管的空间较大，目前的监管体系尚不够完善，仍然存在大量的法律空白；同时，中国人民银行、中国银监会、中国保监会、中国证监会等多家监管机构并行，导致政策出台没有固定预期、监管重叠、多头监管的严重现象。具体而言，目前中国的监管体系存在下述四个方面的问题：

4.2.1　法律体系不完善，存在大量法律空白

互联网金融目前存在第三方支付、大数据金融、信息化金融机构、P2P 网贷、众筹及互联网金融门户等六大模式。其中第三方支付模式发展时间较长，模式相对成熟，对应的监管法律也相对完善。中国人民银行相继颁布了《非金融机构服务管理办法》《非金融机构支付服务管理办法实施细则》《关于非金融机构支付业务监督管理工作的指导意见》《支付机构客户备付金存管办法》等法律文件，将第三方支付机构定性为非金融机构，并对第三方金融机构进行牌照化管理。但对于 P2P 网贷模式，对应的法律体系仍未形成，法律定位尚不明确、监管主体尚不确定。市场上部分实行债权转让模式的 P2P 网贷平台及股权众筹平台长期游走在法律灰色地带，有些甚至触碰了非法集资的法律底线。对大数据金融、信息化金融机构及互联网金融门户的规定，更多的是援引《刑法》《合同法》《公司法》《证券法》《商业银行法》《互联网信息服务管理办法》《中华人民共和国电信条例》等具有普遍适用性或专门针对互联网、电信、传统金融领域的法律法规。

由于互联网金融领域的业务模式较多，监管的发展历程较短，目前针对互联网金融领域的法律法规仍存在大量的法律空白。

4.2.2　监管机构较多，造成多头监管

互联网金融的监管主体主要包括中国人民银行、中国银监会、中国保监会、中国证监会等，同时也涉及国务院、中国工信部、国家外汇管理局、中国互联网金融协会、支付清算协会、国密局、商务部、国家工商行政管理总局等部门，监管机构众多。由于互联网金融多元化的发展，其涉及的金融领域较多，监管机构难免出现监管重叠，形成多头监管局面。

互联网金融监管沿用了传统金融领域的分业监管思路，不同的金融形

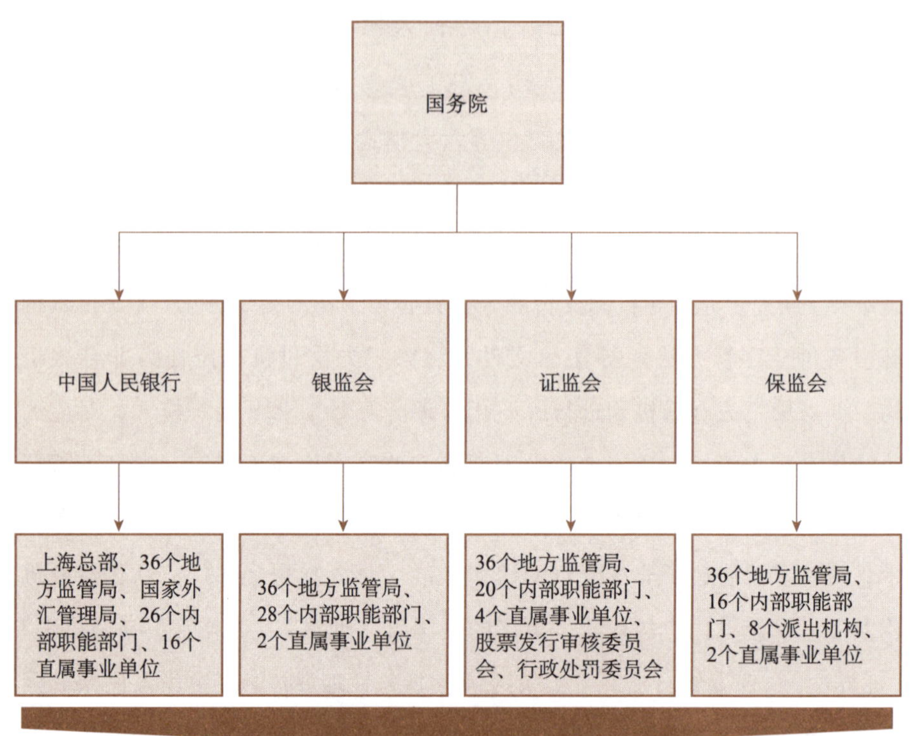

图 4－1　中国金融业监管体系

式对应不同的金融监管部门，比如银监会负责 P2P 网络借贷、互联网信托和互联网消费金融的监督管理；证监会负责股权众筹融资和互联网基金销售的监督管理；保监会负责互联网保险的监督管理，同时互联网金融业务必须接受工信部、网信办等部门监管。由于互联网金融平台大多向金融集团的方向发展，业务监管必然重叠，多头监管的问题必然存在。

4.2.3　政策稳定性较差，难以形成市场预期

对金融市场影响最大的因素之一是政策因素。政府监管政策能够影响金融市场的走向，规范金融业务，从而影响金融公司的经营方向。政策的

重要影响导致金融公司需要对政策有一定的预测，以避开政策红线，合理规划业务，因此政策的稳定性显得极为重要，只有稳定的政策才能使市场形成相对稳定的预期，使金融公司有充分的时间合理规划和调整业务。

政策的稳定性表现在三个方面：第一，政策内容的稳定，政府政策在内容上应保持一定的一致性，避免短时间内有较大的变动；第二，政策颁布时间的稳定，政府颁布政策的时间应有一定规律性间隔，避免较大的波动；第三，政策颁布机构的稳定，政策的主体应保持一定的稳定，各监管部门负责各自的监管范围，避免多头监管、多套政策的情形出现。

表 4-3　　政策稳定性的内容和表现

政策稳定性	表现
内容稳定	政策内容保持一致
时间稳定	颁布时间有规律
机构稳定	政策主体保持不变

对互联网金融的监管发展时间较短，体系较为不完善，监管政策在内容上、颁布时间上存在一定程度的波动性，导致市场对政府政策的预期难以保持稳定，对政策未来的走向难以形成一定的预测，公司业务随时面临调整的风险。在 P2P 网贷方面，国务院办公厅于 2016 年 10 月发布的《互联网金融风险专项整治工作实施方案》中规定，P2P 网络借贷和股权众筹业务、互联网资产管理及跨界金融业务、三方支付、互联网金融广告业务等必须按规定进行整改，要严格准入标准、强化资金监测、加强内控管理，并定于 2017 年 3 月底完成整顿；然而，2017 年 6 月，中国人民银行等国家 17 部门联合颁布的《关于进一步做好互联网金融风险专项整治清理整顿工作的通知》，又将整改实施时间的截止日期延长至 2018 年 6 月底。在征信牌照方面，2015 年 1 月中国人民银行下发《关于做好个人征信业务准备工作的通知》，同意 8 家社会机构开展个人征信业务，截至 2017 年 8 月，征信牌照依然没有下发。2017 年 4 月，中国人民银行征信局局长万存

知回应称，由于“没想到”的情况变化，包括互联网金融整顿、社会个人信息保护意识、8家机构业务情况与监管要求差距较大等问题，导致牌照无法下发。

4.2.4 部分法律滞后，不适应发展需求

互联网金融发展速度快，涉及领域广，而监管的发展相对时间短，体系不完善，导致部分面向互联网金融领域的监管政策滞后，不能适应互联网金融新的业务模式，无法满足互联网金融业务的发展需求。如我国《证券法》规定下面三种情况的其中任何一种都被定义为公开证券发行，必须通过法律程序、报经国务院证券监督管理机构或者国务院授权的部门核准：第一，向不特定对象发行证券；第二，向特定对象发行证券累计超过两百人；第三，法律、行政法规规定的其他发行行为。现代互联网股权众筹平台及P2P网贷中债权转让业务经常涉及面向不特定对象、发行人数超过两百人，业务很容易触犯《证券法》关于公开发行证券的规定，但是如果按照《证券法》的规定严格执行，互联网股权众筹业务将难以开展，互联网众筹很可能演化为团购、预购网站，仅仅起到项目宣传的作用。

4.3 普惠金融监管政策

数字普惠金融的监管涉及多个领域，既包括普惠金融支持体系，也包括普惠金融资产。其中对普惠金融支持体系的政策，即第三方支付、第三方征信、电子签约等方面，主要侧重监管，以规范相应金融业务、形成公正有序的金融体系为目标。普惠金融支持体系所涉及的金融业务是互联网金融领域发展得较为完善、时间较长的金融业务，所涉及的领域较广，业务发展也较为成熟，其中，第三方支付业务已经为人民大众普遍使用，有着极高的市场渗透率，因此对普惠金融支持体系的监管，以规范业务、防

范金融风险为主。

对普惠金融资产的监管，因业务的不同而有所不同。由于网络借贷发展较早、市场较大、从业公司较多，所以对网络借贷的政策与对普惠金融支持体系的政策一样，侧重在监管方面。而对于供应链金融、农村金融等涉及小微企业、农村农民等方面的普惠金融资产，政府政策偏向于支持和鼓励，为解决小微企业融资难、农民金融服务缺乏的问题，政府对供应链金融、农村金融在互联网方面的发展和创新有着较多的优惠政策，主要表现在所得税上的优惠、增值税的改革、行业补贴和税费减免等方面。

4.3.1 普惠金融支持体系监管政策

4.3.1.1 第三方支付

第三方支付在互联网金融领域发展最早，业务体系最为完善，因此对第三方支付的监管政策也较多。从 2009 年开始，对第三方支付的监管政策发展如表 4 - 4 所示：

表 4 - 4 第三方支付主要监管政策列表

时间	法规名称	制定部门
2009 年 4 月	《决定对从事支付清算业务的非金融机构进行登记的公告》	中国人民银行
2010 年 6 月	《非金融机构支付服务管理办法》	中国人民银行
2010 年 12 月	《非金融机构支付服务管理办法实施细则》	中国人民银行
2011 年 2 月	《关于非金融机构支付业务监督管理工作的指导意见》	中国人民银行
2011 年 5 月	《关于规范商业预付卡管理意见的通知》	国务院办公厅转中国人民银行等 7 部委
2012 年 3 月	《支付机构反洗钱和反恐怖融资管理办法》	中国人民银行
2012 年 7 月	《关于建立支付机构监管报告制度的通知》	中国人民银行
2012 年 9 月	《支付机构预付卡业务管理办法》	中国人民银行
2013 年 6 月	《支付机构客户备付金存管办法》	中国人民银行
2013 年 7 月	《银行卡收单业务管理办法》	中国人民银行
2013 年 12 月	《关于开展第三方支付机构跨境电子商务外汇支付业务试点的通知》	国家外汇管理局
2014 年 4 月	《关于加强商业银行与第三方支付机构合作业务管理的通知》	银监会、中国人民银行
2015 年 1 月	《支付机构跨境外汇支付业务试点指导意见》	国家外汇管理局

续表

时间	法规名称	制定部门
2015年7月	《关于促进互联网金融健康发展的指导意见》	中国人民银行等10部委
2015年12月	《非银行支付机构网络支付业务管理办法》	中国人民银行
2016年4月	《互联网金融风险专项整治工作实施方案》	国务院办公厅
2016年4月	《非银行支付机构风险专项整治工作实施方案》	中国人民银行等14部委
2016年8月	《条码支付业务规范》	支付清算协会
2017年1月	《中国人民银行办公厅关于实施支付机构客户备付金集中存管有关事项的通知》	中国人民银行办公厅

资料来源：根据相关文件资料整理。

2010年9月《非金融机构支付服务管理办法》正式实施，标志着第三方支付机构的行业地位得到监管者认可，第三方支付成为支付体系的重要组成部分。从2015年开始，国家监管力度加大，根据国家有关部署，相关部门开展了对支付领域的整顿工作，《非银行支付机构网络支付业务管理办法》《二维码支付业务规范征求意见稿》等政策相继出台，其中《非银行支付机构网络支付业务管理办法》对网络支付需要遵守的规则做出了详细的规定，包括把支付账户分为三类，不同类型的账户对应不同的规则，有不同的权限，具体如表4-5所示。同时，该法规还禁止支付机构为金融机构，禁止从事信贷、融资、理财、担保、货币兑换等金融业务的其他机构开立支付账户，引导支付机构回归支付本业。

表4-5　　网络支付账户分类及标准

账户类型	I类账户	II类账户	III类账户
身份验证	非面对面方式，采取至少一个外部渠道查验身份（如联网核查居民身份证信息）	面对面验证身份，或以非面对面方式，通过至少三个外部渠道验证身份	面对面验证身份，或以非面对面方式，通过至少5个外部渠道验证身份
付款限额	自账户开立起累计1 000元	年累计10万元	年累计20万元
余额付款功能	消费、转账	消费、转账	消费、转账、理财

4.3.1.2 第三方征信

传统征信业务在我国已经得到了较好的发展，央行征信系统覆盖人群较多，关于征信业务的监管政策也不断推进，已逐步建立了国家法规、部门规章、规范性文件和标准的多层次制度体系，在保护信息主体权益的同时，促进了征信业的发展。相较而言，第三方征信的发展极为缓慢，针对第三方征信的监管政策也相对较少，第三方征信领域的监管政策如表 4－6 所示。

表 4－6　第三方征信主要监管政策列表

时间	法规名称	制定部门
1999 年 8 月	《银行信贷登记咨询管理办法》	中国人民银行
2005 年 10 月	《个人信用信息基础数据库管理暂行办法》	中国人民银行
2006 年 3 月	《中国人民银行信用评级管理指导意见》	中国人民银行
2006 年 11 月	《征信数据元　数据元设计与管理》	中国人民银行
2007 年 4 月	《国务院办公厅关于社会信用体系建设的若干意见》	国务院
2008 年 3 月	《中国人民银行关于加强银行间债券市场信用评级作业管理的通知》	中国人民银行
2009 年 1 月	《征信数据元　信用评级数据元》	中国人民银行
2009 年 1 月	《征信数据交换格式　信用评级违约率数据采集格式》	中国人民银行
2013 年 3 月	《征信业管理条例》	国务院
2013 年 11 月	《征信机构管理办法》	中国人民银行
2015 年 1 月	《关于做好个人征信业务准备工作的通知》	中国人民银行
2015 年 12 月	《征信机构监管指引》	中国人民银行
2016 年 6 月	《征信业务管理办法（草稿）》	中国人民银行
2016 年 11 月	《关于加强征信合规管理工作的通知》	中国人民银行
2017 年 7 月	《关于办理侵犯公民个人信息刑事案件适用法律若干问题的解释》	最高人民法院、最高人民检察院

资料来源：根据相关文件资料整理。

2005 年中国人民银行发布《个人信用信息基础数据库管理办法》，并相继出台配套制度，建立了个人信用信息基础数据库管理制度，并明确了企业信用信息基础数据库管理制度。2006 年出台了《中国人民银行信用评级管理指导意见》，明确了信用评级机构的工作制度和内部管理制度、评级原则、评级内容和评级程序等内容，完善了信用评级管理制度。2005—2009 年间发布的《征信数据元　数据元设计与管理》《征信数据元　信用评级数据元》《征信数据交换格式 信用评级违约率数据采集格式》等行业标准，推动了征信标准建设。

2012 年 12 月 26 日国务院第 228 次常务会议审议通过《征信业管理条例》，并于 2013 年 3 月 15 日起正式实施。《征信业管理条例》对征信机构的设立条件和程序、征信业务的基本规则、征信信息主体的权益、金融信用信息基础数据库的法律地位及运营规则、征信业的监管体制和法律责任等进行了规定，解决了征信业发展中无法可依的问题，有利于加强对征信市场的管理，保护信息主体权益。

2015 年 1 月，中国人民银行下发《关于做好个人征信业务准备工作的通知》，开始从监管层面启动中国个人征信业务市场化，让芝麻信用、腾讯征信、前海征信等 8 家机构做好征信业务准备。2015 年 10 月 26 日中国人民银行以银发【2015】336 号通知印发《征信机构监管指引》，由中国人民银行分支机构对辖区内个人征信机构和企业征信机构进行监督管理，遵循依法合规、权益保护及全面覆盖的原则。其中，首次明确了个人征信机构需按照其注册资本总额的 10% 提取保证金。

2015 年 12 月央行发布《征信机构监管指引》对征信机构的许可和备案、保证金提取、非现场监管和现场解决办法等方面作出规定。

2016 年 6 月央行发布《征信业务管理办法（草稿）》拟对征信机构的信息采集、整理、保存、加工、对外提供、征信产品、异议和投诉及信息安全等征信业务的各个环节作出规范，强调信息保护，征信产品事后备案等。

2016 年 11 月央行下发《关于加强征信合规管理工作的通知》，要求各征信机构开展征信合规的自查自纠工作，加强个人信息的保护。2017 年 7 月，最高人民法院和最高人民检察院进一步下发《关于办理侵犯公民个人信息刑事案件适用法律若干问题的解释》，对侵犯公民个人信息犯罪的定罪量刑标准和有关法律适用问题做了规定。

由于征信牌照一直没有下发，第三方征信市场化的进程受到阻碍，目前的政策主要侧重于个人信息的合法采集和个人信息保护。

4.3.1.3 电子签约

电子签约作为互联网发展兴起的必要支持业务，受到的法律监管较多，监管程度较严，电子签约行业的主要监管政策如表 4 – 7 所示：

表 4 – 7　电子签约主要监管政策列表

时间	法规名称	制定部门
1990 年	《中华人民共和国合同法》	全国人大
2000 年	《互联网信息服务管理办法》	工业和信息化部
2004 年	《中华人民共和国电子签名法》	全国人大
2007 年	《商务部关于网上交易的指导意见（暂行）》	商务部
2007 年	《信息安全等级保护管理办法》	公安部等
2009 年	《电子认证服务管理办法》	工业和信息化部
2009 年	《电子认证服务密码管理办法》	国密局
2010 年	《证书认证系统密码及其相关安全技术规范》	国密局
2011 年	《电子商务第三方交易平台服务规范》	商务部
2013 年	《电子合同在线流程规范》	商务部
2014 年	《网络商品交易及有关服务行为管理暂行办法》	国家工商行政管理总局
2016 年	《网络借贷信息中介机构业务活动管理暂行办法》	中国银监会

资料来源：根据相关文件资料整理。

2004 年全国人民代表大会颁布的《中华人民共和国电子签名法》，以法律的形式确定了可靠的电子签名与手写签名或盖章具有同等的法律效力。《中华人民共和国电子签名法》明确电子签名是指数据电文中以电子形式所含、所附用于识别签名人身份并表明签名人认可其中内容的数据。其中第十三条明确了电子签名的应用条件，规定了电子签名的三要素，即合同主体可信、前述行为真实有效、结果不可篡改。2007 年起，国家商用密码管理办公室和商务部，就电子认证服务密码接连颁布了《电子认证服务密码管理办法》《电子合同在线流程规范》，明确了电子签约的规范流程。2016 年 8 月中国银监会发布的《网络借贷信息中介机构业务活动管理暂行办法》，第二十二条规定了网络借贷信息中介机构对电子签名和签字认证的真实性和完整性，明确 P2P 网络借贷平台必须使用第三方数字认证系统，保证有关认证安全可靠且具有独立性。

4.3.2　普惠金融资产监管政策

4.3.2.1　网络借贷

网络借贷（P2P）从 2013 年开始发展，2015 年监管政策出台，开始对网络借贷信息中介机构的业务进行规范，近年来对网络借贷的监管政策如表4-8所示：

表4-8　　网络借贷近年主要监管政策列表

时间	法规名称	制定部门
2015年7月	《关于促进互联网金融健康发展的指导意见》	中国人民银行等10部委
2015年12月	《网络借贷信息中介机构业务活动管理暂行办法（征求意见稿）》	中国银监会
2016年8月	《网络借贷信息中介机构业务活动管理暂行办法》	中国银监会
2016年8月	《互联网金融信息披露　个体网络借贷》	中国互联网金融协会
2016年10月	《互联网金融风险专项整治工作实施方案》	国务院
2017年2月	《网络借贷资金存管业务指引》	中国银监会
2017年4月	《互联网消费金融信息披露标准（征求意见稿）》	中国互联网金融协会
2017年6月	《关于进一步做好互联网金融风险专项整治清理整顿工作的通知》	中国人民银行等国家17部委
2017年12月	《关于规范整顿"现金贷"业务的通知》	互联网金融风险专项整治工作领导小组办公室和P2P网络借贷风险专项整治工作领导小组办公室

资料来源：根据相关文件资料整理。

2015年7月，经国务院同意，中国人民银行等10部委联合印发了《关于促进互联网金融健康发展的指导意见》，按照"鼓励创新、防范风险、趋利避害、健康发展"的总体要求，提出了一系列鼓励创新、支持互联网金融稳步发展的政策措施，同时按照"依法监管、适度监管、分类监管、协同监管、创新监管"的原则，确立了互联网支付、网络借贷、股权众筹融资、互联网基金销售、互联网保险、互联网信托和互联网消费金融等互联网金融主要业态的监管职责分工，落实了监管责任，明确了业务边界。

2016年8月，中国银监会发布《网络借贷信息中介机构业务活动管理暂行办法》，就网络借贷信息中介机构进行备案管理、业务开展、风险管理、用户管理、投资人保护等方面进行了明确的规定，对业务经营活动实行负面清单管理，对客户资金实行第三方存管，限制借款集中度风险。基于中国银监会的《网络借贷信息中介机构业务活动管理暂行办法》，广东、深圳、上海、厦门等地也先后发布了《网络借贷信息中介机构备案登记办法》，就网络借贷信息中介机构的备案登记程序和资料、信息披露范围、第三方存管、增值电信业务经营许可、办理时限等内容进行了明确的规定，并要求相关机构平台及时进行整改，规范业务经营。各地管理办法及针对网络借贷行业的相关法规列表如表4-9所示。

表4-9　　部分城市近年网络借贷主要监管政策列表

时间	法规名称	制定部门
2016年5月	《广东省互联网金融风险专项整治工作实施方案》	广东省人民政府办公厅
2016年8月	《广东省互联网金融协会网络借贷（P2P）平台信息披露指引（草案）》	广东省互联网金融协会
2017年2月	《广东省网络借贷信息中介机构备案登记管理实施细则》	广东省人民政府金融工作办公室
2017年2月	《网络借贷信息中介机构业务活动管理暂行办法》	广东省人民政府金融工作办公室
2016年8月	《江苏省互联网金融协会网络借贷（P2P）平台信息披露指引》	江苏省互联网金融协会
2017年7月	《江苏省网络借贷平台个人信息安全保护规范指引（草案）》	江苏省互联网金融协会
2017年2月	《厦门市网络借贷信息中介机构备案登记管理暂行办法》	厦门市人民政府金融发展服务办公室
2016年5月	《上海个体网络借贷（P2P）平台信息披露指引》	上海市互联网金融协会
2017年6月	《上海市网络借贷电子合同存证业务指引》	上海市互联网金融协会
2017年6月	《上海市网络借贷信息中介机构业务管理实施办法》	上海市人民政府金融发展服务办公室
2017年7月	《深圳市网络借贷信息中介机构备案登记管理办法》	深圳市人民政府金融发展服务办公室

资料来源：根据相关文件资料整理。

另外，国家也对网络借贷等业务的金融风险进行了整治，于2016年10月发布了《互联网金融风险专项整治工作实施方案》，对P2P网络借贷和股权众筹业务、互联网资产管理及跨界金融业务、第三方支付业务、互联网广告业务等进行了明确的业务规定，划定了业务范围，严格准入管理，强化资金监测，加大整治不正当竞争。中国人民银行等国家17部委于

2017年6月发布了《关于进一步做好互联网金融风险专项整治清理整顿工作的通知》，将整改验收时间延长到2018年6月，并实现互联网金融行业从业机构数量及业务规模的双降，做好严格准入和备案管理，化解存量、严控增量，将互联网金融机构划分为整改类机构、取缔类机构进行监管。

2017年12月，互联网金融风险专项整治工作领导小组办公室联合P2P网络借贷风险专项整治工作领导小组办公室，出台《关于规范整顿"现金贷"业务的通知》，通知提出将统筹监管，开展对网络小额贷款清理整顿工作，整顿对象明确为具有无场景依托、无指定用途、无客户群体限定、无抵押等特征的"现金贷"业务。通知从放贷对象、放贷利率、资金来源和业务模式环节做了详细的限制和要求。该通知下发后，市场上的单期现金贷坏账频发，部分平台退出市场，部分平台转型做多期产品，利率降至36%以下，产品及业务设计向监管要求的方向调整。

4.3.2.2 供应链金融

互联网+供应链金融是为众多小微企业解决融资难问题的重要途径。对互联网+供应链金融的监管主要体现在对小微企业的扶持上，即在以促进小微企业发展、推动经济体制改革为目标的政策导向下，连续推出的一系列优惠政策。其中部分优惠政策如表4-10所示：

表4-10 近年来促进小微企业发展的相关政策

时间	法规名称	制定部门
2014年3月	《关于开办支小再贷款，支持扩大小微企业信贷投放的通知》	中国人民银行
2014年7月	《关于大力支持小微文化企业发展的实施意见》	财政部、文化部、工信部
2014年7月	《关于完善和创新小微企业贷款服务提高小微企业金融服务水平的通知》	中国银监会
2014年8月	《关于多措并举着力缓解企业融资成本高问题的指导意见》	国务院办公厅
2014年9月	《关于进一步支持小微企业增值税和营业税政策的通知》	财政部

续表

时间	法规名称	制定部门
2014 年 10 月	《关于金融机构与小型微型企业签订借款合同免征印花税的通知》	财政部
2014 年 11 月	《关于扶持小型微型企业健康发展的意见》	国务院
2015 年 1 月	《关于完善信贷政策支持再贷款管理政策支持扩大“三农”、小微企业信贷投放的通知》	中国人民银行
2015 年 6 月	《关于大力推进大众创业万众创新若干政策措施的意见》	国务院
2015 年 8 月	《多举措破解“融资难、融资贵”》	发改委
2017 年 10 月	《关于积极推进供应链创新与应用的指导意见》	国务院办公厅

资料来源：根据相关文件资料整理。

中国小微企业由于起步晚、经营管理落后、财务信息不透明等原因，其从商业银行等传统金融机构获得贷款的难度比较大，融资难、融资贵的问题长久以来一直存在，难以解决。中国政府对小微企业一直保持支持态度，多次强调要加大对中小企业的金融支持，降低中小企业融资成本。国务院、中央人民银行等国家部门从资金支持、财税优惠、创业基地建设、促进企业信息互联互通等方面提出一系列政策措施，支持政策的持续加码，为中国中小微企业持续、健康发展创造良好的环境。

4.3.2.3　农村金融

“三农”问题一直是国家的重点，对农村金融，国家也一直采取鼓励、扶持的政策，在各类政策方面给予优惠，包括财政补贴、税收优惠、金融政策鼓励等。近年来对农村金融的部分定向费用补贴政策如表 4－11 所示。

表 4－11　　近年来农村金融机构定向费用补贴政策

时间	法规名称	制定部门
2009 年 4 月	《中央财政新型农村金融机构定向费用补贴资金管理暂行办法》	财政部
2010 年 5 月	《中央财政农村金融机构定向费用补贴资金管理暂行办法》	财政部
2014 年 3 月	《农村金融机构定向费用补贴资金管理办法》	财政部

资料来源：根据相关文件资料整理。

我国针对农村金融机构制定的《农村金融业务财政定向费用补贴政策》在机构覆盖范围上不断扩大，同时，定向费用补贴的标准不断提高，定向费用补贴政策更加面向服务“三农”或小微企业等较为弱势的农村金融机构。近年来在税收优惠方面的部分政策如表 4－12 所示。

表 4－12　　　　三农金融税收优惠政策

时间	法规名称	制定部门
2010 年 5 月	《关于农村金融有关税收政策的通知》	财政部、国家税务总局
2014 年 12 月	《关于延续并完善支持农村金融发展有关税收政策的通知》	财政部、国家税务总局
2016 年 4 月	《关于进一步明确全面推开营改增试点金融业有关政策的通知》	财政部、国家税务总局
2017 年 6 月	《关于延续支持农村金融发展有关税收政策的通知》	财政部、国家税务总局

在税收优惠政策方面，对农村金融机构的扶持主要体现在对农村金融业务税率的优惠上，税收优惠主要以增值税和所得税为主。同时，税收优惠对象从机构转变为业务，且优惠范围不断扩大。

除财税政策外，央行也运用货币政策工具支持部分农村金融机构发展农村金融业务，如对农村银行业机构实施差别准备金率，银行的法定存款准备金率一般比商业银行低；对农村银行机构给予支农再贷款支持，能促进农村金融机构更好地服务“三农”。

4.4　普惠金融监管趋势

随着互联网金融的不断发展和完善，国家对互联网金融的监管也将不断完善，长此以往，我国将形成完整有序的互联网金融监管体系。在国家对互联网金融各领域监管的不断尝试之下，中共中央、国务院就互联网金融监管提出了未来金融改革的方向，明确了未来政府的政策趋势。2017 年 7 月 14—15 日于北京召开的全国金融工作会议上，中共中央总书记、国家主席、中央军委主席习近平出席会议并讲话，他强调，必须加强党对金融工作的领导，坚持稳中求进的工作总基调，保障国家金融安全；要加强金融监管协调、补齐监管短板；设立国务院金融稳定发展委员会，强化中国人民银行宏观审慎管理和系统性风险防范职责，落实金融监管部门监管职责，并强化监管问责；坚持问题导向，针对突出问题加强协调，强化综合监管，突出功能监管和行为监管；必须加强党对金融工作的领导，要坚持党中央对金融工作的集中统一领导，确保金融改革发展方向正确。

结合近年来金融监管的主要政策与国家对金融监管的方向态度，本文认为未来金融监管将以实现金融稳定和普惠金融为目标，统一领导、合作监管；国家将不断完善法律法规，填补法律空白，建立起符合国情的监管框架；从传统的按机构划分监管对象的“业务性监管”转向按经营业务的性质来划分监管对象的“功能性监管”。

4.4.1　统一领导，合作监管

目前金融监管是一行三会的监管体系，监管实行分业监管。银行、保险、证券基金等各有各的经营牌照，由银监会、保监会和证监会分别监管。但是随着近几年互联网金融的发展，涉及较多“三不管”地带，业务混合，监管主体不明。比如有些网贷平台既有债权转让业务，又有众筹业务，既涉及证券发行，又涉及个人借贷，导致银监会和证监会同时负有监管职责，却又职责不明，难以确定两个监管机构的详细监管范围，难以保持监管政策的一致。所以，金融监管更应该向混业监管方向改革。

国家设立国务院金融稳定发展委员会，将金融监管的领导权收归中央，坚持党中央对金融工作的集中统一领导，以确保金融改革发展方向正确。未来对金融的监管将由党中央统一领导，划分各监管机构职责，强化央行在宏观审慎管理和系统性风险防范方面的责任，落实金融监管部门的监管职责，并强化监管问责。

同时，国家也在推行合作式监管，强调监管主体与被监管主体之间就监管内容的合作。随着技术的发展与市场业务的细分，被监管主体一方面更具有监管的信息优势与规制能力，另一方面自我规制以提升市场竞争力的意愿也逐步增强。互联网金融企业进行自我监管，同时政府建立对互联网金融平台的准入监管，鼓励行业自律，可以更好地实现对数字普惠金融的监管。

4.4.2 完善法律法规，构建监管框架

鉴于目前对互联网金融领域的政策仍有大量空缺，国家就互联网金融领域的监管方向之一即是不断完善法律法规，填补现有的法律空白，构建合理有序的监管框架，以明确监管职责，划定业务界限。主要表现在以下三个点：

第一，根据实际市场状况和业务情况，颁布新的监管政策，规范互联网金融的业务范围，填补法律空白。

第二，保持政策稳定，使市场形成稳定的预期。保持监管政策发布时间、机构、内容上的一致，以更好地促进被监管主体的合作式监管，形成行业自律，进行自我监管。

第三，构建监管框架，覆盖互联网金融业务体系。通过新的法律法规，覆盖各方面的业务体系，形成监管框架，以推进金融改革，建立并完善有利于保护金融消费者权益、增强金融有序竞争、防范金融风险的监管机制。

4.4.3 向“功能性监管”转型

金融业监管从部门切割的“业务性监管”转向“功能性监管”，已是金融监管领域的共识。2017 年 7 月，在召开的全国金融工作会议上，习近平总书记强调要坚持问题导向，针对突出问题加强协调，强化综合监管，突出功能监管和行为监管。

互联网金融业务的聚合性及其涉及的信息安全、资金安全、系统风险

等问题，不仅涉及金融监管部门，也涉及其他监管部门的传统职权。市场发展的混合性与目前监管模式的部门分割性并存的现实，要求在金融监管系统内实现功能性监管，同时要求在更大的监管系统中实现金融监管与其他监管部门的协作。这既要求金融监管体系实现内部功能监管，强化中央人民银行的领导作用，协同监管，又要求金融体系外的协同监管，使工信部、商务部、国密局等监管部门与金融监管部门相协调，划分监管职责，保持政策一致。

4.4.4　以实现金融稳定和普惠金融为目标

金融监管的目标在于实现金融系统的稳定和金融普惠。金融监管应以目标为导向，稳中求进、深化改革，保障国家金融安全，促进经济健康发展。主要表现在国家金融监管为采用数字技术推广普惠金融提供了良好的市场与规制环境，包括完善基础法律体系和金融法律体系，实现更为有效的互联网金融监管，同时保持市场政策的稳定性预期，从正面对互联网金融具体业务的合法性进行明确确认，保持监管宗旨与整体制度的稳定。

互联网金融并不完全等同于互联网普惠金融，在普惠金融的扶持与包容性监管原则下，互联网企业在获得普惠金融的市场准入的同时，也存在着监管套利的现象，这将一定程度影响普惠金融服务对象的真正覆盖，也无法很好地解决服务对象过度扩张的问题。如何在具体的监管措施之中落实针对互联网普惠金融的社会功能目标监管，是采用数字技术推广普惠金融监管最为重要与直接的监管目标。

第 5 章　普惠金融的未来

随着新技术在普惠金融业务上的应用，以及普惠金融资产业务的不断成熟，普惠金融资产逐步扩大了服务的对象范围，形成可持续的商业模式，最终实现普惠金融的目标。普惠是普惠金融的必然趋势，随着未来技术的普及、潜在市场转化为有效市场、业务成熟、金融服务面向普通大众，在大数据风控及人工智能的帮助下，必将实现金融普惠。

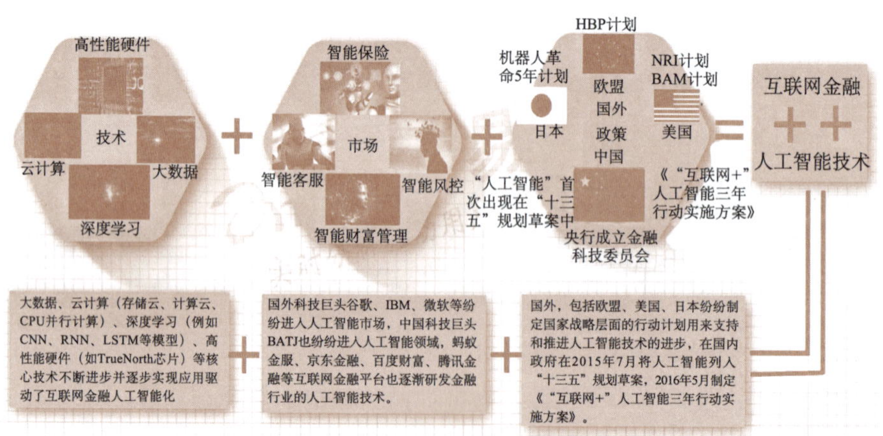

图 5－1　互联网金融未来趋势

5.1　新技术的应用

新技术的应用对于实现普惠金融的目标有着重大的影响。近年来新技术层出不穷，引起互联网金融领域不断的变革，支付方式、风控方式、管理方式不断得到创新，为互联网金融面向更广泛的用户，形成成熟的业务体系创造了条件。其中大数据的出现与应用，使普惠金融资产业务有了更为可靠的信用评估来源；人脸识别与移动支付的应用，使普惠金融更加普遍，有着更多的应用场景，也能够更好地保护个人信息；区块链和人工智能技术是当前最为热门的技术，有着广泛的应用场景，未来将为普惠资产业务带来更革命性的技术创新，丰富场景应用，促进普惠资产业务的长足发展。

图5-2 科技对金融的影响深度

5.1.1 大数据

分析师道格莱尼（Doug Laney）在2011年美国META咨询集团（今Gartner集团）的研究报告中首次深入研究了大数据的内涵，提出了3V模型，即认为数据容量大、数据传递速度高，以及数据种类和数据源多是新世纪数据管理的特点。因为互联网已经渗透到了我们生活的方方面面，现实生活中存在着众多的、零散的、随机的数据，这些数据经过计算机的处理，通过一定的组织方式进行采集和分析，便可以变得有序，具备分析价值。荷兰教授Chris Snijders为大数据下的定义为，无法在可承受的时间范围内用常规软件工具进行捕捉、管理和处理的数据集合。

大数据在互联网金融领域最为重要的应用是大数据风控。金融业最大的风险来自信息不对称，所以信息是金融行业最为重要的资源。拥有信息的企业往往就拥有先机，能够抵抗风险，创造盈利。其中普惠金融资产企业需要对人口信息、消费水平、风险偏好水平等进行量化分析，以分析用户的还款能力和还款意愿，判断平台的风险。而通过大数据技术，金融企业能够将多维度的用户数据转换为有用的信用评估信息源，对用户信用水平进行综合评估，建立大数据信用评价模型，使金融服务惠及传统金融业覆盖不到的人群。相较于传统人工收集的评估模式，基于信息化的决策服务过程有着以下三方面的优势：

（1）边际成本低，客户体验好。大数据模型的建立，使得决策依靠计算机程序，而不是人工，从而降低了人力成本，也提升了客户体验。

（2）决策科学，减少人为干预。利用大数据进行风险定价，资料来源非常广泛，其定价会相对精确，且大数据决策相对客观，避免了人为因素对于决策的影响。

（3）服务精准灵活。传统金融业服务往往是标准化的，而通过大数据，金融企业可以为客户设计更为个性化、高效化的金融服务方案，金融服务效率也将大为提升。

5.1.2 生物识别与移动支付

由于普惠金融服务对象是最广大的人群，在普惠金融业务中，如何验证用户身份、保障金融安全是影响其发展的重要因素。这方面的风险主要来自两个方面：一是通信中发生的安全风险，二是来自远程用户身份验证的安全风险。而近来发展较快、技术越来越多的生物识别技术为这个问题提供了很好的解决方案。

对生物识别技术的衡量标准包括准确度、数字化、设备大小等，目前比较热门的、具备应用价值的身份验证技术包括指纹、掌纹识别、面部识别、虹膜识别、手血管识别等等。这些生物识别技术都具有难以复制、识别精度高、数字化程度高的特点，对于互联网用户身份识别，有着重要的应用价值，能够有效降低身份验证安全风险，保障金融交易的真实可靠。

于此同时，移动支付技术也趋于成熟，移动互联网已渗透到了生活的各个方面，移动支付大体代替了现金支付，成为了人民支付生活消费的首要选择。近期支付宝推出的无现金社会，则是这一趋势的体现，同时还有无人超市，也是移动支付应用广泛的重要产物。生物识别技术在移动支付领域也有着广泛的应用场景，比如支付宝的刷脸支付功能，根据人的面部特征进行生物身份识别，从而进行支付，大大提高了身份识别的准确率，保障了支付主体的安全。

生物识别与移动支付的发展，使得金融用户身份验证的安全风险大大降低，金融交易的真实性得到了更大程度的保障，更加有利于金融企业开拓市场，扩展用户。对于普惠金融资产企业，生物识别使得借款用户身份验证更为便捷和准确，移动支付大大提升了用户的产品体验，两技术的应用能够为普惠金融资产企业创造发展潜力，使其面向更广泛的金融用户，覆盖弱势群体，实现金融普惠。

5.1.3　区块链与人工智能

区块链是分布式数据存储、点对点传输、共识机制、加密算法等计算机技术的新型应用模式，是一种按照时间顺序将数据区块以顺序相连的方式组合成的一种链式数据结构，并以密码学方式保证的不可篡改和不可伪造的分布式账本。而人工智能是研究如何使计算机通过机器学习、图像识别和处理等方式做过去只有人才能做的工作，即对人的意识、思维的信息过程的模拟。通过人工智能，将人类工作大量地分化为计算机运算，协助人类决策，提升决策效率，是未来生活智能化、社会智能化的重要技术。

区块链和人工智能有着十分广泛的应用前景，在普惠金融领域的主要应用前景体现在以下几个方面：

（1）构建支付清算体系。区块链分布式账本在支付清算领域的应用，能够便捷支付程序，实现点对点支付，同时分布式运算，提高了交易的安全性、保密性。

（2）数据存储。利用区块链构建存储体系，能够有效保护金融用户个人信息安全，防范计算机技术风险、信息安全风险。

（3）智能决策。将人工智能技术与大数据风控相结合，由计算机进行贷前审核，并由计算机分析贷中数据，结合用户信息，进行贷中管理和贷后催收，提高决策效率。

（4）智能投顾。智能投顾是根据用户理财习惯、资产状况等数据对用户理财投资提供智能化建议的技术服务。智能投顾的普及，能够为普通用户提供智能化的融资建议，扩宽普惠金融资产市场，提高金融服务的可获得性。

表 5－1　　新技术的应用前景

新技术	应　　用
大数据	信息采集、市场评估、大数据风控等
生物识别	身份验证、移动支付等
区块链	支付清算体系、数据存储等
人工智能	智能决策、智能投顾等

5.2　不断增长的市场

5.2.1　普惠金融有着巨大的市场潜力

2017 年，我国人口总数达到 13.9 亿人，移动互联网用户数达到 47.72 用户，占总人口的 55.54%①。但是普惠金融资产业务面向的人群有限，活跃用户也相对较少，市场仍有着巨大的发展潜力。其中信用贷类资产未覆盖的人群估计有 5 亿人，不到信用卡量的一半；在消费场景类资产中，3C

① 资料来源：Wind 资讯。

分期规模仅占到3C消费品市场规模的25%，教育分期规模仅占到教育培训市场规模的10%不到，而医美分期规模也仅占医美市场规模的12%；车贷类资产涉及抵押车辆仅占国内汽车保有量的0.6%，远低于发达国家平均水平。其他如供应链金融、融资租赁、农村金融等普惠金融资产业务，占比则更少。

随着互联网金融的进一步普及、居民生活水平的不断提高，未来普惠金融将面向更为广泛的用户群。普惠金融业务有着巨大的市场潜力和发展前景，将为普惠金融的发展创造了有利的发展条件。

5.2.2　市场逐渐形成成熟的业务体系

相较巨大的市场潜力，将潜在市场转化为有效市场的重要一环是形成相对成熟的业务体系，从而便于开拓市场、挖掘潜在用户。普惠金融业务的本质在于借贷关系的生成，各类普惠金融资产围绕基本借贷关系，根据各自的业务特点与业务流程，设计相对复杂的业务体系，将借款人与投资

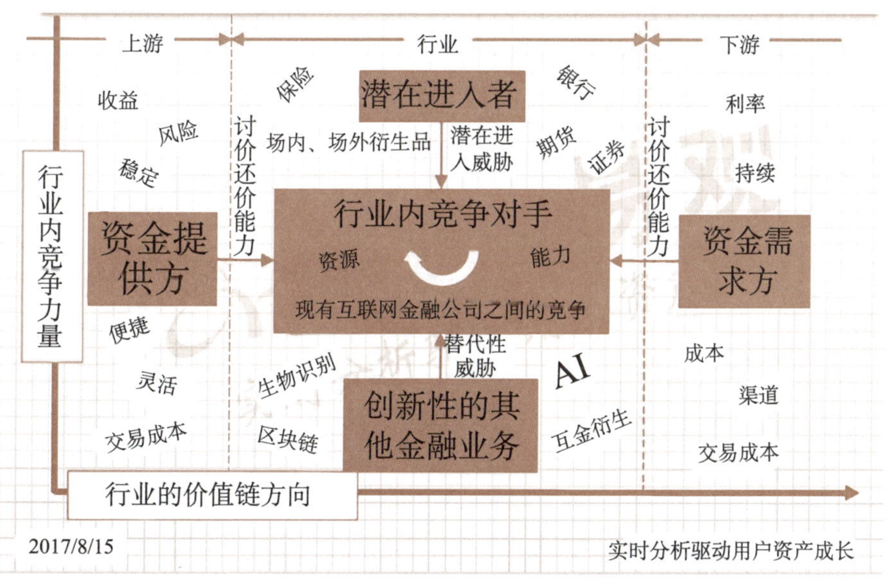

图 5－3　互联网金融行业格局

人联系起来，为借款人和投资人进行需求归集，创造附加价值。普惠金融业务从出现到成熟是一个长期的过程，在这个过程中不断完善的业务体系需要由不断增长的市场来支撑，同时不断完善的业务流程也为开拓新市场、扩展用户提供了业务上的支持，两方面相互协调，最终促成普惠金融目标的实现。

5.3 普惠是普惠金融的必然趋势

5.3.1 普惠目标的最终实现

实现金融普惠，面临的两大核心任务是弱势群体金融服务的可获得性和商业模式的可持续性。互联网金融的发展为普惠金融目标的实现创造了机遇，基于互联网技术的数字普惠金融，有着更为快速的扩张速度、更为低廉的服务成本，以及更为稳定的盈利模式，通过互联网金融在普惠金融领域的应用，普惠金融得到了新的发展路径，即通过移动互联网的方式以可持续的商业模式向低收入人群和小微企业提供金融服务。随着未来新技术的应用，互联网金融市场将不断扩大，金融业务体系将逐渐完善，金融普惠的目标也将最终实现。

表 5－2　　普惠金融目标的最终实现

<table>
<tr><th>项目</th><th colspan="2">内　容</th></tr>
<tr><td rowspan="5">条件</td><td rowspan="3">新技术的应用</td><td>大数据</td></tr>
<tr><td>生物识别</td></tr>
<tr><td>区块链与人工智能</td></tr>
<tr><td rowspan="2">不断增长的市场</td><td>巨大的市场潜力</td></tr>
<tr><td>不断成熟的市场体系</td></tr>
<tr><td rowspan="2">普惠目标的实现</td><td colspan="2">覆盖弱势群体</td></tr>
<tr><td colspan="2">形成可持续的商业模式</td></tr>
</table>

5.3.2 覆盖弱势群体

普惠金融的定义是以可负担的成本为有金融服务需求的社会各阶层和

群体提供适当、有效的金融服务，小微企业、农民、城镇低收入人群等弱势群体是其重点服务对象。覆盖弱势群体，是普惠金融实现的判断标准。只有全面覆盖弱势群体，为他们提供可负担的金融服务，才是普惠金融目标实现的标志。这表现在对金融服务的低成本和服务对象的全覆盖。

金融服务的低成本体现在技术的低边际成本优势。广泛应用的互联网技术及其他的一些新技术，使金融服务通过移动互联网智能化提供，能够使金融服务的提供成本显著降低，尤其是人工成本的减少，从而将金融服务的边际成本降低至人人可得的水平，为普惠金融的实现提供成本支持。

服务对象的全覆盖体现在金融服务用户的全覆盖，通过互联网的方式向普惠金融对象提供金融服务，用户只要通过网络终端即可取得金融服务，很大程度上方便了金融用户，尤其是低收入人群和小微企业等弱势群体。在移动互联网普及度不断提高、金融服务越来越依附互联网的未来，实现普惠金融服务对象的全覆盖，有着很大的可能性。

5.3.3　形成可持续的商业模式

普惠金融目标实现的另一核心任务是形成可持续的商业模式，从而为社会各阶层和群体提供长期的、有效的金融服务。可持续的商业模式体现在金融业务的可持续性和市场规模的可支撑性，具体表现为随普惠金融业务体系完善而趋于接近传统金融业务的金融服务，以及随潜在市场的挖掘而不断增长的有效市场。

目前普惠金融资产都有着相较银行金融服务更为高额的利率水平，未来随着普惠金融业务体系的不断完善，数字普惠金融业务将向传统银行业务利率水平靠拢，以应对不断扩大的市场竞争。市场的饱和成熟是一个长期的过程，在长期的过程中企业经济利润都将逐渐趋于零。普惠金融市场有着巨大的潜力和机遇，未来进入该市场的企业会越来越多，竞争趋于激烈，利率水平将随之降低，从而为形成可持续的商业模式创造条件。

同时，不断增长的有效市场也会为普惠金融业务提供市场支撑，让普惠金融业务能够创造一定的会计利润，从而吸引具有低成本优势、成熟商业模式的企业留在普惠金融市场，成为覆盖面更广、成本更低的金融服务提供方。

第6章　附录　合同列表

6.1　通用合同

6.1.1　借款合同

借款合同——个人

第一条　甲乙双方的基本信息：

甲方（贷款人）基本信息			
名称			
联系地址			
联系人		电话	
乙方（借款人）基本信息			
借款人		身份证号	
电话			
通讯地址			
共同借款人		身份证号	
电话			
通讯地址			

第二条　借款基本信息

借款金额	人民币________元（¥________）
借款期限	________
借款利率	月利率：百分之________（即：________%/年）
借款用途	________
还款来源	

续表

甲方银行账户	开户行： 账户名称： 账号
乙方银行账户	开户行： 账户名称： 账号

第三条　借款发放条件

（一）自然人条件。

（二）法人条件。

（三）抵押手续办齐。

（四）其他资料。

（五）甲方发现乙方提供虚假信息与资料、签章不真实，或者有其他足以危及借款安全的重大情形的，甲方有权停止发放借款。

第四条　借款发放

（一）条件满足，发放。

（二）指定放款账户。

（三）利息计算。

（四）甲方将借款以转账方式向上述乙方账户划出，甲方即履行了本合同项下借款的发放义务，同时构成乙方在本合同项下对甲方的债务。

第五条　还款方式

（一）乙方共分期付息，每个自然月为付息期，即每月【】号为双方指定还款日期，付息日期不足或多于自然月的，付款金额均按实际天数计算。

（二）乙方按×付息。

（三）乙方使用借款不足月时处理办法。

（四）主动还款。

（五）委托代扣。

第六条　借款逾期

乙方发生下列情形之一，视为借款逾期：

（一）借款逾期期间为自逾期发生之日起至清偿日止。

（二）如未按约定的时间和金额还本付息，对超期部分应当支持逾期利息。

（三）逾期还完后结清证明。

第七条　提前到期（财产发生问题被动提前还款）

第八条　提前还款（主动提前还款）

第九条　担保措施

（一）对本合同项下借款，乙方提供本协议第二条所述的担保措施。

（二）本条约定的担保措施，由甲方与担保方另行签订担保合同，抵质押物清单详见相关担保合同。

第十条　借款使用监督

非经甲方书面同意，乙方不得改变借款用途。

第十一条　声明和保证

第十二条　权利和义务

（一）甲方的权利和义务。

1. 甲方有权检查本合同项下借款的使用情况。

2. 宣布本合同项下的借款提前到期。

3. 甲方有权根据本合同的约定追究乙方的违约责任或要求乙方赔偿甲方因此而受到的实际损失。

4. 自人民法院依法查封或扣押抵押物之日起，甲方有权收取由抵押物分离的天然孳息以及抵押物可以收取的法定孳息。

5. 在乙方达到约定的借款发放条件的前提下，甲方应按时足额发放借款。

（二）乙方权利和义务。

1. 有权按本合同的约定使用借款。

2. 乙方按照本合同约定或甲方要求的还款计划按时足额归还借款本息。

3. 乙方接受并配合甲方的调查和检查。

4. 乙方在获悉其卷入或可能卷入任何可能对其产生不利影响的并通知甲方。

5. 未还清借款之前的权利限制。

6. 财产发生变更的补救措施。

第十三条　违约责任

（一）甲方违约责任——无正当理由不放款。

（二）乙方违约责任。

1. 违约金（通用条款）

（1）逾期滞纳金

2. 逾期违约金。

3. 恶意重大条款违约金。

第十四条　合同的变更、解除及终止

第十五条　争议解决与费用承担

第十六条　通知与送达

第十七条　权利保留

第十八条　特别提示（如有）

第十九条　文本及生效

（一）本合同涉及的其他合同与协议均为本合同附件，为本合同的组成部分，与本合同具有同等法律效力。

（二）本合同一式 × 份，甲方持 × 份，乙方持 × 份，用于办理抵押或质押登记，具有同等法律效力。

（三）本合同自双方亲笔签字之日（如一方为公司、企业或其他组织，应同时盖章）成立并生效，另有约定者除外。

［此页以下无正文］

甲方：

乙方：

签署地点：　　　　　　　　　　　　签署日期：　　年　　月　　日

6.1.2 担保函

担保函

敬启者：________（受让债权人名称）

鉴于：(1) 受让债权人（“乙方”）与____________（“甲方”）通过微信贷平台签订《债权转让合同》（编号：________）受让甲方________万元人民币的信贷债权资产；(2) 本公司作为依法设立且合法存续的企业法人，根据《中华人民共和国担保法》等法律规定，具有为甲方提供《债权转让合同》项下回购担保的法律资格，且该担保已经过本公司股东会决议通过；(3) 本公司出具本函时已充分披露公司财务状况，公司具有担保乙方受让约定收益得到安全清偿的能力。

本公司出于真实意思表示，在此承诺为甲方向乙方约定支付债权收益提供不可撤销的担保。具体事宜如下：

1. 被担保的资产：被担保的资产为上述《债权转让合同》项下的本金及约定收益（以合同约定为准）。

2. 担保期限：自《债权转让合同》约定债权支付日之次日起六个月。

3. 担保方式：担保方式为不可撤销的连带责任保证担保。

4. 保证责任承担：担保期限内，如甲方不能按期足额履行回购义务，担保人将在收到乙方书面通知及甲方书面确认后七日内将担保金额划入乙方在《债权转让合同》项下约定的微信贷账户。

5. 担保函生效：本担保函自担保人签署之日起成立，自甲方之回购义务发生之日起生效。

6. 担保人声明：本担保函专用于通过微信贷平台促成之债权转让及回购事宜。且本担保函自债权转让信息与投标匹配成功时随《债权转让合同》一并通过电子形式自动生成。

7. 本担保函生成于20　年　月　日。

6.1.3　综合授信合同

综合授信合同

编号：____________

甲乙双方的基本信息：

甲方（贷款人）基本信息			
名称			
联系地址			
联系人		电话	
乙方（借款人）基本信息			
企业名称			
地址			
法定代表人		统一社会信用代码	
联系人		电话	

根据中华人民共和国的法律、法规，经合同双方平等协商同意，合同双方自愿接受本合同条款约束。

为约束本合同双方之间续作的一笔或多笔业务，明确双方的权利义务，甲方与乙方经友好协商，订立本合同。

第一条　授信额度及使用

1.1　甲方在本合同约定的有效期限内可向乙方申请使用贷款额度，授信期限为：

授信起始日__________________

授信截止日__________________

综合授信额度：　　元整（小写：　　　¥）

1.2　本合同项下额度为循环额度，甲方可按照本合同约定一次或多次申请贷款。

1.3　甲方使用的贷款额度余额（即任一时点使用中尚未清偿的所有本金数额）在最高额贷款期限内任何时间均不得超过最高贷款额度。在最高额贷款期限内，甲方对已清偿的贷款额度可再次申请使用，最高额贷款期限内未使用的贷款额度在期限届满后自动取消。

1.4 甲方必须在本合同第一条1.1条中约定的最高额贷款期限内申请使用贷款额度，每个借款合同的发生日期不得超过最高额贷款期限的截止日（即每笔借款的发放日期均不超过该期限的截止日）。若乙方调整最高额贷款期限，则该截止日为调整后的截止日。每笔最高额贷款资金的使用期限依具体借款合同的约定，其履行期限届满日不受最高额贷款期限是否届满的限制。

1.5 本合同不构成乙方向甲方必然提供贷款的义务，在任何情况下，乙方均有权对本合同项下最高额贷款期限和最高额贷款额度作出调整。乙方仅在本合同项下甲乙双方签订了“借款合同”时，按照“借款合同”的约定履行放款义务。甲方与乙方在本合同项下签订的“借款合同”与本合同不一致的，以具体“借款合同”为准。

第二条 授信额度的调整

本合同履行过程中，发生下列情形之一，可能影响乙方在本合同项下权益时，乙方有权采取调整综合授信额度、停止甲方授信额度的使用、取消甲方尚未使用的授信额度等措施：

2.1 与甲方经营相关的市场发生重大不利变化，或国家货币政策发生重大调整。

2.2 甲方经营状况发生重大困难或财务状况发生重大不利变化。

2.3 甲方涉入重大诉讼、仲裁、行政处罚或其他司法行政程序，或与其他债权人发生重大违约行为。

2.4 为本合同或单项业务合同项下的债权提供担保的保证人代偿能力降低，或抵押物、质物毁损或价值明显减少。

2.5 在本合同有效期内，甲方明确表示或者以自己的行为表明其不按本合同或单项业务合同的约定履行义务。

2.6 甲方丧失商业信誉。

2.7 甲方或甲方主要负责人涉嫌刑事犯罪，或甲方财产被查封或扣押。

2.8 甲方有转移财产、抽逃资金、逃避债务及其他损害乙方权益的行为。

2.9 甲方未履行本合同或单项业务合同任一约定的或法定义务。

2.10 甲方向乙方提供虚假的或隐瞒重要事实的材料，或者拒绝接受乙方对其使用授信额度情况和有关生产、经营、财务活动进行监督的。

2.11 甲方有丧失或者可能丧失履行债务能力的其他情形。

第三条 甲方的承诺与声明

3.1 甲方在签约前须确认并保证分别满足以下条件，并承诺在本合同有效期内始终有效。

3.1.1 甲方具有签订和履行本合同的资格和能力，可以独立地承担法律责任。

3.1.2 甲方签订本合同均已获得所有必需的授权或批准，签订和履行本合同不违反其作为签约一方的任何合同以及相关法律法规的规定，与其应承担的其他合同项下的义务均无抵触。

3.2 甲方用于归还本合同项下贷款的基础合同真实、有效，不存在任何虚假交易。

3.3 甲方提供给乙方的所有文件和资料都是真实、准确、完整和有效的，不存在虚假记载、重大遗漏或误导性陈述。

第四条 税收和费用

4.1 除非本文件另有载明，甲方和乙方应承担其根据中国法律分别应缴纳的各自的税收（包括但不限于印花税等）。

4.2 甲方应承担乙方就本文件、担保文件和其他任何借款文件的准备、签署和实施或处理其他相关事项所发生的全部成本、费用（含诉讼仲裁、律师、公证、执行费用及其他费用）、损失和损害赔偿，并应偿付在任何借款文件项下乙方不时为甲方垫付或甲方不时欠付乙方的其他款项，一旦乙方提出要求，甲方按照本文件载明或乙方另行确定的方式和时间将上述款项支付给乙方。

第五条　甲方陈述与保证

5.1　甲方依据中国法律拥有合法居民身份并持有合法且持续有效的法定证件。

5.2　甲方有完全的民事权利能力、行为能力以及其他法定权利和能力签署及履行本文件、担保文件及其他借款文件。

5.3　甲方已经或将会履行本文件要求的、甲方为签署方或签署一方的借款文件，及根据该等借款文件行使其权利及履行其义务所有必需的有关程序，例如：该借款及与借款有关的行为均获得了其配偶的无条件同意，且其配偶提供或签发了乙方要求的文件，合伙人决议文件。

5.4　甲方在借款文件项下的所有义务或责任均为合法有效并可强制执行。

5.5　甲方及担保人提交给乙方的任何及全部文件真实、完整、准确、有效，该等文本已包含了截至提交日对这些文件的全部修改、增加或删减；该等文件截至生效日是有效的，且在本文件有效期内将继续有效。

5.6　截至生效日，甲方已经获得所有中国法律和有权政府部门要求的（如需）、签署及履行本文件所必需的批准、同意、许可和授权，并完成了必需的申报、备案和登记手续；该等同意、许可、特许、授权、申报、备案和登记截至生效日是有效的，且在本文件有效期内将继续有效。

5.7　甲方根据其为一方或作为单方承诺的借款文件的相应条款，其签署、登记和履行该等借款文件，并不会违反以下内容或与以下内容相冲突：（a）与本借款有关的文件；（b）任何适用的法律、法院判决或仲裁裁决、行政行为或决定，或政府部门依法制定并公布的规范性文件；（c）甲方作为一方且对甲方或其资产有约束力的任何协议、合同或任何其他契约性文件。

5.8　除甲方已向乙方提交的甲方的债务清单外，甲方在该债务清单提交日之前未对任何他人负有债务及或或有债务。

5.9　甲方不存在未向乙方披露的以下任何情形：（a）就其自身或以其任何资产设定担保权益；（b）其现时或将来的任何资产、收益或其他权利受制于任何第三方。

5.10　截至本文件签署日，甲方没有发生任何不利影响事件。

5.11　不影响本文件的任何其他条款，截至生效日，甲方向乙方提供的关于甲方的银行账户、资产、财产及个人营业状况（如有）的任何文件、信息、声明、保证、报告、评估和预测等，均：（a）在所有实质性方面是真实而准确的；（b）不包含任何将损害乙方利益的误导性或错误性陈述或遗漏，更不存在欺诈或违反诚实信用原则的其他情形；（c）是甲方谨慎而全面思考后作出的。

5.12　就甲方所知：（a）本文件生效日之前，不存在已发生或可能发生的甲方在其为一方的或对其资产有约束力的合同或承诺项下的违约情形；（b）本文件生效日之后，均不存在已发生或可能发生的甲方在其为一方的或对其资产有约束力的合同或承诺项下：任何应付款项逾期超过30日，或逾期未付款项总额超过1万元，或发生违约行为且因此可能承担超过1万元的违约金、损害赔偿金及其他类似费用。

5.13　甲方已经付清所有其到期应付的任何及全部税金、利息、租金或政府费用、个人消费等。

5.14　甲方、甲方之债权人、其他任何人未作出或可能作出任何可能导致借款经营中止、清算、破产，或任命清算人员监控、接收、控制、解散或清算甲方的全部或部分业务、资产或收益的法律程序。

5.15 未曾发生违反任何中国法律、判决、仲裁裁决、行政行为或决定或裁决且构成不利影响事件的情形。

5.16 甲方未曾涉入或可能涉入任何构成或可能构成不利影响事件的诉讼、仲裁或具有类似性质的其他法律程序，未曾涉及或将涉及行政处罚、处罚听证、被刑事侦查、媒体负面报道等。

第六条 甲方的权利与义务

6.1 甲方应严格按本合同约定的用途使用贷款，未经乙方书面同意，甲方不得将贷款挪作非合同约定用途，或将贷款用于有价证券、期货买卖及股本权益性投资。

6.2 甲方不得利用本合同或本合同项下的贷款规避相关法律法规或规章的要求（包括但不限于税务方面政策法规的要求），否则与此相关的任何法律责任应由甲方自行承担，与乙方无关。

6.3 在贷款还清前，甲方提前偿还贷款，甲方提前5日通知乙方，征得乙方同意后可向乙方指定账户还款所欠款项。

6.4 甲方变更通讯地址、电子邮件地址、电话、公司经营范围、实际控制人和银行账户等事项的，应于变更后五日内书面通知乙方。

6.5 甲方声明在订立本合同时及合同订立后，甲方不存在任何违反法律、法规与规章的行为或情形；若甲方发生或可能发生违法违规风险，乙方有权停止向甲方发放贷款、宣布贷款提前到期，或者采取本合同约定或法律允许的其他救济措施。

6.6 应乙方要求定期向乙方报送有关生产经营、财务及乙方要求的其他相关资料和信息，积极办理或者配合乙方办理存货质押登记或者合同备案手续。

6.7　甲方保证基础合同项下的担保货物（或服务）不存在任何权利瑕疵，包括但不限于：未被且将不会被设置抵押、再质押或其他任何形式的担保；未被且将不会被设定为任何信托名下的财产；未被且将不会被任何当事人予以留置、扣押、查封；未被且将不会被其他任何当事人在与甲方的任何合同约定对该货物的所有权予以保留。

6.8　甲方保证在签订本合同之前，甲方、买方之间不存在任何与基础合同或本合同有关的争议或其他纠纷，甲方对买方不存在未向乙方披露的任何未清偿的债务或或有负债。日后不论甲方与买方之间发生任何争议或其他纠纷均不影响本合同的正常履行。

6.9　甲方将完全适当地履行本合同和基础合同项下的全部承诺、保证、义务和责任，并对乙方持有存货或行使存货项下权益尽最大努力给予积极配合；如果乙方按本合同之约定对存货进行质押，因而被第三人追索，甲方同意承担全部责任并赔偿乙方因此遭受的全部损失。

第七条　乙方的权利与义务

7.1　乙方有权通过合法途径了解、核实有关甲方或其关联方的身份、住所地、还款能力、交易的真实性、信用状况、财务状况和税务信息，有权要求其提供相关文件资料。

7.2　乙方或其委托的第三方有权对贷款的使用情况和甲方企业信息、生产经营、财务活动等情况进行监督和检查。甲方同时同意并授权乙方通过第三方查询核实甲方及甲方关联方的信息，上述获得的资料可提供给乙方合作方，且提交的资料不予退还。

7.3　为方便甲方使用乙方或其关联公司的服务，甲方不可撤销地、免费地授权乙方及其关联公司为本合同项下贷款提供必要技术和服务的合作方（以下简称“合作方”），获取甲方提供的信息、与合作方之间存在的履约情况；乙方亦有权将甲方信息传递给中国人民银行征信中心、政府机关、监管机构、乙方的关联公司以及合作方，并有权向上述机构或有关单位、部门查询与甲方的相关信息和数据。

7.4 如甲方在本合同下的任何一期利息和/或本金逾期，乙方有权在乙方及其关联公司旗下任意网站、其他媒体和乙方认为必要的区域范围内公示甲方违约信息；甲方同意乙方及其关联公司有权中止向其提供服务，因此给其造成损失的，乙方及其关联公司均不承担赔偿责任。对于甲方逾期支付本合同约定的任何款项时，乙方有权自行或委托第三方向甲方进行逾期欠款催收，包括但不限于电话催收、上门催收和寄发信函催收等方式，督促甲方向乙方偿还逾期本金、逾期利息、罚息等各种费用，前述因催收产生的相关费用由甲方承担，乙方保留通过诉讼等其他法律途径进行欠款催收的权利。

7.5 在乙方认为必要的情况下，乙方有权参与甲方的对外投资、资产重组等重大事项或重大关联方交易，落实有效担保以及还本付息事宜。

7.6 如乙方发现：

（1）甲方在乙方系统中的行为数据或其他信息发生异常变化。

（2）甲方在乙方关联公司网站上注册的账户出现异常现象。

（3）甲方在国美旗下开放平台经营出现重大变化，包括但不限于由于虚假交易、退货等原因被国美开放平台处罚、与国美开放平台合作关系终止等。

（4）甲方发生本合同约定的违约情形。

（5）甲方不履行或违反与乙方或其关联公司的其他任何合同（如有）项下甲方应承担的任何义务，已经或可能影响甲方履行本合同项下义务。

7.7 乙方有权基于合理怀疑调整甲方的授信额度、停止向甲方发放贷款或宣布贷款提前到期。

第八条　违约责任及违约处理

8.1　违约情形：

甲方发生下列任一情况，均构成违约：

(1) 甲方未按本合同规定按时足额偿还贷款本息或其他应付款项。

(2) 甲方未按本合同约定用途使用贷款。

(3) 甲方向乙方提供虚假的信息。

(4) 甲方转移资产，以逃避债务。

(5) 甲方未履行对乙方或其关联公司负有的其他到期债务，或乙方发现其有其他拖欠债务的行为。

(6) 甲方股权变更或控股关系、合伙关系、联营关系发生变化，主要股东、实际控制人或关键管理人员发生重大变动、失踪或被司法机关依法调查或限制人身自由，未及时通知甲方，已经或可能影响到甲方履行本合同。

(7) 甲方或甲方的关联方的资信情况或还贷能力出现其他重大不利变化（包括但不限于拖欠其他债务、减少注册资本、进行重大资产或股权转让、承担重大负债、发生重大财务亏损、资产损失、解散、撤销、申请破产等），足以影响甲方的偿债能力。

(8) 甲方卷入或即将卷入重大的诉讼或仲裁程序及其他法律纠纷，足以影响其偿债能力。

(9) 甲方被解散、停业、吊销或注销营业执照、清算、破产、关闭。

(10) 甲方违反本合同约定的其他义务。

8.2　违约救济措施：

如甲方出现8.1条所述之任何违约情形，或违背其在本合同项下其他任何义务、陈述、保证或承诺的，乙方有权采取下列一项或多项措施，包括但不限于：

(1) 要求甲方限期纠正违约行为或以补齐货款、转让其他债权的方式提高增信。

(2) 依据本合同或甲方与乙方之间的其他合同减少或取消贷款额度，拒绝向甲方提供贷款。

(3) 自主决定本合同和甲方与乙方之间其他合同项下未偿还的全部贷款提前到期。

(4) 若甲方在乙方关联公司处有任何应收账款或留存款项，乙方有权直接通过其关联公司自前述款项中无条件扣划相应金额用以偿还甲方在本合同项下的欠款；欠款包括贷款本金、利息、罚息、手续费及由此引起的一切费用（包括但不限于诉讼费、财产保全费、执行费、仲裁费、律师代理费、差旅费、评估费、拍卖费、催收费用等）。

(5) 以合法手段追偿贷款（包括但不限于委托债务催讨公司、律师事务所等其他第三方机构代为追讨，申请相关部门进行调查、向法院提起诉讼等），由此引起的一切费用（包括但不限于诉讼费、财产保全费、执行费、仲裁费、律师代理费、差旅费、评估费、拍卖费、催收费用等）由甲方承担。

(6) 根据法律法规或本合同约定有权采取的其他违约救济措施。

(7) 甲方支付违约金金额，按贷款金额的30%计算。

第九条　不可抗力与免责事由

本贷款网站信息系统因下列状况无法正常运作，使甲方无法使用各项服务或使乙方无法履行本合同时，乙方不承担损害赔偿责任，该状况包括但不限于：

9.1　在本贷款网站或与本合同项下贷款相关的其他网站公告之系统维护期间。

9.2　电信设备出现故障不能进行数据传输的或其他通讯故障的。

9.3　因台风、地震、海啸、洪水、停电、战争、恐怖袭击等不可抗力之因素，造成乙方系统障碍不能执行业务的。

9.4　由于黑客攻击、电信部门技术调整或故障、网站升级、银行方面的问题等原因而造成的服务中断或者延迟。

第十条　合同的变更、解除和权利义务的转让

10.1　合同的变更和解除：

10.1.1　乙方保留对本合同基于合理理由进行变更的权利。

10.1.2　本合同生效后，除本合同另有约定外，甲方不得擅自变更或解除本合同。乙方有权基于合理理由，宣布中断、终止本合同或其任何部分，并要求甲方在指定期限内偿还本合同项下贷款本息和相关费用。

10.2　未经乙方书面同意，甲方不得将本合同项下的权利和义务转让给任何第三方。

10.3　乙方有权将其在本合同项下的权利和义务全部或部分转让给第三方，且乙方的转让行为无须征得甲方的同意，但乙方应以书面形式向甲方通知该等转让行为。

第十一条　通知

11.1　本合同履行过程中，乙方传递给甲方的书面通知包括纸质及电子通知，按照其在本贷款网站信息系统中填写的通讯地址邮寄后的第三个自然日即视为送达。书面通知的形式还包括但不限于向甲方发送电子邮件、系统消息、手机短信和传真等电子方式，在采用电子方式进行书面通知的情况下发送即视为送达：

（1）专人递送的通知，在专人递送之交付日为有效送达。

（2）以挂号信（付清邮资）发出的通知，在寄出（以邮戳为凭）后的五个工作日内为有效送达。

（3）以特快专递（付清邮资）发出的通知，在寄出（以邮戳为凭）

后的三个工作日内为有效送达。

(4) 以传真形式发出的通知，在电子信息反馈为送达后一个工作日内为有效送达。

第十二条　其他

12.1　本合同取代甲方与乙方就有关本合同项下之贷款以口头或书面形式达成的任何合同或共识。

12.2　合同附件（如有）与本合同同时签订，是本合同的组成部分，与本合同具有同等法律效力。

甲方陈述：甲方已阅读了本合同的所有条款，乙方也已作了相应说明和解释。甲方对本合同条款不存在任何歧义，对相应的法律后果充分理解。

甲方（签章）：　　　　　　　　乙方（签章）：

________年____月____日　　　　________年____月____日

6.1.4　最高额抵押合同

最高额抵押合同

合同编号：________

第一章　基础信息

第 1 条　抵押合同双方基本信息

抵押权人基本信息				
名称			法定代表人	
联系地址				
联系人		电话		
抵押人基本信息				

第 2 条　抵押担保基本信息

主合同名称	《借款合同》	主合同编号	
债权确定期间	自________年____月____日起至________年____月____日止		
最高担保金额	人民币____元整（¥____）		
抵押物信息			

第二章　主债权

第三章　主合同

第 7 条　本合同项下主合同包括本合同第 2 条所指主合同以及作为主债权产生依据的全部借款合同或其他法律文件，及其修订或补充。

第四章　抵押财产

第 8 条　抵押人自愿以其有权处分的财产（以下简称“抵押财产”）为主债权提供抵押担保。抵押财产的具体情况详见本合同补充条款。

第五章　抵押登记

第六章　抵押的效力

第七章　抵押权的实现

第八章　本合同与主合同的关系

第19条　主债权确定后，主合同双方协议变更主合同的，除涉及币种、利率、金额或其他变更导致增加债务人责任的情形外，无需征得抵押人的同意，抵押人仍以其抵押财产对变更后的主合同承担抵押担保责任。

第20条　主债权确定后，主合同被确认无效、被解除或被撤销的，抵押权人因主合同、无效、解除、撤销而对债务人享有的债权亦属抵押担保范围。

第九章　声明与承诺

第十章　违约事件及处理

第十一章　权利保留

第26条　一方若未行使本合同项下部分或全部权利，或未要求另一方履行、承担部分或全部义务、责任，并不构成该方对该权利的放弃或对该义务、责任的豁免。

第27条　一方对另一方的任何宽容、展期或者延缓行使本合同项下的权利，均不影响其根据本合同及法律、法规而享有的任何权利，亦不视为其对该权利的放弃。

第十二章　争议与管辖

第十三章　通知

第十四章　变更、修改与终止

第十五章　费用

第36条　除依法另行确定或当事人另有约定外，因本合同订立、履行及争议解决发生的费用（包括律师费用、公证费用）由抵押人承担。

第十六章　其他约定

第十七章　公证

第十八章　合同成立与生效

第47条　本合同自双方亲笔签字之日（如一方为公司、企业或其他组织，应同时盖章）成立并生效，另有约定者除外。

第48条　本合同一式五份，抵押权人持贰份，抵押人持一份，公证机关及抵押登记机关各一份，具有同等法律效力。

(本页以下无正文)

抵押权人（盖章）：

法定代表人或授权代表人（签字）：

抵押人：

签署地点：　　　　　　　　　　签署日期：　　　年　　月　　日

6.2 消费场景类合同

6.2.1 借款合同

消费贷款协议

重要提示：

1. 本协议系申请人（借款人）与×××××（以下简称“贷款人”）或其关联公司依据《合同法》及其他相关法律、法规的规定，就借款人在购买××消费场景部分品类的产品/服务时向贷款人申请贷款相关事宜达成的协议，请借款人仔细阅读本协议的全部条款（提醒借款人特别关注本协议条款中的黑体加粗部分）。

2. 借款人在网站/客户端（APP）点击本协议“同意”按钮后，即视为借款人已清楚知悉、充分理解本协议条款、补充协议及相关产品或服务（网站及客户端），同意接受本协议的约定，依据本协议行使权利、履行义务。

3. 借款人承诺向贷款人提供用户资料和相关信息，并配合贷款人或经授权的第三方核查、监督、跟踪其贷款使用情况、信用状况、收入状况、资产状况、对外担保情况等。

4. 借款人授权合格的第三方支付结算服务机构对其银行账户进行实名验证、信息查询，并从中代为扣收交易资金支付贷款人用以支付本合同项下相关借款。

第一条　协议方

1.1　贷款人：××××有限公司

注册号：

法定代表人：

1.2　借款人：（系统导入）

身份证号：（系统导入）

第二条　定义与解释

2.1　除本协议另有约定或贷款人产品页面另有提示外，下列用语或术语应当具有以下定义：

词语	定义
贷款人	指××××有限公司、贷款人
借款人	指符合贷款人贷款条件、申请贷款的消费者
贷款本金	指贷款人根据借款人的资信情况，向借款人借用的资金额
贷款期限	指贷款人与借款人约定的贷款使用期限
分期期数	指借款人分期还款的次数
贷款利息	
分期手续费	
提前还款手续费	
逾期利息	
滞纳金	
还款方式	
到期还款日	
还款宽限期	
每期还款金额	
还款顺序	
关联公司	
商家	
元、万元	人民币元、万元

2.2　本协议提及的条款和附件，均是指本协议的条款和附件。

2.3　本协议的附件与本协议具有同等法律效力。

第三条　贷、还款方案

3.1　贷款基本信息

贷款本金数额	元	贷款利率	%/年
分期期数	期	分期手续费率	%/期
逾期利率	%/日	滞纳金	当期应还款总额×10%/月（最低10元起）

续表

还款方式	分期等额还本付费（息）	每期还款金额	元
贷款期限	自　年　月　日起，至　年　月　日止，为期　个月		
还款日	自　年　月　日起，每　月　日		
贷款用途	购买商品等		

注：上述信息以产品页面/客户端展示或公告的为准。

3.2　贷款的发放与支付

3.2.1　产品网站/客户端页面或后台生成的记账凭证是本协议项下贷款发放及本息（费）偿还情况的有效证据。

3.3　贷款本（息）偿还与费用支付

3.3.1　借款人应依据本协议的约定及产品网站/客户端页面记载的相关信息按时、全额进行还款。

3.3.2　借款人应确保银行卡账户资金余额大于等于当前应还金额，以保证扣款成功；因账户余额不足导致的扣款失败等责任由借款人承担。

3.4　提前还款与退换货

第四条　借款人声明承诺（授权转授权）

4.1　借款人同意并授权贷款人与其关联公司以及合作方为本协议之目的行使下列权利。

4.1.1　借款人承诺积极配合贷款人对其资信、贷款使用及偿还情况的监督检查，并授权贷款人向中国人民银行个人信用信息基础数据库及其他经政府有权部门批准设立的信息库及相关合作机构的信息库，查询其信用报告、财产、资信等情况，并允许贷款人许可授权的关联公司及合作方上报征信系统或其他合理使用。

4.1.2　借款人不可撤销的授权贷款人及其关联公司收集、索取、记录、留存借款人所提供的，以及贷款人及其关联公司向其他合作方获取的借款人的所有信息，同时有权向关联公司或有关合作机构披露与借款人相关的信息，以便为借款人使用本协议项下的服务提供最大程度的便利。

4.1.3　借款人授权贷款人及其关联公司对其获取的借款人的资料及信息享有为实现本协议目的而产生的合理使用权。

4.1.4　贷款人及其关联公司有通过邮件、短信、电话、站内消息、微信公众号等形式，向借款人推送相关信息的权利。

4.1.5　贷款人（或经贷款人授权的第三方）在借款人存在违约时可以通过面谈、电话、短信、邮件、传真、邮寄、网络、司法途径等合法形式提醒或督促借款人停止违约行为、并按期支付应付款项及相关费息。

4.1.6　借款人委托支付公司支付有限公司为其提供款项代扣服务（具体服务事项及权利义务详见附件“代扣服务协议”）；同时，借款人不可撤销的授权贷款人在其逾期还款时，有权向支付公司支付有限公司发出代扣交易指令。

4.1.7　借款人不可撤销的授权贷款人（或经贷款人授权的第三方）协助公安机关、检察机关、法院等司法、行政机关对其违法违规操作或行为进行检查并予以积极配合。

4.1.8　借款人在使用相关产品网站/客户端或使用贷款人关联公司的平台消费时，如交易对手或其他任何第三方根据其自身判断标准对借款人的交易或其他行为采取诸如截货、截单及其他侵犯措施时，借款人不可撤销的授权贷款人实施必要的阻止措施（包括但不限于封锁、冻结、注销借款人的账号，冻结、减少直至取消借款人的贷款额度等）以减少损失。

4.1.9　借款人授权贷款人在产品变化或有其他情势变更情形时保留单方修改本协议非核心性条款的权利，变更后的协议以相关产品网站/客户端页面公告的方式予以公布并以最新公布的版本为准。

第五条　贷款人的权利与义务

5.1　贷款人有权对借款人的资质和信息进行核查、确认并依据贷款条件和程序进行审批。贷款人有权依据本协议第四条借款人的授权行使相关权利而无需再行取得借款人的同意或通知借款人。

5.2　贷款人有权对不遵守法律法规或违反本协议约定的借款人（包括但不限于借款人未在规定期限内归还应付款项等），或有合理理由认为不再符合贷款使用条件的借款人采取包括但不限于停止发放贷款、拒绝借款人继续使用贷款、冻结/减少/取消贷款额度、以合理方式提醒借款人的违约行为等相关措施。如借款人未在规定期限内向贷款人提供合理说明及充分证据以消除该等合理怀疑，贷款人有权提前冻结、减少直至取消借款人的贷款额度而不必事先通知借款人。如借款人对贷款人冻结、减少或取消其贷款额度有异议的，按照本协议约定处理。

5.3　贷款人有权基于合理理由单方随时终止提供本协议项下的贷款服务，同时借款人同意并理解贷款人无义务在终止服务后为借款人保留与贷款服务相关的任何信息，或代为转发、转存相关信息给其他第三方。

5.4　贷款人有权将本协议项下的债权进行转让，并按照本协议约定的方式通知借款人。

5.5　贷款人承诺依据本协议的约定为借款人提供贷款及相关服务。

5.6　贷款人有权记录并保存借款人在申请使用过程中提交或披露的相关信息。贷款人有权使用借款人的该等信息以改进服务的推广和促销工作、改善服务的内容和产品推广形式。

第六条　借款人之权利与义务

6.1　借款人有权依据本协议的约定申请、使用贷款并享受贷款人提供的相关服务，有权了解并知悉有关产品的功能、使用条件、使用方法、使用流程、收费模式等信息。

6.2 借款人承诺向贷款人提供用户资料和相关信息，并配合贷款人或经授权的第三方核查、监督、跟踪其贷款使用情况、信用状况、收入状况、资产状况、对外担保情况等。

6.3 借款人承诺并保证依据本协议的约定按时足额地向贷款人支付每期还款金额、手续费、逾期利息、滞纳金等。

6.4 借款人承担该注册用户信息（ID）下产生的一切责任。协议一经签署，贷款人有理由确认签订事实成立，系借款人真实意思表示，借款人不得以任何事由对贷款人行使抗辩。

6.5 未经贷款人书面同意，借款人不得擅自将债务进行转让。

6.6 借款人资产、信用状况恶化或可能出现恶化，包括但不限于贷款、信用卡逾期，涉及债务纠纷、民间借贷、发生诉讼、仲裁、索赔、强制执行或行政措施、刑事处罚等情形以及其他可能危及借款人还款能力的情形，借款人应在该等情形发生之日起十日内书面通知贷款人。

第七条 违约责任

7.1 对于协议一方的任何违约行为，对方有权以书面形式通知违约方要求补救。除非违约方在十日内采取及时、充分的补救措施，否则要求补救的守约方有权就其所受的损失要求违约方赔偿，包括但不限于律师费、诉讼费、仲裁费、公证费、财产保全费、鉴定费、执行费、评估费、拍卖费等。

7.2 借款人无论基于何种理由的在还款宽限期后次日仍未做出还款行为、未还款或还款代扣失败的，均视为逾期违约。

7.3 出现下述任一情形的，视为借款人违约：

7.3.1 借款人违反本协议第四条、第六条约定，以及借款人的任何其他贷款、担保、赔偿承诺或其他偿债责任未能履行，或者已进入诉讼/仲裁/强制执行程序，或者借款人的房屋、汽车等财产被公检法、行政机关查封、冻结或扣押的借款人的资信情况出现重大不利变化导致或可能导致借款人无法继续按时足额偿还应还款项的借款人擅自转让本协议权利与义务，或以其他方式允许其他任何第三方使用其账户及本协议项下服务的。

7.3.2 借款人冒用、盗用其他账户使用贷款服务的。

7.3.3 借款人使用本协议项下的贷款用于非法目的或用于虚假交易的。

7.3.4 借款人其他违反本协议约定的情形。

7.4 借款人出现逾期违约情形的，贷款人有权采取以下措施：

7.4.1 以合理方式通知并要求借款人停止或限期改正违约行为。

7.4.2 转让债权或采取公告、委托第三方催收公司或律师事务所、提起诉讼等方式催收到期贷款，向有权机构和主体披露借款人的违约信息，由此产生的费用由借款人承担。

7.4.3 单方宣布本协议项下未到期的贷款提前到期并要求借款人在规定期限内偿还全部贷款本金，并支付相关分期手续费、逾期利息、滞纳金、违约金等。

7.4.4 向指定机构发出从借款人的银行账户（不限）自动扣收相应款项以偿还贷款本息和费用的交易指令，由此产生的费用和造成的损失由借款人承担。

7.4.5 冻结、注销借款人账号，冻结、减少或取消借款人的贷款额度。

7.4.6 单方解除本协议。

7.4.7 根据法律法规规定或本协议约定采取其他违约救济措施。

第八条　争议解决

第九条　不可抗力

第十条　协议的生效

10.1 双方一致同意以电子数据形式提交、确认并保存本协议，且认可以电子数据形式保存的本协议的有效性和证据效力。贷款人生成和保留记载的相关电子数据及交易记录，贷款人制作或保留的相关电子及纸质单据、凭证、记录等相关资料，均构成证明协议双方之间权利义务关系的有效证据。

10.2 本协议自借款人同意接受本协议全部条款之日（以点击“同意”按钮为准）起生效（含附件）。本协议生效后，本协议及其附件对双方均具有法律约束力。

第十一条 通知与送达

本协议履行过程中，贷款人传递给借款人的书面通知，按照其在贷款人网站信息系统或借款人在购物网站中填写的通讯地址邮寄后的第三个自然日即视为送达。书面通知的形式包括但不限于贷款人采用在贷款人相关网站或借款人购物网站公告、放贷人金融平台网站公告、向借款人发送电子邮件、网站站内信、系统消息、手机短信和传真等电子方式，在采用电子方式进行书面通知的情况下发送即视为送达。

第十二条 附则

12.1 本协议取代了双方就服务事项之前所达成的任何口头协议、谅解或备忘录。本协议项下的条款和条件构成双方完整和有约束力的义务，协议双方就本协议未尽事宜经协商一致签署的补充协议或确认函，以及贷款人在其网站/客户端发布的公告，与本协议具有同等的法律效力。

12.2 本协议部分条款无效、被撤销或者终止的，不影响其他条款的效力，其他条款仍然有效。

附件：

代扣服务协议

甲方（支付机构）：

乙方（付款人）：

身份证号码：

丙方（收款人）：××××有限公司

本服务协议是协议各方就款项代扣服务（以下简称“代扣”）及相关事项所订立的有效合约。根据本协议约定，甲方（以下简称“支付公司”）将根据乙方（以下简称“您”）的交易指令通过合格的结算服务机构对您的银行账户进行实名验证、信息查询，并从中代为扣收交易资金支付给丙方。为获得甲方提供的服务，请您认真阅读本协议的全部内容。

一、声明与承诺

（一）请您确认，您已审慎阅读并选择接受或不接受本协议。除非您接受本协议所有条款，否则您无权使用支付公司基于本协议所提供的服务。您通过网络页面点击确认或以其他方式选择接受本协议，即表示您对本协议全部条款已充分理解并同意接受本协议之所有约定。

（二）请您确认，在您（包括您的代理人）同意接受本协议并申请或下达交易指令时，支付公司有理由相信您及您的代理人是具有完全民事权利能力和民事行为能力且能够独立承担民事责任的自然人；本协议内容不受您所属国家或地区的排斥或限制。不具备前述条件的，您应立即停止使用本服务协议。

（三）请您确认，您在此授权支付公司有权根据您直接或通过丙方系统的交易指令或设置的代扣信息，在一定的时间内对您的银行账户进行查询，并根据查询结果自您的银行卡账户为您划拨账户款项，以便完成您所选择的代扣服务内容。如因业务功能未正确开通，或因冻结资金、支付交

易发生纠纷，支付公司不承担任何责任。

（四）请您确认，您已经按照支付公司的提醒，充分知悉本协议中免除或限制支付公司相关责任之条款对您的责任或权利所产生的影响。并且您承诺在使用支付公司提供的本项服务时，实施的所有行为均遵守国家法律、法规和支付公司相关规定。您利用本服务从事非法活动或不正当交易产生的一切后果与责任由您独立承担。

二、代扣协议服务规则

为有效保障您基于本协议所享受服务的合法权益，请您理解并同意接受以下规则：

（一）您按照自己的交易需求向支付公司发送交易指令，支付公司将根据您的交易指令或您设置的代扣服务内容按约自您的银行卡账户扣款或按约向相关银行发送代扣指令进行扣款，并根据银行及相关服务机构的执行情况，及时更新相关账务信息，但不对相关款项的代扣执行情况承担任何保证责任，亦不承担因相关银行或服务机构未能及时执行代扣指令或执行信息反馈延迟、错误导致的责任；因此导致的所有责任均由您与相关银行或服务机构自行协商解决，但因支付公司的原因导致的错误情况除外。

（二）支付公司有权通过合格的支付结算机构为您办理资金的支付结算业务，并按其相关业务规定完成相关结算业务的资金清算工作。合格支付结算机构确保结算系统接收支付公司数据后，在传输和处理过程中数据的安全、完整和正确性。

（三）您在使用本协议服务过程中，本协议内容、网页上出现的关于交易操作的提示或支付公司发送到您手机的信息（短信验证码等）内容是您使用本协议服务的相关规则，您使用本服务即表示您同意接受本服务的相关规则。您了解并同意支付公司有权单方修改本服务的相关规则，而无须征得您的同意。

（四）在您选择支付公司代扣服务，全额自您的账户或银行卡中划扣相应款项时，若因相关服务机构未能及时出具账单，或账单逾期、错误导致您未能及时偿付相关款项而产生违约金或者多扣、重复扣款的，因此导致的所有责任及损失，均由您与相关服务机构自行协商解决。支付公司仅在合理范围内，负责相关协调及沟通工作。请您理解并接受支付公司在此过程中仅根据相关服务机构的扣款指令划扣相应款项，除支付公司错误执行指令外，您不得据此向支付公司主张任何索赔或补偿。

（五）您在使用本服务的过程中，应确保您有足额的款项可用于支付公司执行相应扣款指令，针对扣款失败的情况，支付公司将该失败信息通知您，但因此导致扣款失败及其他损失，须由您自行承担。

三、代扣协议服务限制

（一）您在使用本协议服务时应遵守中华人民共和国相关法律法规、您所在国家或地区之法令及相关国际惯例，不得将本协议服务用于任何非法目的（包括用于禁止或限制交易物品的交易），也不以任何非法方式使用本协议服务。

（二）您不得利用本协议服务从事如下侵害他人合法权益之行为，否则支付公司有权拒绝提供服务，且您应承担所有相关法律责任。如因此导致支付公司或相关方遭受损失的，您应依法承担相应的法律责任。相关行为包括但不限于：

1. 侵害他人名誉权、隐私权、商业秘密、商标权、著作权、专利权等合法权益。

2. 违反依法定或约定之保密义务。

3. 冒用他人名义使用本服务。

4. 从事不法交易行为，如洗钱、贩卖枪支、毒品、禁药、盗版软件、黄色淫秽物品、其他支付公司认为不得使用本服务进行交易的物品等。

5. 提供赌博资讯或以任何方式引诱他人参与赌博。

6. 非法使用他人银行卡账户或无效银行卡账号。

7. 违反《银行卡业务管理办法》使用银行卡或利用信用卡套取现金。

8. 从事任何可能含有电脑病毒或是可能侵害本协议服务系统或资料之行为。

9. 用于非支付公司许可用途的其他行为。

四、免责条款

（一）支付公司系统及相关支付结算机构平台因下列状况无法正常运作，使您的交易指令无法及时完成时，支付公司不承担损害赔偿责任，该状况包括但不限于：

1. 支付公司系统及相关支付结算机构平台在本网站公告之系统停机维护期间。

2. 通信设备出现故障不能进行数据传输的。

3. 您的银行卡发卡银行方面问题导致的服务中断或延迟。

4. 因台风、地震、海啸、洪水、停电、战争、恐怖袭击等不可抗力之因素，造成支付公司系统或客户支付系统障碍不能执行业务的。

5. 由于黑客攻击、通讯部门技术调整或故障、网站升级等原因而造成的服务中断或者延迟。

（二）支付公司不对因下述任一情况导致的损害承担赔偿责任，包括但不限于利润、商誉、使用、数据等或其他无形损失的损害赔偿（无论支付公司是否已被告知该等损害赔偿的可能性）：

1. 支付公司有权基于单方判断（包括但不限于支付公司认为您已经违反本协议的明文规定及精神），暂停、中断或终止向您提供本服务。

2. 支付公司在发现异常交易或有疑义或有违反法律规定或本协议约定的可能时，有权不经通知先行暂停或终止服务，并拒绝您的交易指令或请求。

（三）支付公司不承担因通过网络链接、木马等方式骗取您进行支付或通过电话、即时通讯软件等方式骗取您短信验证码的网络钓鱼风险引发的欺诈交易损失。

（四）支付公司不承担因您通过其他渠道故意泄露卡号、密码、CVN2、有效期等账户信息或在虚假、伪冒网站泄露该等账户信息而引发的伪冒支付责任和损失。

五、完整协议

本协议内容包括协议正文及所有支付公司已经发布或将来可能发布的支付公司服务的使用规则。所有规则与协议正文具有相同法律效力。您认可并同意本服务协议中的某一部分条款或描述被相关司法机关判定为无效，并不影响其他部分的有效性，您仍需依照本服务协议中的其他部分条款履行相关义务同时行使相关权利。若您在本协议内容或相关附属规则发生修订后，继续使用本服务的，则视为您同意最新修订的协议内容；否则您须立即停止使用本服务。

本协议未约定事宜，均以支付公司及网站不时公布的“支付公司服务协议”及相关附属规则为补充；本服务协议与“支付公司服务协议”及相关附属规则不一致的地方，以本协议为准。

六、协议的中止和终止

您违反本服务协议规定或其他支付公司业务规定的情况下，支付公司有权中止或终止本协议。协议终止并不意味着终止前所发生的未完成交易指令的撤销，也不能消除因终止前的交易所带来的任何法律后果。

七、法律适用与管辖

本协议的成立、生效、履行和解释，均适用中华人民共和国大陆地区法律；法律无明文规定的，可适用通行的金融惯例。

双方在履行本协议的过程中，如发生争议应协商解决。协商不成的，支付公司和您同意由支付公司住所地法院管辖审理双方的纠纷或争议。

6.2.2 授信承诺书

授权承诺书

致：   （以下简称“   ”）

本人   （身份证号________________________）授权放贷人为本人以下消费申请分期：所选商品______________，______________

本人承诺积极配合放贷人对本人资信、借款使用及偿还情况的监督检查，并授权放贷人向中国人民银行个人信用信息基础数据库及其他经政府有权部门批准设立的信息库及相关合作机构的信息库，查询、打印、保存本人信用报告、财产、资信等情况，并授权放贷人、放贷人许可授权的关联公司及合作方将上述信息按照国家有关规定上报征信系统或其他合理使用。本人不可撤销的授权放贷人及其关联公司收集、索取、记录、留存本人所提供的，以及放贷人及其关联公司向其他合作方获取的本人的所有信息，同时放贷人有权向关联公司或有关合作机构披露与本人相关的信息。

本人已知晓并同意在此笔分期借款业务中，依据放贷人规定，根据实际情况支付相应的首付款，并配合在相关进行商品拆封验证。

本人承诺将依据借款协议的约定按时、全额进行还款。若本人出现不良还款行为（包括但不限于×××），放贷人有权进行提醒（包括但不限于通过本人在平台所留联系方式），若经提醒仍未履行还款义务，本人授权放贷人可将本人相关信息提交至第三方征信机构，并且有权采取催收、转让债权或通过指定的机构催收、自动扣收应还款金额等措施，本人届时将依约偿还借款，并向放贷人支付逾期利息及滞纳金等逾期费用。本人已被明确告知并确认知悉失信记录对本人日后产生的所有不良影响。

放贷人消费信贷业务代表承诺在此笔分期贷款业务过程中遵守国家法律法规及放贷平台放贷人的相关制度，不与外部人员、非法贷款机构勾结，恶意骗贷；不与客户勾结，对通过贷款购买的商品进行套现或回收；保证客户真实的贷款需求，不与客户勾结，伪造消费需求，骗取贷款；严格遵守国家及公司的相关个人信息保密制度，不泄露客户信息。

本人经认真阅读及询问，已完全知悉、理解并同意上述内容！

特此授权。

授权人（签名）：

日期：

消费信贷业务代表（签名）：

日期：

6.3 车贷类合同

6.3.1 借款合同

借款合同

合同编号：________

第一条 甲乙双方的基本信息

借款人：__________________（姓名/名称）

证件号码：__________________

住所：__________________

法定代表人：__________________（自然人无需填写）

联系人：__________________

联系方式：__________________

出借人：__________________（姓名/名称）

证件号码：__________________

住所：__________________

法定代表人：__________________（自然人无需填写）

联系人：__________________

联系方式：__________________

第二条 借款基本信息

借款金额	人民币____元（￥____）
借款期限	个月
借款利率	月利率：百分之____（即：____%/年）
借款用途	________

续表

甲方银行账户	开户行： 账户名称： 账号
乙方银行账户	开户行： 账户名称： 账号

第三条　借款发放条件条款

（一）自然人条件。

（二）法人条件。

（三）抵押手续办齐。

（四）其他资料。

（五）虚假信息停止放贷。

第四条　借款发放条款

（一）条件满足，发放。

（二）指定放款账户。

（三）利息计算。

（四）甲方将借款以转账方式向上述乙方账户划出，甲方即履行了本合同项下借款的发放义务，同时构成乙方在本合同项下对甲方的债务。

第五条　还款方式条款

（一）乙方共分期付息，每个自然月为付息期，即每月【】号为双方指定还款日期，付息日期不足或多于自然月的，付款金额均按实际天数计算。

（二）乙方按×付息。

（三）乙方使用借款不足月时处理办法。

（四）主动还款。

（五）委托代扣。

第六条　借款逾期条款

（一）到期无论何种原因的未还款，视为逾期。

（二）逾期期间为自逾期发生之日起至清偿日止。

（三）逾期部分应当支持逾期利息。

（四）逾期还完后出具结清证明。

第七条　提前到期（乙方财产发生问题被动提前还款）条款

第八条　提前还款（乙方主动提前还款）条款

第九条　担保措施条款

（一）对本合同项下借款，乙方提供担保措施。

（二）本条约定的担保措施，由甲方与担保方另行签订担保合同，抵质押物清单详见相关担保合同。

第十条　借款使用监督条款

非经甲方书面同意，乙方不得改变借款用途。

第十一条　声明和保证条款

第十二条　权利和义务条款

（一）甲方的权利和义务

1. 甲方有权检查本合同项下借款的使用情况。

2. 宣布本合同下的借款提前到期。

3. 甲方有权根据本合同的约定追究乙方的违约责任或要求乙方赔偿甲方因此而受到的实际损失。

4. 自人民法院依法查封或扣押抵押物之日起，甲方有权收取由抵押物分离的天然孳息以及抵押物可以收取的法定孳息。

5. 在乙方达到约定的借款发放条件的前提下，甲方应按时足额发放借款。

（二）乙方权利和义务

1. 有权按本合同的约定使用借款。

2. 乙方按照本合同约定或甲方要求的还款计划按时足额归还借款本息。

3. 乙方接受并配合甲方的调查和检查。

4. 乙方在获悉其卷入或可能卷入任何可能对其产生不利影响的并通知甲方。

5. 未还清借款之前的权利限制。

6. 财产发生变更的补救措施。

第十三条　违约责任条款

（一）甲方违约责任——无正当理由不放款。

（二）乙方违约责任。

1. 违约金（通用条款）——与逾期利息择一收取。

2. 逾期违约金。

3. 恶意重大条款违约金。

第十四条　合同的变更、解除及终止条款

第十五条　争议解决与费用承担条款

第十六条　通知与送达条款

第十七条　权利保留条款

第十八条　特别提示（如有）

第十九条　文本及生效条款

（一）本合同涉及的其他合同与协议均为本合同附件，为本合同的组成部分，与本合同具有同等法律效力。

（二）本合同一式×份，甲方持×份，乙方持×份，用于办理抵押或质押登记，具有同等法律效力。

（三）本合同自双方亲笔签字之日（如一方为公司、企业或其他组织，应同时盖章）成立并生效，另有约定者除外。

[此页以下无正文]

甲方：

乙方：

签署地点：　　　　　　　签署日期：　年　月　日

6.3.2 渠道合作协议

合作协议

协议编号：

甲方：

法定代表人：

地址：

联系人：

联系电话：

邮箱：

乙方：渠道方

法定代表人：

地址：

联系人：

联系电话：

邮箱：

本协议中，以上各方单称“一方”，合称“双方”。

甲方与乙方将开展担保及居间合作，双方本着友好协商、合作共赢的精神，达成如下协议。

一、合作内容

1.1 在合作期间，甲方做什么事情。

1.2 在合作期间，乙方做什么事情。

二、合作细则

甲、乙双方同意根据附件一的合作操作细则开展合作并制定各自的操作细则。甲、乙双方应对操作细则及其修订（若有）提交对方并经双方同意。如需对操作细则进行变更，须经甲、乙双方书面确认，并将更新后的合作操作细则作为本协议项下的附件。

三、双方的权利义务

3.1 甲方的权利和义务：

客户审核

是否接受

客户后续服务

贷后管理

监督检查

3.2 乙方的权利和义务：

资料客户真实

担保

收集资料

贷后管理

重大事项通知

四、特别约定（排他条款可在此列出）

1. 代偿。

2. 回购。

3. 排他性。

4. 担保物处置。

五、合作的区域及期限

5.1 双方的合作区域为【××市】。

六、价格策略（返佣条款）

七、关于知识产权的使用及保护

八、反商业贿赂条款（职业道德）

九、违约责任及争议解决

十、协议签署及其他

甲方（盖章）：

法定代表人或授权代表人（签字）：

签署日期：　年　月　日

乙方（盖章）：

法定代表人或授权代表人（签字）：

签署地点：　　　　　签署日期：　年　月　日

6.3.3　最高额抵押合同

最高额抵押合同

合同编号：__________

第一章　基础信息

第1条　抵押合同双方基本信息

抵押人：________________（姓名/名称）

证件号码：________________

住所：________________

法定代表人：________________（自然人无需填写）

联系人：________________

联系方式：________________

抵押权人：________________（姓名/名称）

证件号码：________________

住所：________________

法定代表人：________________（自然人无需填写）

联系人：________________

联系方式：________________

第2条　抵押担保基本信息

主合同名称	《借款合同》	主合同编号	
债权确定期间	自____年____月____日起至____年____月____日止		
最高担保金额	人民币____元整（¥____）		
抵押物（机动车）信息			
抵押车辆型号		抵押车辆登记证号	
抵押机动车牌照		抵押车辆发动机号	
抵押车辆颜色		抵押车辆识别代码	
抵押物使用情况		抵押物价值	

第二章　主债权条款

第 4 条　本合同之担保范围为本合同项下之主债权，本合同项下主债权包括：

1. 债权确定期间内连续发生的抵押权人对债务人享有的全部债权。

2. 上述债权之附属债权，包括但不限于：利息（包括法定利息、逾期利息）、违约金、滞纳金、实现债权的费用（包括但不限于诉讼费用、律师费用、公证费用、执行费用等）、因债务人违约而给抵押权人造成的损失和其他所有应付费用。

第三章　主合同条款

第 5 条　本合同项下主合同包括本合同第 2 条所指主合同以及作为主债权产生依据的全部借款合同或其他法律文件，及其修订或补充。

第四章　抵押财产条款

第 6 条　抵押人自愿以其有权处分的财产（以下简称“抵押财产”）为主债权提供抵押担保。抵押财产的具体情况详见本合同补充条款。

第五章　抵押登记条款

第 7 条　抵押人应于本合同签订后的五个工作日内会同抵押权人到有权部门办理抵押登记手续。债权确定期间依第 2 条约定发生变更时，抵押人应会同抵押权人办理抵押登记变更手续。本合同项下最高额抵押担保的主债权确定后，抵押人应会同抵押权人办理最高额抵押确定登记。在进行上述抵押登记时，相关费用由抵押人承担。

第 8 条　除非抵押权人另有要求，自本合同签订之日起至抵押权人的抵押权消灭之日止（以下简称“抵押期间”），抵押人应将抵押物权属证明文件交由抵押权人保管。

第 9 条　本合同第二条记载的抵押物坐落信息若与抵押登记的证明文件记载的信息不一致的，以抵押登记证明文件为准。

第六章　抵押的效力条款

第10条　抵押期间，未经抵押权人书面同意，抵押人不得出售、赠予、出租、转让、再抵押或以其他任何方式处分抵押财产。如抵押人违反上述约定，除应立即改正外，还应向抵押权人支付相当于违约之日主债权总额10%的违约金，违约金不足以弥补抵押权人损失的，抵押人还应就不足部分予以赔偿。

第11条　抵押期间，经抵押权人书面同意进行的抵押财产的转让，抵押人转让抵押财产所得的价款应优先用于向抵押权人清偿所担保的债权，或按照抵押权人的要求向抵押权人指定的第三人进行提存，相关费用由抵押人承担。

第12条　抵押期间，抵押财产如发生投保范围的损失，或者因第三人的行为导致抵押财产价值减少，保险赔偿金或损害赔偿金应作为抵押财产，用于向抵押权人提前清偿所担保的债权，或按照抵押权人的要求向抵押权人指定的第三人进行提存，相关费用由抵押人承担。

第13条　抵押人的行为足以使抵押财产价值减少的，抵押权人有权要求抵押人立即停止其行为；且抵押人同意，在抵押期间内无论任何原因导致抵押财产价值减少时，抵押人应在十五（15）天内向抵押权人提供与减少的价值相当的担保。

第七章　抵押权的实现条款

第14条　出现下列情况之一时，抵押权人有权自行选择以合法的方式处分抵押财产，抵押人应无条件同意并给予充分配合：

1. 抵押人违反本合同第12条、15条的约定或发生其他严重违约行为而可能影响抵押权人抵押权的实现。

2. 债务人未按照约定履行任何到期债务或有其他缺乏偿债诚意的行为。

3. 债务人被宣告失踪，而其财产代管人拒绝履行本合同的。

4. 债务人丧失民事行为能力，而其监护人拒绝履行本合同的。

5. 债务人死亡或被宣告死亡而其财产合法继承人拒绝继续履行本合同的。

6. 债务人卷入或即将卷入重大的诉讼或仲裁程序及其他法律纠纷或事件，足以影响其偿债能力。

7. 严重影响主债权实现的其他情形。

第 15 条　抵押权人依法处分抵押财产所得价款，按下列顺序分配：

1. 支付处分抵押财产所需的费用。

2. 清偿借款人所欠抵押权人借款利息。

3. 清偿借款人所欠抵押权人本金、违约金（包括罚息）和赔偿金等。

4. 支付其他费用。

第 16 条　处分抵押财产所得价款，不足以偿还偿付主债权的，抵押权人有权另行追索；偿付主债权还有余的，抵押权人应将余额退还给抵押人。

第八章　本合同与主合同的关系条款

第 19 条　主债权确定后，主合同双方协议变更主合同的，除涉及币种、利率、金额或其他变更导致增加债务人责任的情形外，无需征得抵押人的同意，抵押人仍以其抵押财产对变更后的主合同承担抵押担保责任。

第 20 条　主债权确定后，主合同被确认无效、被解除或被撤销的，抵押权人因主合同、无效、解除、撤销而对债务人享有的债权亦属抵押担保范围。

第九章　声明与承诺条款

第十章　违约事件及处理条款

第十一章　权利保留条款

第 26 条　一方若未行使本合同项下部分或全部权利，或未要求另一方履行、承担部分或全部义务、责任，并不构成该方对该权利的放弃或对该义务、责任的豁免。

第 27 条　一方对另一方的任何宽容、展期或者延缓行使本合同项下的权利，均不影响其根据本合同及法律、法规而享有的任何权利，亦不视为其对该权利的放弃。

第十二章　争议与管辖条款

第十三章　通知条款

第十四章　协议变更、修改与终止条款

第十五章　费用条款

第十六章　其他约定条款

第十七章　公证（非必须条款）

第 46 条　本条款优先本合同第十三章的适用。

第十八章　合同成立与生效条款

抵押权人（盖章）:

抵押人:

签署地点:　　　　　　　　　　　　签署日期:　　　　年　月　日

6.4 保理类合同

6.4.1 保理合同

保理合同

（有追索权业务）

合同编号：______

甲方：卖方

法定代表人：

住所地：________

乙方：保理方

法定代表人：

住所地：

（在本协议中，甲方、乙方可以合并称为“双方”，或单独称为“一方”）

核心条款：

第一条　应收账款转让

就本协议项下所述之保理服务均采用有追索权的保理模式。

甲方向乙方转让应收账款时，甲方或买方需向乙方提交相关单据、文件：

第二条　保理融资额度和期限

双方确认，乙方预计对甲方提供的保理融资授信总额度为人民币【】亿元（“预计保理融资授信总额度”），双方预计合作的期限约为【】个月，自第一笔融资款发放之日开始计算。且单笔保理融资期限不超过6个月。

乙方有权委托其合作的银行、第三方支付机构向甲方发放融资款项，实际发放的融资金额、融资发放日和还款日以借据或者与乙方合作的银行、支付公司的清单记载为准。

第三条　保理融资款支付的先决条件

(1) 甲方就该批拟进行保理的应收账款已经向乙方出具了乙方认可的《应收账款转让申请书》。

(2) 乙方已就各笔拟转让的应收账款已经完成在中国人民银行征信中心的应收账款转让登记手续。

(3) 甲方及买方合法设立并存续。

(4) 本协议第六条项下甲方及买方向乙方所作所有陈述和保证条款在每一笔保理融资款支付之时是真实、准确、完整的。

第四条　保理融资款、保理服务费及保理手续费的确认和支付

4.1　保理融资款的支付。

4.1.1　待乙方确认甲方已办理完毕应收账款转让所需的全部手续、并提供乙方要求的全部文件及合同约定的其他条件满足后，乙方将各笔保理融资款，选择以下一种方式将剩余款项一次性支付给甲方。

□银行汇票

☑电汇

户名：

账号：

开户行：________

4.1.3　就任意一批进行保理的应收账款，甲方及买方应确保拟进行保理的应收账款金额×【】%≥乙方预支付的该笔保理融资款金额。

4.2　保理服务费。

4.3　应收账款的还款账户。

4.3.1　应收账款的还款账户信息如下：

户　名：

开户行：

账　号：

4.4　乙方收到购货方全额付款后，应与应收账款对应的融资逐笔勾对，确认无误的，该笔应收账款回收完成，如有保理余款的，乙方应及时将保理余款给付甲方。

第五条　应收账款回购（非必要条款）

5.1　“回购”是指发生本合同约定的“回购情形”时，乙方有权选择将已受让、未受偿的应收账款部分或全部转回给甲方，甲方应无条件受让，回购金额＝乙方要求回购的应收账款对应的各笔保理融资款金额－截至各笔应收账款实际回购之日乙方已收到的应收账款回款金额。

5.5　除前述要求回购的权利外，乙方亦有权向甲方行使追索权，要求甲方偿还依据商务合同及本协议产生的由乙方受让的全部应收账款。

第六条　甲方及买方陈述与保证

6.1　（主体适格）。

6.2　（意思表示）。

6.3　（无先前纠纷）。

6.4　（资料真实）。

6.6　（基础交易真实）。

6.7　（转让限制）。

6.13　（资产恶化等情况提前通知）。

第七条　信息保密及例外

第八条　违约责任

第九条　争议解决

第十条　通知

10.1　通知送达。

10.2　通知地址。

第十一条　其他条款

1. 合同独立性条款。

2. 本合同经双方签字且盖章后生效。任何对本协议的修改或修订均应以书面形式作出并经双方签署后方能生效。

3. 保密违约。

4. 本合同正本一式肆份，双方各执二份，均具有同等效力。

甲方（盖章）:

法定代表人或授权代表人（签字）:

签署日期：　　　　年　月　日

乙方（盖章）:

法定代表人或授权代表人（签字）:

签署日期：　　　　年　月　日

签署地点：

附件1：

收款凭证（格式）

致：乙方

我司（“供应商”）确认，截止【 】年【 】月【 】日，我司已经收到本次保理融资金额为人民币_________元（大写_________）；保理融资利率（年化）____，保理期限为____个月，按日计息（即日利率为【 】%/360），自贵司向我司支付本次保理融资款项之日起算。我司承诺将切实按照我司签署的相关协议及文件的约定履行相应义务。

特此证明。

供应商（公章）

【 】年【 】月【 】日

附件2：

应收账款转让申请书

编号：

致：

根据我方与贵公司签订的《保理合同》（编号：________________，下称“《保理合同》”），我方申请向贵公司转让本申请书附件“应收账款债权拟转让清单”所列的应收账款，本次申请的保理融资金额为人民币________元（大写________）；保理融资利率（年化8%），保理期限为____个月，按日计息（即日利率为8%/360），自贵公司向我方支付本次保理融资款项之日起算。除非本申请书另有说明，本申请书及该清单所用词语与《保理合同》中相同词语具有同一含义。我方保证本申请所记载的交易合同和应收账款信息准确无误，如有任何错误，我方愿意承担由此产生的一切法律后果。

我方承诺：本申请书一经提交贵公司，除非贵公司同意，我方将不得撤销或对申请书内容进行修改调整；贵公司经过审查同意受让应收账款的，应收账款转让于贵公司审核通过本申请书时生效。

转让人：

（公章）

年　月　日

附件3：

债权转让通知书

1. 自________年____月____日（下称“转让日”）起，我司将商务合同截止于转让日（含该日）尚未到期的全部应收账款本金余额计________（金额大写________）及其自转让日起（含该日）产生的全部利息、逾期利息、罚息、复利、定金、担保金、保险金、违约金、滞纳金、损害赔偿金、补偿金及其他应付费用所享有的全部债权及相关权益，转让给乙方。

2. 自转让日起（含该日），乙方作为新债权人有权要求和领受贵方根据上述商务合同原应向原债权人卖方清偿和履行的一切债务和义务；贵方应自收到本通知书之日起，将上述商务合同项下的全部应付款项于其到期之日之前（包含当日）付至如下账户或乙方另行通知的其他账户，非经乙方书面通知变更，其他任何一方不得变更该等账户信息：

户　名：

开户行：________________

账　号：________________

3. 为避免歧义，我司和乙方在此确认：卖方在商务合同项下的任何义务和任何责任都不转让给乙方而仍由卖方承担，乙方无需接受、代为履行原债权人在商务合同项下的任何义务或责任。

4. 本通知书一式【肆】份，我司、贵方各执【壹】份，乙方执【贰】份。

债务人：

________年____月____日

附件 4：

应收账款转让确认回执

致【保理有限公司】：

我公司已收到贵公司关于受让我公司与【供应商】公司因签订购销合同而产生的应收账款【　】元，我公司对上述应收账款转让通知所载事项予以完全确认。

【经销商】公司

（盖章）

年　月　日

6.5 融资租赁类合同

6.5.1 融资租赁合同

融资租赁合同

合同编号：______

出租人：________________（以下简称“出租人”）

地址：

电话：

法定代表人：

承租方：________________（以下简称“承租方”）

地址：

电话：

法定代表人：

根据《中华人民共和国合同法》及其他有关法律、法规的规定，双方经过协商，一致同意按以下条款订立融资租赁合同（以下简称“本合同”或“租赁合同”）。

第一条 租赁合同的性质与目的

第二条 租赁物

本合同项下租赁物与附件2《××××租赁物买卖合同》中的设备相同。

第三条 起租日和租赁期限

第四条 租赁成本

第五条 租金

1. 均按本合同附件3《租金支付表》所述办理。

2. 承租方不得因任何原因停止履行向出租人支付租金的义务。在租赁物灭失或毁损不能修复使用的情形下，承租方须向出租人进行赔偿。

3. 租金支付日是指承租方将租金以电汇方式汇入出租人指定账户的到账日期。如遇法定节假日，则承租方应提前至节假日前的最后一个工作日内完成租金支付事宜。

第六条 租赁利率

双方协商确定的本合同项下租赁利率为【】%/年。

第七条 租金的变更

双方确认，本合同约定的租金在租赁期限内租金不作调整。

第八条 租赁保证金

1. 承租方于本合同签订后的5个工作日内向出租人指定的账户支付人民币【】元整（小写：¥【】）（即融资本金的【】%）作为履行本合同的保证金，由出租人向承租方开具等额保证金收据。

2. 本合同项下的保证金均不计利息。

3. 在承租方完全履行本合同项下所有义务后的10个工作日内，出租人须向承租方返还租赁保证金。

4. 出租人账户信息如下：

户名：

账号：

开户行：

第九条 租赁手续费

承租方于本合同签订后的5个工作日内向出租人指定的账户一次性支付人民币【】元整（小写：¥【 】元）（即租赁成本的【】%），作为本租赁项目手续费，由出租人向承租方开具等额手续费发票。

第十条　租赁物的购买

1. 承租方根据自己的需要自行选定租赁物的出卖人和租赁物（包括但不限于型号、规格、数量、质量、技术性能和售后服务、交货时间等全部技术条件和商业条件），承租方对自己的选择及决定承担全部责任。

2. 承租方须向出租人提供出租人认为必要的各种批准和许可证明、单据和凭证等。

3. 因出租人购买本合同项下的租赁物所发生的税费等均由承租方承担并支付，但在买卖合同中约定由出卖人承担前述费用的除外。

第十一条　租赁物的交付使用与设置场所

1. 租赁物由出卖人根据买卖合同所约定的时间、地点和方式直接向承租方或承租方指定的代理人交付。承租方不得以任何理由拒绝接收租赁物。

2. 承租方应在收到租赁物后的5个工作日内向出租人提交由承租方法定代表人或授权代表签字并加盖承租方公章的《租赁物清单》（详见本合同附件1）。如租赁物接收后5个工作日内承租方未签署《租赁物清单》送交给出租人的，则视为承租方已经接收租赁物。

3. 如出卖人迟延交付租赁物，承租方应按照买卖合同的规定直接向出卖人主张权利，出租人不承担任何责任。

4. 租赁物的设置场所位于：________________。

在本合同有效期间，未经出租人书面同意，承租方不得变更租赁物的设置场所。

第十二条　租赁物瑕疵的处理

1. 由承租方自行与出卖人协商解决。

2. 出租人在合同生效后即将对出卖人的索赔权转让给承租方。

第十三条　租赁物的所有权和使用权

1. 在出租人向承租方转让租赁物所有权之前，出租人对租赁物拥有完整的所有权。

2. 承租方在租赁期限内按照本合同的约定和相关的法律规定行使租赁物的使用权。

第十四条　租赁期满后租赁物的处理

1. 承租方须以全额价款购买租赁物：租赁期满后的【1】个工作日内，承租方应向出租人支付人民币【】元整（小写：¥【】元）的全额价款购买租赁物。

2. 续租。

3. 返还租赁物。

第十五条　租赁物的毁损及灭失

1. 租赁期限内租赁物毁损及灭失风险，均由承租方承担。

2. 如租赁物发生毁损或灭失，承租方应立即通知出租人。出租人可通知承租方采取系列处理方式。

第十六条　保险

1. 自起租日起，承租方应办理租赁物的一切保险（包括但不限于海上运输险、内陆运输险、工程安装险、财产险等），并使之在本合同履行完毕前持续有效，保险费用承租方承担。由于承租方不办理保险而给出租人造成的全部损失（包括但不限于未支付的租金等）均由承租方承担。

2. 保险合同等相关文件应当由【】保管。

3. 如租赁期限内发生保险事故，共同办理保险理赔事宜。

4. 如果发生保险公司赔付范围之外的损害，导致租赁物件灭失或毁损到无法修复，承租方须按本合同第十五条的约定赔付出租人。

第十七条　提前履行

第十八条　陈述与保证

第十九条　财务资料

承租方同意按照出租人要求定期或随时向出租人提供其资产负债表、利润及利润分配表、现金流量表或出租人合理要求的其他资料。

第二十条　违约事项和补救措施

1. 逾期。

2. 租赁期限内，因租赁物受损或承租方擅自处分租赁物的。

3. 承租方不按期支付任何一期租金，超过一个月仍未支付租金或严重违反本合同的其他条款时。

4. 合同任何一方违反本合同的任何约定致使他方发生的一切费用（包括诉讼费、律师费等）均由违约方负担。

第二十一条　重大变故的处理

1. 如承租方发生或可能发生重大事项，出租人有权要求承租方采取必要措施并使出租人满意。

2. 如发生任何影响出租人担保权利的情形，经出租人同意后可以由变更后的机构承担保证责任。

3. 发生变化的一方须立即书面通知对方。

4. 不可抗力事件而导致本合同不能按时履行的，可以延期履行。

5. 租赁期限内，如承租方破产，则租赁物不属于承租方破产财产。

第二十二条　合同权利义务的转让及变更和解除

第二十三条　争议解决

第二十四条　合同生效

第二十五条　合同终止

第二十六条　地址和通知

第二十七条　附件

下列附件为本合同不可分割的一部分，与本合同具有同等法律效力：附件1租赁物清单；附件2租赁物买卖合同；附件3租金支付表。

（本页以下无正文）

出租人：

法定代表人或授权签约人：

签署日期：

承租方：

法定代表人或授权签约人：

签署日期：

合同签订地：